GOVERNMENT
COMPETITIVENESS

정부경쟁력

이론과 평가지표

임도빈 | 김순은 | 고길곤 | 조원혁

박영사

우리나라 정부의 경쟁력은 어떤 위치에 있을까? 또한 정부의 경쟁력은 무엇으로 측정할 수 있을까? 본 연구진은 국가경쟁력 개념의 대안으로서 "정부경쟁력"이라는 개념을 제안하고, 이를 바탕으로 우리나라를 비롯한 각국 정부의 경쟁력에 연구의 초점을 두고자 하였다.

'경쟁력'이라는 단어는 어느 분야에 붙여도 '뜨거운 감자'가 된다. 학문적으로는 경영학에서 시작한 국가경쟁력 개념이 전 세계적으로 획기적인 열풍을 불러일으키며 국가들 간의 비교를 위해 여러 지표들을 양산시킨 바 있다. 우리나라에서도 해외 유수의 기관에서 국가경쟁력 순위가 발표하면 매스컴에서 연일 보도하는 등, 그 결과가 마치 우리 정부의 성적표인 것처럼 다루어진다. 하지만 안타깝게도 국가경쟁력 개념은 기존 산업 및 기업하기 좋은 국가의 개념에 바탕을 두고 있으며, 엄밀히 말해 우리 정부의 성적표가 될 수 없다. 이처럼 정부의 경쟁력이 온전히 측정되고 있지 않음에도 불구하고 행정학 분야에서조차 국가경쟁력 개념을 무비판적으로 사용하고 있다.

이러한 문제의식 하에서 서울대학교 행정대학원 한국행정연구소 정부경쟁력센터에서는 한국연구재단의 사회과학연구지원사업의 지원으로 2011년부터 정부경쟁력에 대한 체계적인 연구를 진행하였다. 역사적 발전단계와 공간적 특성에 따라 정부경쟁력 개념을 정립하고, 기존의 국제 지수들을 비판적으로 검토하였으며, 각 국가의 다양한 정책분야별 정부경쟁력 지수를 측정하고 발표하였다. 정부경쟁력을 구성하는 세부구성요소에 대한 연구도 꾸준히 진행하였다.

본서에서는 그동안 정부경쟁력센터에서 진행한 다양한 연구를 통해 이론적으로 정리가 안 되는 부분들을 총정리하고자 하였다. 오랜 기간 정부경쟁력 개념과 관련하여 유사개념 및 관련 용어들이 끊임없이 생산되고 남발하여 왔다는 문제의식 속에서 '정부'에 제대로 초점을 둔 정부경쟁력을 학술적으로 소개할 필요성을 절감하였기 때문이다. 이에 따라 그동안의 정부경쟁력 연구의 결실을 소개하고자 하는 것이 본서의 목적이다.

정부경쟁력 연구가 시작된 이래 정부경쟁력센터의 연구진은 다음과 같은 다양한 연구들을 진행하였고, 이러한 내용은 본서에 포함되어 중요하게 다루어지고 있다.

제2장 경쟁력 관련 이론에서는 "정부경쟁력(Government Competitiveness)의 개념 정립(『행정논총』, 50권 3호, 2012)"연구를 바탕으로 정부경쟁력의 유사개념을 분석하고, 나아가 새로운 개념으로서의 정부경쟁력 개념을 수립하고자 하였다. 또한 같은 장 제4절에서는 경쟁력 연구의 국제적 필요성을 역설하면서 "국제개발행정분야 연구동향에 관한 메타분석: 정부경쟁력의 관점에서(『행정논총』, 51권 2호, 2013)"의 연구를 기반으로 설명하고 있다.

이어서 제3장 경쟁력 관련 측정지표의 제4절 경쟁력 지수의 방법론적 비판은 "국가경쟁력 지수에 대한 비판적 검토: IMD와 WEF의 국가경쟁력 지수를 중심으로(『행정논총』, 50권 3호, 2012)"연구를 바탕으로 이루어졌다.

제4장 새로운 정부경쟁력의 이론모델에서는 보다 다양한 내용의 연구를 기반으로 구성하였다. 제2절에서는 정부경쟁력과 공간 개념을 논의하면서 "행정조직 경쟁력 제고를 위한 공간개념의 중요성(『한국조직학회보』, 9권 2호, 2012)"연구를 참조하였고, 이어서 제3절에서는 시간측면의 정부경쟁력을 분석하기 위해 "시간의 개념분석: 행정학 연구에 적용가능성을 중심으로(『한국행정학보』, 41권 2호, 2007)"와 "중앙부처 관료의 정책시간안목에 관한 연구: 정부경쟁력 제고의 관점에서(『한국행정논집』, 24권 3호, 2012)"연구를 참조하였다. 같은 장 제4절은 정부경쟁력 중에서도 지방정부의 경쟁력을 논의하였다. 이를 위해 "대도시 행정체제의 개편논의와 방향: 도시정부의 경쟁력 강화를 중심으로(『지방정부연구』, 16권 4호, 2012)"와 "지방정부경쟁력의 구성요인에 관한 인식분석(『행정논총』, 50권 3호, 2012)"연구를 바탕으로 논의하였다.

　마지막으로 제5장에서는 정부경쟁력 지표를 개발하고 평가모델의 수립을 논의하였다. 여기서는 "정부경쟁력의 국제비교: 구성지표와 평가(『한국비교정부학보』, 17권 2호, 2013)" 및 OECD 국가를 대상으로 정부경쟁력을 측정, 비교한 결과를 발표한 관련 저서 "정부경쟁력 2013(2014년 3월 발간)" 등을 바탕으로 논의하였다.

　아무쪼록 정부 내 실무자들을 비롯하여 관련 분야의 학자 및 학생들, 또한 정부의 활동에 관심을 가지고 있는 일반인들이 이 책을 통하여 정부경쟁력이라는 새로운 개념을 이해하는 계기가 되었으면 한다. 특히 실무자들은 국외에서 발표되는 순위에 일희일비하기보다 정부를 심층적으로 분석해보고자 한 본 연구를 통해 현재의 위치와 미래의 방향성을 명확히 할 수 있기를 기대한다.

　정부경쟁력센터의 풍부하고 다양한 연구실적은 연구진의 적극적인 협력 작업과 더불어 서울대학교 행정대학원의 박사과정 및 석사과정 연구보조원들의 헌신적인 노력으로 가능했다. 본서를 위해 추가적으로 진행한 선행연구를 정리하는 과정에서는 박사과정에 있는 김지은의 도움이 컸으며, 국내외의 다양한 지표를 수집하고 정리하는 데 있어 정지수 박사과정학생을 비롯하여 김윤호, 한병훈 석사과정학생이 큰 역할을 하였다. 또한 차세영, 이민아 박사과정학생도 본서 출간의 전반적인 과정에 기여를 하였다. 이에 감사를 표하며, 모두 훌륭한 학자로 성장할 수 있길 바란다.

　마지막으로 어려운 출판 여건 속에서도 이 책을 기꺼이 출간할 수 있게 도와주신 박영사에도 깊은 감사를 드린다.

2014년 6월

저자를 대표하여

임 도 빈

차 례

제Ⅲ장 경쟁력 관련 측정지표

정부경쟁력

제IV장 새로운 정부경쟁력의 이론모델

제 V 장 정부경쟁력 지표모델 수립

정부경쟁력

제VI장 맺는말

표 차례

그림 차례

제Ⅰ장 연구의 필요성

제1절▶ 왜 정부경쟁력인가

우리나라 정부는 세계적으로 얼마나 경쟁력이 있을까? 매년 여러 가지 관점에서 각종 다른 나라와 비교하는 지표나 순위가 발표되고 있다. 이러한 내용은 우리나라의 매스컴을 통하여 보도되고 있으며, 그 순위에 따라 공무원들의 희비가 엇갈리고 있다. 특히 세계화가 가속화됨에 따라 국가들 간의 경쟁도 치열해지고 있다. 이러한 상황 속에서 국가들 간의 비교를 위해 다양한 지수들이 개발되어 활용되고 있다. 예를 들어 국제연합(UN)은 '새천년개발목표(Millenium Development Goals)'라는 프로그램의 평가를 위해 PARIS21(Partnership in Statistics for Development in the 21st Century)라는 기구를 설립하여 지표를 개발하고 있다. 또한 Price Waterhouse Coopers(PWC)라는 컨설팅 회사는 불투명지수(Opacity Index)를 개발하여 다국적 기업들이 투자를 결정하는 데 도움을 주고 있다 (Lipsey, 2001).

국가경쟁력 부분에서는 현재 UN, IMD, WEF 등 수많은 국제기관 및 연구소들이 국가경쟁력의 순위를 주기적으로 발표한다. 그러나 이들 기관이 1년 또는

2~3년 단위로 발표하는 국가경쟁력 지수는 신뢰성 및 타당성에 있어 문제점이 많다는 지적을 받고 있다. 또한 국가경쟁력의 개념에 이론적 근거가 부족하다는 지적과 지수의 활용 및 해석이 자의적이라는 비판도 받는다. 따라서 이러한 국가경쟁력 개념의 대안이 필요한 시점이다. 기업투자환경의 비교·평가라는 다소 협소한 경영학적 시각보다 좀 더 객관적인 국가 간 비교를 위해 각 국의 '정부경쟁력'이라는 개념을 행정학적으로 접근하여 이론화할 필요가 있다.

이를 위해 본서에서는 정부경쟁력이라는 개념을 체계적으로 정의하기 위해 각 국의 시간과 공간에 대한 고려가 필요하다고 주장한다. 기존의 국가경쟁력에 대한 연구들은 주로 '선진국의 현재'를 기준으로 시간과 공간을 고정시켜 놓고 다른 여러 국가들의 국가경쟁력을 조사하여 발표하고 있다. 비록 서구 선진국의 사례를 토대로 다양한 국가별 시사점을 제시하고자 노력해왔지만, 지난 50년 동안 해외원조사업들이 실패를 경험한 것은 국가경쟁력과 정부경쟁력 향상을 위한 노력들이 시기적(temporal)적·공간적(spatial) 맥락을 반영하지 못했다는 것을 반증하는 것이다.

따라서 본서에서는 시간과 공간이라는 특수성에 따라 공통 및 차별요소들을 이론적으로 개발하고, 국가와 행정부의 발전단계별로 차별화시켜 적용할 수 있는 정부경쟁력 지표를 개발하는 것이 필요하다고 주장한다. 각 국이 처한 시간과 공간에 따른 정치체제의 투입(input), 전환(throughput), 산출(output), 결과(outcome)가 국가의 발전단계별로 다르게 나타남을 보여주고, 나아가 우리나라의 정부주도 발전이라는 역사적 경험을 동남아를 비롯한 개발도상국에 전파하는 데 있어 이론적 틀로 기능하리라 기대한다.

이처럼 정부경쟁력이라는 새로운 개념을 이론화하고 측정지표를 만들기 위한 연구를 지속하면서, '경쟁력'이라는 용어를 사용하지 않더라도 행정부의 능력이나 성과를 측정하기 위한 다른 기존 연구들을 참고하기 위해 정부경쟁력과 유사한 개념들을 정리하는 작업을 병행하였다. 정부성과(performance), 효과성(effectiveness), 정부의 질(quality of government), 도시경쟁력 등의 개념들은 정부경쟁력 연구와 부분적으로 유사한 개념과 방법을 사용하고 있다. 따라서 이들 개념에 관한 연구들과 비슷한 고민과 과정을 거치는 부분들은 참고하고, 한편으로

I

는 정부경쟁력이 이들 개념과 차별화된 지점은 어떤 부분인지 밝히고자 하였다.

또한 본서는 도출된 정부경쟁력의 개념을 바탕으로 하여 실제 정부경쟁력의 측정모델을 개발하고자 한다. 그에 앞서 기존에 산재되어 있는 무수한 국제 지표들을 수집하고 이들 지표들의 측정 방법과 지표의 종류들을 정리할 필요가 있다. 그리고 이들의 문제점을 극복하는 방법으로 정부경쟁력 측정 이론모델에 맞게 재구성하여 정부경쟁력을 측정하고자 한다. 이를 위해 정부경쟁력과 관련된 국제지표들로 국가경쟁력 지표들 외에도 OECD의 Better life index, World Bank의 Doing Business와 Worldwide Governance Indicator, 미국 세계인권 감시단체인 Freedom House의 Freedom in the world 등 13개 지표들을 조사, 정리하였다. 이들 지표의 생산 기관과 지표 체계, 측정 및 수집 방법 등을 조사하여 정부경쟁력 연구에서 참고할 만한 사항과 주의해야 할 부분들에 대한 시사점을 얻을 수 있었으며, 이를 본서에 반영하였다.

한편 정부경쟁력의 개념을 확장하여 진행한 연구 결과들도 제시하고자 한다. 정부경쟁력을 강화시킬 수 있는 영향요인들에 대한 연구들도 다수 진행되었다. 1) 공간 및 시간 관련 영향요인이 조직으로서의 정부경쟁력 강화에 미치는 효과에 대한 연구, 2) 국가의 발전단계라는 시간적 구분에 따라 정부경쟁력의 차원이 달리 구성된다는 연구, 3) 도시정부(또는 지방정부)를 단위로 할 때 경쟁력을 강화시킬 수 있는 요인을 탐색한 연구 등이 그것이다. 지면의 한계상 정부경쟁력 강화를 위한 탐색적 연구의 성과들을 모두 제시하지는 못하지만, 정부경쟁력이라는 새로운 개념이 실질적 정책 제언을 위한 다양한 연구 분야로 확장될 수 있음을 확인시켜 준다.

마지막으로 본서는 정부경쟁력에 대한 이론적 논의를 정리하고 적용해보는 시도를 하려고 한다. 정부경쟁력의 개념을 바탕으로 각 부문에 이론적인 확장을 시도하였으며, 산재되어 있는 다양한 국제지표들을 수집, 재구성하여 정부경쟁력의 측정모델을 개발, 국가별 순위를 도출하였다.

제2절 왜 개념이 중요한가

사회과학연구에서 '개념'은 매우 중요하다. 우선 개념은 연구 분야의 출발점으로서 연구문제의 방향까지 제시하는 중요한 기능을 담당한다. 새롭게 정의된 개념은 새로운 연구의 시작점이 된다. 또한 어떤 개념이 제시되면 사람들의 인식에 자리를 잡아 좀처럼 다른 개념으로 바뀌기가 어렵다. 즉, 정립된 개념에 따라 사람들의 인식이 좌우되는 것이다.

모든 연구를 시작할 때는 올바른 개념 정의가 있어야 혼란이 줄어 든다. 강신택(2002)은 개념분석(concept analysis)을 주장하면서 개념에는 명목적 개념정의와 실질적 개념정의의 두 가지가 있다고 한다. 전자는 각 학자들이 독자적으로 정의하는 것이고, 후자는 경험적 의미를 규명하여 이해하도록 하는 개념정의이다. 어떤 동일현상을 나타낸다고 보는 경우에도 명목적 정의와 실질적 정의가 반드시 일치되는 것은 아니다.

세계화로 인해 국가들 간의 경쟁도 가속화되고 있다. 이러한 현상은 자연스럽게 국가 간 비교연구를 활발하게 한다. 아래에서 살펴보는 바와 같이 유사개념들이 남발되고 국가 간의 비교를 위해 다양한 지수들이 개발, 발표되고 있는 것은 이러한 이유에서다. 국가경쟁력 지수도 그 중의 하나이다. 그러나 실제로 많은 연구들에서는 국가경쟁력이 무엇인지를 명확히 정의조차 하지 않고 시작한다. 명목적 정의와 실질적 개념정의 모두 불분명한 것이다.

개념조차 불명확하다보니, 인과관계에 대한 고민도 부족하였다. 국가경쟁력(최종순위)의 영향요인이 무엇인지에 대해서도 학문적으로 엄격하게 논의되지 않았다. 예컨대, 아랍권 국가들이나 러시아와 같이 자원이 많은 나라가 국가경쟁력 지수에서 반드시 높은 순위를 차지하지는 않는다. 또한 단순히 경제성장의 측면에서 특정한 국가가 시장친화적이 아니어서 국가경쟁력이 낮다고 하는 것은 동어반복(tautology)에 불과하다. 도대체 왜 그렇지 않은가를 설명할 수 있어야 하는데, 경쟁력을 측정하여 발표하는 것은 지극히 단편적인 시각이라고 하겠다.

I

현재 행정학을 비롯한 다양한 분야에서 국가경쟁력, 정부성과, 정부효과성, 효율성, 정부역량, 정부의 질 등과 같은 개념을 혼용하여 사용하고 있다. 예컨대, 정부의 질은 상식과 같이 일상언어적으로 사용되기도 하고, 스웨덴 Gothenburg 대학의 연구팀이 사용하는 개념이기도 한다. 우리가 흔히 사용하고 있는 국가 경쟁력의 개념도 그리 차이가 나지 않는다. 국가경쟁력은 IMD 등 경영학분야 에서 먼저 발달하였고, 그저 기업들이 투자하기 좋은 환경에 초점을 두고 있다. 지극히 협소한—경제적인 측면에 국한된—개념이면서도 엄밀성이 떨어진다. 또 한 이들이 암묵적으로 가정하는 바와 같이 정부의 역할을 단지 기업의 투자환 경 조성에 국한하고 있는 문제점이 있다.

우리는 '정부경쟁력'이란 개념을 새로 정립하는 작업을 해왔다. 명목적 개념 보다는 실질적 개념정의에 따라 경험적으로 논의하면서 정교화 하고 있다. 이 하에서는 그동안 학술적으로 명확한 정의 없이 사용된 국가경쟁력 등의 개념을 비판적으로 살펴보고 그 대안으로 정부경쟁력의 개념을 제시하고자 한다. 그리 고 이러한 논의를 바탕으로 실제로 정부경쟁력을 평가하는 사례도 보여주려고 한다. 이러한 과정은 이론과 방법론을 튼튼히 하는 작업이 될 것이다.

제 II 장 경쟁력 관련 이론[1]

    개념은 사용목적이 있어야 하고 이를 통해 실증적 연구가 가능해야 한다. 그 동안 매스컴에서 흔히 사용되어 온 '국가경쟁력'과 같은 개념은 외국인 투자를 활성화하고 이를 통해 경제성장을 이루기 위한 목적을 갖고 있다. 따라서 이 개념의 주요한 활용집단은 기업이 된다. 이제는 정부가 개념의 주요 활용집단이 되어, 현재 정부의 수준이 어떠한지 평가받고, 앞으로 어떤 역할을 해나가야 하는지에 대한 방향제시를 해줄 수 있어야 한다. 따라서 정부경쟁력은 경제적인 측면 이외에 정부의 주도적이고 적극적인 기능과 역할에 초점을 맞추고 미래지향적으로 발전방향을 제시할 수 있어야 한다. 이를 위해 먼저 '정부경쟁력'과 관련된 유사 개념들이 어떻게 논의되어 왔는지 살펴보기로 한다. 제1절에서는 거시수준(macro level)에서 정부경쟁력과 유사한 개념 및 관련 이론들을 살펴보고, 제2절에서는 중간수준(meso level)에서의 정부경쟁력와 관련된 논의들을 살펴본다. 제3절에서는 기존 논의들의 문제점을 비판한 후, 제4절에서 국제적 연구동향을 분석함으로써 본서와 같은 정부경쟁력 개념이 필요함에도, 선행연구들이 미비함을 확인하고자 한다.

---

1) 이 장의 내용은 정부경쟁력연구센터의 연구진이 수행한 다음 논문의 일부 내용을 포함하고 있음.
 - 알프레드 Ho · 임도빈(2012). "정부경쟁력(Government competitiveness)의 개념정립: 시간과 공간의 관점에서". 「행정논총」, 50(3): 1-34.

제1절 ▶ 정부경쟁력의 유사 개념

정부경쟁력은 일상용어로는 별 생각없이 사용되는 용어이다. 그러나 대부분 엄밀한 정의를 하지 않고 애매한 상태로 사용된다. 이러한 정부경쟁력과 가장 유사한 개념이 국가경쟁력이다. 간혹 우리는 일상언어에서 정부와 국가를 혼용해서 쓰는 경우가 있기 때문에 정부경쟁력과 국가경쟁력도 혼동될 가능성이 높다. 이외에도 정부경쟁력과 유사한 개념들이 많이 쓰이고 있다. 이하에서는 정부경쟁력의 유사 개념들을 정리해 보기로 한다.

1. 국가경쟁력

1) 주요 개념들의 특성

대부분의 국제기구들이 사용하는 국가 간 비교개념은 국가경쟁력이다. 이는 한 국가의 경제적 측면의 능력을 나타내는 개념으로, 한 나라의 모든 것을 다른 나라와 비교하려는 전제를 가지고 있는 것으로 보인다. 넓은 의미에서의 국가경쟁력 연구는 고전 경제학이론에서 출발한다. 국가 간 절대우위론, 비교우위론의 논의가 그것이다. 그러나 국가경쟁력 개념에 대해 부정적인 경제학자들도 있다. Krugman(1994)은 경쟁력이라는 개념이 국가에 적용될 수 없다고 주장하면서 그 이유로 "국가는 기업과 달리 단순 지표로 그 핵심적 내용을 표시할 수 없다"고 하였다. 즉 국가 간 경쟁에서의 비교우위는 자유무역을 통해 자동적으로 조정되는 것이라고 보았다. P. Drucker도 엄밀히 국가경쟁력이라는 개념은 성립하지 않는다고 하면서, 국가와 국가가 경쟁하는 것이 아니라 기업과 기업이 경쟁하는 것이라고 하였다. 그럼에도 불구하고 국가경쟁력은 Porter(1990)의 논의를 시작으로 경영학에서의 주된 관심영역이 되었다.

국제기구들 중 국가경쟁력 지표를 공표하면서 세계의 관심을 이끌어내는 데 가장 큰 성공을 거둔 사례는 스위스 국제경영개발원(International Management Development, IMD)의 국가경쟁력이다. 이들은 국가경쟁력을 '국가가 기업의 더 많은 가치창출과

국민의 더 많은 번영을 유지하는 환경을 조성하고 창출하는 능력'이라고 정의하면서 60여 개의 국가를 대상으로 국가가 경영환경 개선을 통해 기업의 경쟁력을 제고시키는 능력이 어떠한지를 살펴본다. 국가경쟁력에 관한 해외 연구들도 대부분 이러한 정의를 인용하여 논의하고 있다. Philippe Gugler and Serge Brunner(2007), Dick Bryan(2000), Tore Fougner(2006) 등 국가경쟁력을 논의의 기초로 삼고 있는 연구들도 이러한 IMD의 국가경쟁력 지수를 인용하고 있다. Sule Onsel et al.(2008)도 한 국가의 경쟁력은 자유롭고 공정한 시장 조건 하에서 상품과 서비스를 국제시장의 기준에 맞추어 생산하고 동시에 국민들의 실질소득을 증가시켜 삶의 질을 향상시키는 정도라고 정의한다. Lee(2010)도 국가경쟁력의 개념을 1인당 GDP 또는 생산성의 관점에서 측정된 경제적 성과의 개념으로 정의하고 있다. 우리나라에서도 여러 학술연구에서 사용하고 있으며, 정부와 언론에서도 중요하게 다루고 있다.

한편, 유럽연합(EU)과 세계은행(World Bank), 헤리티지 재단, 국제투명성기구, 아일랜드, 싱가포르의 리콴유 대학 등에서도 각 국의 국가경쟁력의 하위요소들에 초점을 맞추어 지수를 개발하고 있다. 우리나라의 기획재정부와 한국산업정책연구원도 매년 국가경쟁력에 관한 보고서를 발표한다. 이러한 국내·외의 기구들이 제시하는 국가경쟁력의 주요 내용을 정리하면 다음과 같다.

표 1 주요 국가경쟁력 모형 및 한국의 순위

발행기관	내 용	순 위	발표시기
국제경영개발원(IMD) 경쟁력지수 (World Competitiveness Scoreboard, WCS)	• 경제성과, 정부효율성, 경영효율성, 인프라 등 4대 부문 250여 개 세부항목을 평가 • 통계 등 경성자료와 설문자료를 각각 6:4의 비율로 활용	22위/59개국 (2011년)	매년 5월
세계경제포럼(WEF) 경쟁력지수 (Global Competitiveness Index, GCI)	• 국별 기본요인, 효율성 증진, 기업환경의 성숙도와 기술혁신 등 3대 부문 12개 세부부문 평가 • 경성자료(약 30%)와 설문자료(약 70%) 활용	24위/142개국 (2011년)	매년 9월
EU 경쟁력보고서 (European Competitiveness Report)	• 미국과 EU의 1인당 GDP, 생산성 증가율, 취업률 등 비교	종합순위 내지 않음	매년 11월

Ⅱ

발행기관	내 용	순 위	발표시기
	• 거시경제여건, 수요조건, 생산투입, 혁신 등 6대 경쟁력 원천이 유럽 산업에 미치는 영향 분석		
아일랜드 경쟁력보고서 (Ireland Competitiveness Report)	• 경쟁력 목표인 지속가능한 성장(국민소득, 삶의 질 등)을 달성하기 위한 현재 경쟁력(기업성과, 생산성 등)과 미래경쟁력(기업환경, 물적 인프라 등)을 평가	종합순위 내지 않음	매년 8월
세계은행(World Bank) (Doing Business)	• 국가별 기업환경을 창업 등 10개 부문으로 나누어 기업 활동에 대한 규제정도를 파악하고 종합 및 부문별 순위를 발표	16위/183개국 (2011년)	매년 11월
헤리티지 재단 경제자유지수 (Index of Economic Freedom)	• 기업 활동, 조세, 무역정책 등 10개 부문의 경제자유정도를 계량화하여 평가	35위/179개국 (2011년)	매년 1월
경제자유네트워크 자유지수 (Economic Freedom of the World)	• 무역자유, 통화건전성, 시장규제 등 5개 부문에 대한 경제자유정도 평가	30위/141개국 (2011년)	매년 9월
국제투명성기구 부패인식지수 (Corruption Perception Index)	• 공공부문 및 정치부문에 존재하는 것으로 인식되는 부패의 정도를 측정	39위/178개국 (2011년)	매년 11월
아세안 경쟁력 보고서 (Asean Competitiveness Report)	• 번영 요인(노동생산성 등), 매개 경제적 성과(투자, 혁신 등), 삶의 질의 세 가지 부문을 중심으로 측정	종합순위 내지 않음	매년 6월
기획재정부 국가경쟁력 보고서	• 좁은 의미의 경제성장 뿐만 아니라 사회통합과 환경의 질 제고를 위해 경제, 사회통합, 환경의 3대 부문으로 나누어 측정 • 경성자료(약 95%)와 설문자료(약 5%) 활용	종합순위 내지 않음	매년 11월
산업정책연구원 국가경쟁력 연구보고서	• 경영여건, 생산조건, 수요조건, 관련산업 등의 물적 부문과 기업가, 전문가, 정치가 및 관료, 근로자 등 인적부문 등을 포함하여 총 9개 부문 측정	19위/65개국 (2011년)	매년 7월

출처: 기획재정부(2011) 보고서 인용 및 수정.

　　국제경영개발원(IMD)과 세계경제포럼(WEF)의 경상경쟁력지수는 이론적으로 Michael Porter의 다이아몬드 모델을 기반으로 한다. 그러나 다이아몬드 모델은 이론적으로 정교하다기보다 통념상으로 국가경쟁력에 근사하다고 판단되는 하위변수들로 구성되어 있다(기획재정부, 2011). 그는 경영학적 관점에서 국가경쟁

력을 '국가수준의 생산성(productivity)'이라고 보고, 국가경쟁력 결정요인 연구에
서 노동력 요소 측면(factor condition), 수요 측면(demand condition), 기업의 전략,
구조, 경쟁관계 등의 환경적 측면(firm strategy, structure, rivalry), 관련 산업적
측면(related industries)을 국가경쟁력의 중요 요소로 제시하고 있다. 노동력 요소
(factor condition)는 산업에서 경쟁을 위해 필수적 생산 요소로 훈련된 노동력, 인
프라, 물리적 자원과 기술 등을 의미한다. 수요(demand condition)는 산업의 생산
품과 서비스에 대한 국내 수요의 특징, 관련 산업(related industries)은 공급 및 이
와 관련된 산업과 제도, 기업환경(firm strategy, structure, rivalry)은 국내 경쟁뿐
아니라 어떻게 기업이 창조되고, 조직화되며 관리되는지를 나타낸다.

그림 1 M. Porter의 Diamond Model

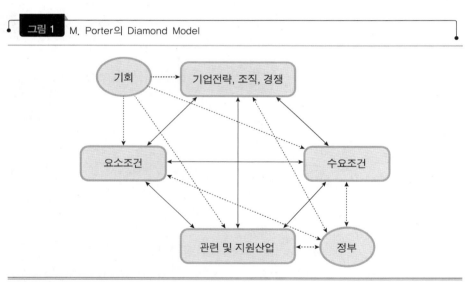

출처: Porter(1998), 127

  이에 따르면 국내산업의 생산성에 국가적으로 영향을 미치는 요인이 국가경
쟁력이다. 그는 특정 국가의 어떤 기업이 더 생산적이기 위해서는 그 나라가 경
쟁적인 환경을 제공해야 한다고 전제하고, 이를 위한 요소들을 제시한 것이다.
여기에서 정부의 역할은 그리 크지 않다. 정부의 역할은 단지 생산성에 결정적
요인이 아닌 제한적 영향을 미치는 요소로 간주된다. 즉, 정부나 국가는 이 모

델에서 주요 행위자가 아니고 보조적인 존재라는 것이다. 미국식 시장중심의 사고가 들어 있는 것이다.

Suh. J(2005)도 재화와 서비스의 가격이 국가경쟁력을 높인다고 규범적으로 정의하고 가격수준이 국가경쟁력을 결정하는데 영향을 준다고 본다. 다른 조건이 같다면 낮은 가격수준이 국가경쟁력을 높인다고 보는 것이다. 생산자의 입장에서 가격이 낮으면 임금의 압력이 낮고, 생산 요소에 대한 접근이 용이하기 때문에 국가경쟁력을 높이고, 소비자의 입장에서도 낮은 가격은 처분가능 소득의 구매력을 증가시킨다. 이러한 재화와 서비스의 가격 결정은 정치적인 과정으로 보고, 국가마다 가격이 다른 이유를 정치 제도―선거제도 및 규제―로 설명한다.

다보스 포럼을 이끄는 세계경제포럼(World Economic Forum)은 원래 국제경영개발원(IMD)과 같은 팀으로 경쟁력지표를 발표하였다. 그러나 알려지지 않은 이유로 이 두 집단이 분리되어 현재는 각각 경쟁력지수를 발표하고 있다. 세계경제포럼(WEF)은 국가경쟁력을 '국가의 생산력 수준을 결정짓는 각종 제도, 정부정책, 이를 둘러싼 여러 요인들의 집합'으로 정의하면서 대상 국가를 139개국으로 확대하였다.

세계경제포럼(WEF)의 경쟁력지수는 약간의 시간적 고려가 들어있다는 것이 특징이다. 현재의 생산성과 경제성과를 측정하는 것뿐만 아니라, 미래의 경제성장요인으로서 국가의 지속적 경제성장과 장기적인 번영 가능성 등을 고려하고 있다. 그러나 여전히 경쟁력을 생산성(productivity)의 관점에서 투자의 결정요인으로 파악하고 있다는 점에서 본서와는 개념적 차이가 있다. 본서에서는 정부의 역할을 통해 궁극적으로 건전한 사회발전을 이루는 것을 지향한다.

세계경제포럼(WEF)은 2000년도에 경상경쟁력지수(CCI, Current Competitiveness index)와 다른 성장경쟁력지수(GCI, Growth competitiveness index)를 발표했다. 경상경쟁력지수(CCI)는 현재의 일인당 GDP로 측정된 현재의 생산성과 경제적 성과를 보는 것이고, 성장경쟁력지수(GCI)는 일인당 GDP의 변화율로 측정된 미래의 경제성장 요인을 보는 것이다.

J. Mcarthur and J. Sachs(2003)는 성장경쟁력지수(GCI)를 경제발전의 현재

수준을 관리하면서 중기적으로(5년 단위) 지속되는 경제성장을 달성하는 국가경제의 능력을 측정하는 지표라고 정의한다. 성장경쟁력지수(GCI)의 구성요소로 기술(technology), 공공제도(public institutions), 거시경제적 환경(macroeconomic environment)의 세 분야를 들고 있다.[2] 성장경쟁력지수(GCI)의 공공제도(public institutions) 분야의 주요 하위구성요소로 법적 제도, 부패 등의 지표가 있으며, 이를 세분화하여 공공재원의 전환, 정치인에 대한 신뢰, 정부지출의 낭비, 정부규제, 테러리즘에 대한 비용, 치안서비스, 범죄에 대한 비용 등을 제시하였다 (2004년의 경우).

성장경쟁력지수(GCI)의 점수는 경영자 설문조사(Executive Opinion Survey)와 경성자료(hard datas)로 측정하여 1~7점으로 매겨진다. 이를 바탕으로 WEF는 이후 기본적 요소, 효율성을 증진시키는 요소, 혁신 및 정교화를 위한 요소 등 3가지 요소를 12개의 세부평가항목으로 구분하여 국가경쟁력을 측정하고 있다. 2011년의 경우, 기본요소에는 제도, 인프라, 거시경제환경, 건강과 초등교육, 효율성증진요소에는 고등교육 및 훈련, 상품시장의 효율성, 노동시장의 효율성, 금융시장의 발전도, 기술적 준비, 시장규모, 혁신과 정교화요소에는 비즈니스정교화, 혁신 항목을 제시한다.

이러한 구성요소들은 국가경쟁력의 발전단계마다 중요한 역할이 달라진다고 본다. 예를 들어 공공제도(public institutions) 지표는 높은 단계보다는 중하위의 발전단계에서 더 중요한 역할을 하고, 기술(technology) 지표는 모든 단계에서 중요한 역할을 담당한다고 보았다. 성장경쟁력지수(GCI)는 기술진보와 발전단계를 염두에 두고 각 나라의 경제의 구조적, 제도적, 정책적 특징을 밝히고자 하였다. 현재의 경제성과 외에 미래의 경제성장 요인을 측정하여 국가의 지속적 경

---

2) 각각의 지표들은 다음과 같이 측정된다.
   1. 기술지표의 구성요소 = 혁신(innovation) + 기술이전(technology transfer) + 정보기술(ICT) (innovation = 1/4 survey data + 3/4 hard data)
   2. 공공제도지표의 구성요소= 1/2 법적 제도(contracts and law) + 1/2 부패(corruption) (두 지표 모두 survey data 활용)
   3. 거시경제적 환경지표의 구성요소 = 1/2 거시경제적 안정성(macroeconomic stability) + 1/4 국가신용등급(country credit rating in March 2001) + 1/4 정부지출(general government expenditure in 2000)(거시경제적 안정성지표는 hard data와 survey data로 구성)

제성장과 장기적인 번영가능성을 국가경쟁력 지수에 포함시키고자 한 것이다. 성장경쟁력지수(GCI)는 미래의 경제성장 요인을 보기 위해 고안되었지만, 경상경쟁력지수(CCI)와 마찬가지로 궁극적으로는 경제성장을 달성하기 위한 경쟁력 개념이라고 할 수 있다.

2) 한 계

이상의 논의에서 본 바와 같이 국가경쟁력과 가장 유사한 개념은 그 나라의 산업분야 생산성, 경제성장 등과 아주 유사한 개념이다. 즉, 명목적, 실질적 개념정의상으로 볼 때, 이들이 사용하는 국가경쟁력은 생산성이나 경제성장과 큰 차별성이 없다. 왜냐하면, 이 개념을 측정하기 위한 하위지표들도 경제적 요소에 많은 비중을 두고 있고, 정부 및 공공부문의 역할도 기업을 지원하기 위한 제한적 역할만을 전제하고 있기 때문이다. 정부와 시장과의 관계 등 사회전체에 대한 고려 없이 시장 위주의 편향성을 드러내고 있는 것이다. 결국 국가경쟁력이란 개념은 주로 외국인 투자자 및 다국적 기업에게 각 국의 투자환경에 대한 정보제공을 목적으로 고안되었기 때문에 정부의 적극적 역할에 대한 고려는 미흡하다.

대부분의 국가경쟁력 지표들은 경제부문에 국한되어 있으며, 국내총생산(GDP) 관련 지표들[3]이 가장 많은 비중을 차지하고 있다. 국내총생산(GDP)은 기본적으로 자산 가치의 증가만을 측정하는 개념이다. 부(富)의 분배 등 형평성이나 삶의 질(Quality of Life)과 관련된 요소들을 간과한다는 심각한 문제점이 있다. 예를 들어, 운전자가 교통체증으로 인해 엄청난 스트레스를 받아 삶의 질이 떨어지고 자동차 배기가스로 인한 대기오염 등의 환경문제가 야기된다고 해도, 단순히 경제적으로 휘발유의 사용이 증가하게 되어 GDP는 상승할 수 있는 것이다. 프랑스 '경제 실적 및 사회 진보 계측을 위한 위원회[4]'의 보고서인 'Mismeasuring Our Lives'에 따르면, GDP를 비롯한 계량적이고 통계적인 측정방법들이 다양

---

3) 예를 들어, 국제경영개발원(IMD)에서는 국가경쟁력의 316개 세부 항목들 중 무려 61개 항목이 국내총생산(GDP)에 기반을 두고 산출된 것들이다.
4) 이 위원회는 프랑스의 니콜라스 사르코지 대통령에 의해 설립된 것으로, Joseph E. Stiglitz, Amartia Sen, Jean Paul Fitoussi 등 세계적 석학들이 참여하고 있다.

한 삶의 요소들은 물론 사회의 변화속도를 반영하지 못한다고 지적한다.

국가경쟁력 개념이 경제자유주의적 이념에 경도되어 사회전체(societal)를 대상으로 하지 못하고 시장(market)에만 편향되어 있다. 이러한 시장중심적 사고는 정치적으로 민주주의가 안정되고 경제적으로 자본주의가 발달한 사회에서 정부가 국가경쟁력의 향상을 위해 할 수 있는 역할이 매우 제한적이고 보조적이라고 본다. 하지만 정부의 기능을 기업활동에 유리한 환경의 조성에만 국한시켜 파악하는 것은 자유주의에 기반하여 발전해 온 서구 선진국들의 경우에만 타당할 수 있다. 우리나라를 비롯한 아시아의 국가발전 과정은 정부영역이 크게 확장된 후 시장이 성장한 경우이므로 이에는 타당하지 않다.

이러한 시장중심의 편향성 문제 외에도 국가경쟁력은 매우 모호한 개념이라고 비판받는다(Kathuria, 1999; 정용덕, 2005; 최영출, 2006; 정병걸·염재호, 2007; 길종백·하민철, 2007; 정병걸, 2010). 또한 정교한 이론적 기반 없이 경제학적인 정당성이 결여되어 있다고 지적받는다(김정민 외, 2005). 기존의 연구들은 국가경쟁력에 대한 논의가 실제적 측정기준에 대한 것일 뿐, 그 이론적 타당성에 대해서는 경제학적 논리를 제시하지 못하였다고 비판한다. 하지만 국가경쟁력은 이러한 문제점에도 불구하고 컨설팅 등을 위해 남용되어 왔다. 나아가서 후술하겠지만, 측정도구의 신뢰성과 타당성의 부족 및 결과 산정의 문제 등이 지적되고 있는 실정이다(고길곤·박세나, 2012).

2. 정부능력

정부능력(government capability)은 '정부가 한 나라의 영토에 대해 권한을 행사할 수 있는 능력'이라고 한다(Pearce 외, 2011). 정부능력은 정부의 역할과 기능에 논의의 초점을 맞추므로 정부경쟁력과 유사한 측면이 있지만, 정부가 기본적으로 기업의 성과 향상을 위해 존재한다고 보아 국가경쟁력 개념과 유사하기도 하다. 정부능력은 기본적으로 정부의 내부역량 분석에 초점을 두므로, 국가 간 비교를 전제로 하지 않는다.

한편, 우리나라에서 사용되는 '행정능력'이라는 개념도 있다. 행정능력을 세

가지 차원으로 나누어 지적 능력, 정치적 능력, 실행 능력이라고 한다(정정길, 2005: 15-31). 우리나라 행정부는 정책목표에 해당하는 행정기능의 우선 순위 설정에 실질적으로 권한을 행사하므로 정치적 능력이 중요하다. 미국과 달리 한국행정부는 정책결정기능을 담당하고 있어, 정치적 능력도 행정능력의 한 부분으로 보는 것이다. 행정능력은 행정의 능률성과 민주성이라는 근본적이고 추상적인 이념 달성을 목적으로 한다는 점에서, 국민의 구체적인 욕구를 충족시키고자 하는 정부경쟁력과 차이가 있다.

한 나라의 정부 성과는 정부의 활동범위와 역량에 의해 결정된다(Fukuyama, 2004). 정부의 활동범위란 정부가 시대적 요구에 따라 맡게 되는 다양한 기능과 목표를 의미하는 것으로, 외부와의 관계에서 규정되는 조건이라고 할 수 있다. 또한 정부의 역량은 내부적인 정책 기획 및 집행 능력을 의미한다. Fukuyama(2004)는 정부 역량의 요소로, 1) 최소의 관료제로 정책 수립 및 집행과 법률을 제정하는 능력, 2) 부패와 뇌물을 통제하는 능력, 3) 책임성과 투명성을 유지하는 능력, 4) 법을 집행하는 능력을 제시한다. 또한 내부 역량이 외부 상황과 서로 부합해야 정부 성과가 나타나는 것이므로, 역량은 상황 특정적(situation-specific) 요소라고 할 수 있다.

정부역량은 한 나라의 총체적인 역량이고, 흔히 정부의 능력을 의미한다(문명재·주기완, 2006). 한편으로는 국가 뿐 아니라 사회분야까지 포함하는 총체적 의미의 역량을 의미하며, 그 측정지표로 세계은행의 6개 영역의 거버넌스 지표를 활용하기도 한다: 1) 정치적 참여와 책임성(Voice and Accountability), 2) 정치적 안정 (Political Stability), 3) 정부의 효과성(Government Effectiveness), 4) 규제의 질(Regulatory Quality), 5) 법치주의(Rule of Law), 6) 부패통제(Control of Corruption).[5]

---

5) 정치적 참여와 책임성은 국민의 정치 참여를 가능하게 하는 민주적 제도, 언론에 의해 정부의 정치적 책임성이 보장되어 있는 정도를 측정한다. 정치적 안정성은 헌법에 위배되는 수단이나 폭력적인 수단에 의해서 정부가 전복되거나 불안정할 가능성을 측정한다. 정부의 효과성은 공무원 서비스의 질, 정치적 압력으로부터의 독립성, 정책공화와 성취의 정도, 정부의 신뢰성을 측정한다. 규제의 질은 정부가 민간부분 영역 개발을 허용하고 촉진시킬 수 있는 정책과 규제를 공식화하고 성취할 수 있는 능력을 측정한다. 법치주의는 관리자(agents)들이 사회의 규칙(rules of society)에 대한 확신과 준수하는 정도를 측정한다. 부패통제는 공권력이 독점 뿐 아니라 사소하고 웅장한 형태의 부패를 포함하고 있는 사적이득에 대하여 권력을 행사하는

　지방정부 차원에서는 '능력'보다 '역량'이라는 용어를 일반적으로 사용한다. 역량의 사전적 의미는 "어떤 일을 해낼 수 있는 힘 또는 현재 그 힘의 정도"이다. 역량이라는 개념은 1973년 McClellend에 의해 처음으로 사용되었다(박우성, 2002). McClellend에 의하면, 역량이란 업무성과와 관련된 광범위한 심리적 및 행동적 특성을 의미하는 것으로, 이는 개인의 내적 특성에 초점을 둔다. Spencer 외(1993)는 역량을 1) 내적 특성(underlying characteristics), 2) 성과의 원인(casually related), 3) 준거기준(criterion related)이라는 세 가지 차원으로 나누어 구체화시키기도 하였다. 우선 내적 특성(underlying characteristics)이란 개인의 행동을 예측할 수 있는 개인의 심층적이고 지속적인 성격을 의미한다. 성과의 원인(casually related)은 개인 행동과 성과를 예측하게 하는 요인을 의미하고, 준거기준(criterion related)이란 개인의 우수성을 예측하는 구체적인 기준이다. Mirabile(1997)도 역량을 우수한 성과수준의 개인과 보통의 성과수준의 개인을 구분해 주는 능력 및 특성으로 정의한다. 이상에서 살펴본 바와 같이, 역량이란 개인이 조직에서 성과를 내는 내적 특성으로 규정된다.

　Sparrow(1996)는 한발 더 나아가 역량을 조직역량, 관리역량, 개인역량으로 나누어 개념을 확장시켰다. 조직역량이란 조직의 전반적인 자원 및 능력을 의미하고, 관리역량이란 조직 외부에서 활동하게 하도록 구체적으로 정의된 역량 예컨대, 직업부문의 지식, 기술, 행동 등이며, 개인역량은 조직 내에서 직무와 관련된 개인의 행동양태이다. UNDP(1998)에서도 역량을 효율적이고 지속적인 기능수행을 할 수 있는 개인과 조직의 능력이라고 정의하였다.

　국내의 연구에서는 개인의 능력이나 잠재적 특성 등 내적 특성 외에 조직의 전반적인 능력을 의미하는 것으로 물적 역량으로까지 개념을 확대한다(최봉기 외, 1993; 김병국·권오철, 1999, 최영출, 2003). 이승종·윤두섭(2006)도 역량을 "조직의 목적 달성을 위한 조직 및 구성원의 특성으로서 인적 역량과 물적 역량을 포괄하는 것"으로 정의하면서, 지방정부의 혁신을 위한 혁신역량을 '혁신을 일으키기 위한, 혁신의 조건으로서의 역량'이라고 한다. 그리고 지방정부의 혁신은 내부역량과 외부역량의 교호작용 하에 형성된다고 본다. 그러면서 지방정부의 혁신

　정도를 측정한다.

Ⅱ

역량[6]은 1) 지방정부 정치엘리트(자치단체장, 지방의회 의원, 지방정부 고급공무원)의 혁신역량, 2) 시민들의 혁신역량, 3) 지방의 정치구조, 재정구조 등 구조적 요인 등에 의해 영향을 받는다고 하였다.

인적 역량과 구조적 역량은 상호보완적인 관계이므로 재정역량은 재정상태라는 구조적 측면과 관리적 측면의 재정운영역량, 개인적 측면의 재정담당관의 전문지식과 능력을 포함하는 개념이다. 따라서 노승용·금재덕(2006)에 의하면, 재정역량이란 '주어진 환경과 제도 하에서 재정담당자들의 효율적인 재정운영을 위한 노력과 이를 기반으로 재정지출에 필요한 재원을 확보하여 고품질의 서비스를 시민에게 제공할 수 있는 지방정부의 능력'이라고 볼 수 있다. 이에 따라 지방정부의 재정역량을 평가하는 부문으로, 재정상태, 재정운영, 재정성과로 구분한다.[7]

지방정부의 역량은 지방자치 발전을 공고히 하는 기본적인 근간이다. 이재성(2007)은 지방정부의 역량을 인적 역량(업무 능력, 의지 및 태도)과 물적 역량(재정 능력, 절차적 능력, 정보화 능력)으로 구분한다. 업무능력의 하위 변수로는 전문성, 문제해결능력, 의사소통능력, 조정·통합능력, 자원확보능력, 업무추진력, 홍보능력, 리더십 등이 있고 의지 및 태도의 변수로는 도덕성, 혁신성향, 시민지향성 등이 있다. 재정능력은 건전성과 효율성으로, 절차적 능력은 의사결정의 신속성과 절차의 민주성으로, 정보화 능력은 전자공공관리, 전자대민서비스, 전자민주주의 등으로 하위 차원을 분류한다. 한상우·최길수(2006)에 따르면 지방정부의 역량은 '지방정부의 공직자들이 주어진 역할을 효과적으로 수행할 수 있는

---

6) 지방정부의 혁신역량에 관한 연구 중 가장 포괄적인 것은 미국 시카고 대학의 Clark 교수가 주도하고 국제사회학회의 지원으로 1982년에 시작된 "지방정부혁신에 관한 국제비교 연구(Fiscal Austerity and Urban Innovation Project: FAUI)"이다. 이 국제협력연구는 각 국의 학자들이 국제표준조사표에 기초하여 소속국가의 지방행정실태를 조사하고 그 다음 각 나라별로 구축된 조사자료에 근거하여 비교연구를 수행한다.

7) 구체적인 측정지표로는 재정상태부문(재정력지수, 자주재원비율, 1인당 지방세 부담액, 주민 1인당세출규모, 주민 1인당 투자비, 일반재원비율, 경상일반재원비율, 인건비 자체충당능력, 경상적 경비 자체 충당능력, 지방채 잔액지수, 주민 1인당 채무), 재정운영부문(실질수지 비율, 경상수지 비율, 지방채 수입비율, 사고이월 사고비 비율, 세수증가율, 지방세 징수율, 경상적 세외수입증가율, 체납세액 정리율, 이자수입비율, 투자적 경비 비율, 경상예산 절감률, 재정압박 지수, 인건비 비율, 의무적 경비 비율, 지방채부담비율, 각종 경상경비 비율, 비목별 1인당 경비), 재정성과부문(각종 공공시설 충족도)이 있다.

개인적 능력과 효율적 조직관리를 위한 자원과 시스템'으로 정의한다. 이러한 경우 지방정부의 행정역량은 내부조직 관리능력으로 한정하여, 공무원 개인적 요소(기술 및 지식, 공직윤리), 조직적 요소(공간 및 설비, 재정, 업무방식, 리더십, 비전과 미션)로 나눈다.

역량을 대상으로 한 연구별 지표화 차원 및 영향요인을 개인적, 조직적, 구조적 차원으로 나누어 보면 다음의 〈표 2〉와 같다.

표 2 역량 연구의 연구자별 지표화 경향

	개인적 차원	조직적 차원	구조적 차원
Boyatzis(1982)	리더십, 지식, 노력, 정향성	학습조직, 제도, 부하관리, 네트워크	–
FAUI(1982)	정향성, 선호, 리더십	네트워크(시민)	지역경제, 정치구조
Bolton(1993)	리더십	전문성, 기술, 자원	인구규모, 도시규모, 서비스 수요
최봉기 외(1993)	지식, 기술, 능력, 가치/이념	기구설치, 적정인원, 적정기능, 재정력, 자치권	요구투입과 대응
Sparrow(1996)	행동양태	지식, 기술, 자원, 고객지향	–
이승종 외(1998)	정향성, 선호, 리더십	–	네트워크
김병국 외(1999)	직무능력, 직무노력	제도, 물리적 기반정도	이념기반, 행동표출
이동기(2000)	의지, 보상, 분위기	모방, 기술	–
류지성 외(2001)	단체장 연령 및 학력	공무원수, 재정력	인구규모
이재경(2002)	지식, 기술, 태도	–	–
박우성(2002)	정향성, 가치/이념	–	–
UNFPA(2003)	인센티브, 동기, 지식, 능력	비전과 미션, 체제발전, 인적자원개발, 자원의 유통	경제성장, 정치안정, 법규의 구조, 의사결정의 분권화, 시민사회의 성숙
최영출(2003)	지식, 기술	수(volume)	–
이종수(2004)	정책행위자의 영향력	–	선호, 재정력, 네트워크, 인구규모, 도시규모

출처: 이승종·윤두섭(2005)

다음 그림에서와 같이 역량의 개념은 개인 역량을 넘어 조직 역량, 역량의 영향요인으로 확장된다.

그림 2 지방과 지방정부의 혁신역량과 혁신과의 관계

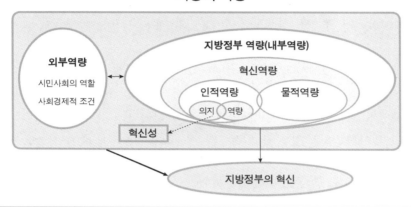

출처: 이승종 · 윤두섭(2005) 재인용

이상의 정부능력 및 정부역량에 관한 연구들을 살펴보면, 정부능력은 조직내부의 특성에 초점이 맞추어진 개념으로서 외부요인에 의해 상황특정적으로 제한을 받는다. FAUI와 같은 국가 간 비교연구가 수행되기도 하였으나, 체계적으로 이뤄지지는 않았다. 기본적으로 정부능력 및 정부역량 개념은 조직의 성과를 향상시키기 위한 내부관리적 측면에 초점을 둔 것이라고 하겠다.

3. 정부의 질

최근 국가의 여러 분야의 질적 수준에 대한 논의가 활발하게 이루어지고 있다. 그동안 많은 논의가 있었던 삶의 질(quality of life)외에도 민주주의의 질(quality of democracy), 사회의 질(quality of society), 정부의 질(quality of government) 등 사회 각 분야의 질적인 수준에 대한 관심이 높아지고 있다.

정부의 질(quality of government)에 관한 논의는 '좋은 정부(good government)'의 논의와 관련이 있다. 질 높은 정부가 좋은 정부라는 것인데, '좋은(good)'이라는 개념이 규범적이고 가치가 개입되어 있으므로 다양한 평가기준이 있을 수 있

다. Kaufmann et al.(2003)은 정치적 관점에서 권력 측면에 초점을 맞추고 있고, La Porta et al.(1999)은 경제학적 관점에서 개인의 재산권 및 경제적 자유 보장에 초점을 맞추고 있다. Bo Rothstein and Jan Teorell(2008)은 불편부당성(Impartiality)의 개념을 사용하여 정부의 질(quality of government)에 대해 논의한다.

우선 정치적 관점에서 Kaufmann et al.(2003)은 첫째 국가 내에서 권력이 행사되는 과정이 합리적이고, 둘째 효과적인 정책집행을 할 수 있는 정부의 역량이 갖추어져 있으며, 셋째 권력행사의 기반이 되는 제도가 국가와 시민의 존중을 받고 있다면 '좋은 정부'이고 정부의 질(quality of government)이 높은 것이라고 한다.

경제학적 관점에서는 정부가 개인의 재산권 등 경제적 자유를 얼마나 잘 보호하느냐에 따라 정부의 질(quality of government)이 달라진다. Shleifer and Vishny(1993)은 정부의 개입이 부패와 관료제적 지연(bureaucratic delay)을 야기하여 비효율적이 된다고 한다. 이러한 정부의 비개입(nonintervention)도 '좋은 정부'의 한 요소이지만, 정부의 효율성과 관료제의 질도 중요한 요소로 제시된다(Rauch and Evans, 1997). 정부가 민간 영역에 개입을 하더라도 얼마나 효율적으로 하는가가 중요한 것이다. 사적 영역에 대한 정부의 효율적이고 최소한의 개입이 정부의 질(quality of government)을 결정한다고 본다. 그러나 이러한 시각은 Rothstein and Teorell(2008)에 의해 비판받는다. 개인의 재산권과 경제적 자유의 보장은 정부의 질(quality of government) 자체가 아니라 정부의 질(quality of government)로부터 나타나는 결과인 것이고, 이러한 정부의 질(quality of government)의 결과는 경제적 요인뿐 아니라, 사회적 자본, 삶의 질 등 비경제적 요인도 존재한다고 한다.

Rothstein and Teorell(2008)은 거버넌스 개념의 모호성을 지적하면서 정부의 질(quality of government)이란 개념을 제시한다. 정부의 질이란 개념은 스웨덴의 Gothenburg 대학의 Bo Rothstein 교수와 Jan Teorell 교수가 스웨덴 은행의 연구비를 지원받아 연구소를 설립하여 개발한 것이다.[8] 이들은 거버넌스 논의가 정책결정의 입력(input)에만 초점을 맞춘 문제점이 있다고 지적한다. 따라서 정책집행의 산출(output)에 초점을 맞추어 정부의 질(Quality of Government)을 평가하고자 한다.

Rothstein and Toerell은 사회영역을 이해관계(interest)를 기준으로 유형화한다. 이해관계의 범위(전체/소수)와 유형(타인지향/자기지향)에 따라 국가(전체, 타인지향), 시장(전체, 자기지향), 가족(소수, 타인지향), 이익집단(소수, 자기지향)의 네 영역으로 구분한다. 여기서 정부의 질에 대한 논의는 국가영역으로 한정한다. 여기서 국가영역은 사회전체의 이해관계를 고려해야 하고 타인지향적이어야 하므로 평등의 관념이 핵심적이다.

표 3   이해관계의 차원과 사회적 영역

		이해관계의 유형 (Type of interest)	
		타인지향 (Other-regarding)	자기지향 (Self-regarding)
이해관계의 범위 (Scope of interest)	전체 ("All")	국가 (The state)	시장 (The market)
	소수 ("Few")	가족 (The family/clan)	이익집단 (The interest group)

출처: Rothstein and Teorell(2008)

---

8) 이들은 2008년 이후 웹에 기초한 전문가 설문조사를 통해 지표개발을 하고 있다. 설문조사는 다음과 같이 3개의 설문문항으로 구성된다.
   ① "공정성은 정책집행 시 공무원이 정책 수립 당시 고려하지 않은 사안에 대해 시민들을 자의적으로 판단하지 않는 것을 의미한다. 그렇다면 일반적으로 당신은 국가에서 공무원이 개별적인 사안에 대해 정책 집행 시 얼마나 공정하다고 생각합니까?": 거의 그렇지 않다 1점~항상 그렇다 7점.
   ② "가상적인 상황으로서, 공무원이 가난한 이들에게 일인당 1,000달러를 나누어 준다고 가정하자. 당신은 가난한 이들에게 돈이 얼마만큼 분배될 것이라고 생각합니까?": 0~100%로 측정하고 6개의 구간으로 나눔.
   ③ "당신의 국가에서 다음의 3가지 상황들이 얼마나 자주 발생한다고 생각합니까? 1) 고위공직자에게 가장 많은 리베이트를 준 회사가 최저입찰 방식의 공공수급계약에서 보상을 받는다. 2) 개별적 사안에서 공무원이 어떤 집단에 대해서는 불공정하게 정책을 집행한다. 3) 공무원이 사업면허 발급 시 개인적으로 친분이 있는 사람에게는 편의를 제공한다: 거의 없다 1점~항상 그렇다 7점.

정부의 질이라는 개념에 대해 우리나라 행정학자들도 관심을 가지고 접근하고 있다. 그동안 정부의 질 연구는 개념적이고 철학적인 논의와 지표개발을 통한 국가 간 비교연구로 발전되고 있다. 정부의 질 개념구성에 대해 정치체제의 투입과 산출을 모두 포괄하여야 한다는 견해도 있고(김희강, 2011), 정부관료제의 질로 한정하여 파악하는 견해도 있다(윤견수, 2011).

최진욱·윤견수·김헌(2012)은 정부의 질을 "정부가 소임을 잘 할 수 있는 속성을 갖추고 있으면서, 동시에 정부의 소임을 이루고 있는 정도"라고 정의하면서, 한 국가의 정부 관료제의 질을 의미한다고 본다. 정부의 질의 구성개념은 정부가 추구하는 가치(value), 정부의 구조(structure), 정부의 행태(behavior)이다. 가치(value)의 측정변수는 불편부당성, 효율성, 봉사의식, 합법성 등이고, 구조(structure)의 측정변수는 실적주의 채용, 내부승진, 정년보장 등이며, 행태(behavior)의 측정변수는 투명한 정책결정능력, 정책결정 및 집행능력, 행정관리 능력 등이 있다. 정부의 가치, 구조, 행태가 바람직하다면 사회가 원하는 방향으로 갈 수 있다고 본다. 윤견수(2011)도 '정부의 질'을 협의로 해석하여 정부관료제의 질과 동일시한다. 각 국 정부의 질을 비교하기 위해서 정부관료제의 질을 경험적으로 확인하고, 막스베버의 관료제 이념형 속성들을 평가기준으로 삼는다. 관료제 이념형을 기준으로 하여 공직자의 생애주기에 따라 현실의 관료제가 기준점에 도달하지 못한 경우 과소관료제(미발달), 기준점을 넘어선 경우 과잉관료제(병리현상)라고 한다. 그리고 정부의 질과 관련하여, 이념형으로서의 관료제에 가까운 나라일수록 정부의 질이 높을 것이라고 본다. 하지만 현실의 조직들을 이념형 속성을 기준으로 측정할 수 있다고 가정한 데 반해, 측정에 대한 구체적 방법 및 지표를 제시하지 못하고 있다. 또한 실제는 각 국의 역사적 맥락과 발전 경로에 따라 비교기준이 달라져야 함에도 불구하고, 이에 대한 고려가 없다.

이현우(2013)는 공정성(Impartiality)을 정부의 질의 핵심개념으로 보면서, 공정성(Impartiality)으로서의 정부의 질은 기계적 평등이 아니며, 다양한 정책들을 고려하고 특정 집단의 이해관계를 배제시키지 않는 절차적 차원의 문제라고 한다. 공정성(impartiality)은 정책의 내용과는 별개로 정책집행과정에서 특정 집단에게만 유리하게 또는 불리하게 대하지 않는다는 의미로 사용되는 것이다. 공정성(Impartiality)을 측정 가능한 개념으로 보고 대의민주주의의 전제 하에 공권력 행사의 개선을 통해 국민들의 정치만족도를 높일 수 있다고 본다. 정치체제의 산출부분인 정부의 질이 높아야 국민들의 정치신뢰와 만족이 높아진다는 것이다. 또한 임의영(2012)은 정부의 질(quality of government)의 평등규범을 공정성(Impartiality)으로 해석하고, 공정성이 정부의 질의 근본규범이라고 한다.

표 4 통치권력의 분포와 정부의 질

제도적 조건		정부의 질	
		좋음	나쁨
통치권력	집중	집권체제(Centripetal)	다수체제(Majoritarian)
	분산	합의체제(Consensus)	분권체제(Populist)

출처: 김두래(2012)

김두래(2012)는 형평성, 시민참여, 책임성, 반부패 등을 '좋은' 정부의 질이라고 보고 Lijphart(1999)의 합의체제 수월성 가설[9]을 수정하여 '분권적 체제에서 정부의 질이 좋을 때 좋은 정부성과가 나타난다'고 보았다. 즉 정치체제와 정부성과의 관계에서 정부의 질이 매개변수로 작용하는 것이다.

표 5 정부의 질에 관한 국내 연구 요약

저자	제목	주요 내용	출처
윤견수 (2011)	정부의 질과 관료제의 합리성: 관료제 이념형 구성의 기본단위인 '공직' 개념을 중심으로	• 각 나라의 정부의 질을 비교하기 위해 정부 관료제의 질을 베버의 관료제 이념형을 기준으로 나눔: 관료제 이념형, 과소관료제, 과잉관료제 • 관료제를 구성하는 기본 분석단위를 '공직'으로 보고 공직자의 생애주기에 따라 정부 관료제의 질을 평가함	정부학연구 17(3)

---

9) Lijphrat(1999)는 통치권력의 분포에 따라 정부제도의 질과 정부의 성과가 달라진다고 본다. 그는 통치권력이 분산될수록 정부의 질과 정부성과가 높아진다는 '합의체제(consensus system)' 수월성 가설을 주장한다(김두래, 2012).

저자	제목	주요 내용	출처
김희강 (2011)	정부의 질과 불편부당성(Impartiality)	• 정부의 질을 구성하는 지표의 이론적 배경을 살펴보고, 불편부당성의 함의와 한계를 정부의 질 지표와의 관계 속에서 고찰함	정부학연구 17(3)
김선혁 (2011)	정부의 질과 시민사회: 비판적 검토와 지표 개발을 위한 시론	• 정부의 질과 유사개념들의 비교를 통해 개념을 명료화하고, 현행 정부의 질 논의가 핵심 구성요소인 시민사회를 도외시해 버린 문제점이 있으므로 '시민사회 친화적인' 논의로 전환시켜야 함	정부학연구 17(3)
김두래 (2012)	정치체제, 정부의 질, 그리고 정부성과: 합의체제 수월성 가설의 수정과 검증	• 정부의 질이 정치제도의 특성과 정부성과의 관계를 매개하는 제도적 조건으로 기능함 • 합의체제 수월성 수정가설을 경제발전, 환경, 사회복지의 정책영역에서 비교국가 분석을 통해 경험적으로 검증한 결과, 정치체제의 정책적 결과가 정부의 질이라는 부가적인 제도적 요인에 의해 달라졌음	정부학연구 18(1)
최진욱, 윤견수, 김 헌 (2012)	정부의 질 개념 구성에 관한 탐색	• 정부의 질이란 정부가 소임을 잘 할 수 있는 속성을 갖추고 있으면서 동시에 정부의 소임을 이루고 있는 정도임 • 정부의 질을 구성하는 세 가지 하위개념은 가치(value), 구조(structure), 행태(behavior)임	정부학연구 18(2)
임의영 (2012)	거번먼트의 질: 개념적 성찰	• 정부의 질을 정교하게 개념화하기 위해 정부의 질을 구성하는 다양한 요소들을 바른 것, 좋은 것, 멋진 것으로 분류함	정부학연구 18(2)
최상옥 (2012)	정부의 질 연구: 효과성 제고를 위한 정부 역량 개념의 탐색적 고찰	• 효과성 제고를 위한 정부의 핵심역량을 경쟁과 실적주의에 입각한 전략적 인사제도와 관리, 재정건전성을 강조한 예산제도, 성과관리중심의 예산회계제도, 분권화된 조직관리, 구체적인 사업추진을 위한 정보관리 기술력, 이해관계자들과의 협상 및 조정, 성과중심 행정감사제도 등으로 예시함	정부학연구 18(2)
이현우 (2013)	정부의 질: 공정성의 비판적 고찰	• 정부의 질 개념에서 핵심을 이루는 공정성이란 정책내용을 다루지 않고 단지 정책을 수행하는 과정에서 특정 집단에게 호의를 베풀거나 차별을 하지 않는다는 것을 의미함 • 이러한 공정성의 개념은 절차로서의 가치한정, 공적분야와 민간분야의 연계성 미약, 관료의 자유재량권과의 모순관계 등의 문제점이 있음	세계지역연구논총 31(1)

정부의 질에 대한 국내외 연구들은 정치체제의 산출인 정책집행과정의 공정성을 확보하는 것이 정부의 질을 높여 좋은 정부가 되는 것이라고 한다. 정부의 질이 공정한 정책집행을 통해 확보된다는 것이다. 이러한 연구들은 비경제적 요인인 공정성을 강조하였다는 점에서 경제발전을 중요시한 이전 연구들보다

진전된 것이다. 그러나 이러한 논의는 민주주의가 확립된 서구 선진국들을 대상으로 할 때 타당한 것이고, 국가별 발전단계에 따른 아시아 등의 여타 국가들에 적용하기에는 한계가 있다. 또한 정치체제의 산출 부분만을 보는 제한적 시각이라는 비판도 존재한다. 대의제 민주주의, 선거제도의 확립 등 투입 측면의 민주성 확보 문제는 이미 해결되었다고 전제하기 때문에 민주주의가 이미 확립된 선진국의 경우에만 해당되는 지극히 제한적인 논의라는 것이다.

4. 굿 거버넌스

거버넌스란 "한 나라의 시민이나 대표자가 요구하는 공공재나 기타 재화를 제한된 자원으로 효과적이고 투명하게, 공정하고 책임성 있게 제공할 수 있는 공공 조직의 제도적 능력"이다(세계은행). 일반적으로 정부의 위계적 질서와는 달리, 시민사회와의 네트워크와 파트너십, 그리고 대화, 협상, 조정 등 조종(steering) 방식으로 문제를 해결하는 것이다. 행위자들의 참여와 수평적 관계, 그리고 이를 통한 민주주의의 확대를 도모하고, 나아가 보다 효과적인 문제해결이 가능하다고 본다(김의영, 2011).

그러나 거버넌스라는 용어의 사용이 아직 통일되어 있지 않다는 주장도 있다. 경영학에서는 거버넌스를 지배구조의 의미로 사용한지 오래되었고, 행정학에서는 한동안 국정관리나 협치로 번역하여 사용하다가 최근에는 거버넌스로 표기하고 있다. 거버넌스라는 용어는 Guy Peters처럼 다양한 통치양상을 나타낸다고 보는 입장과 민간 또는 시민사회와의 수평적이고 협력적인 통치형태라고 보는 입장이 있다. 전자의 입장은 거버넌스에는 다양한 형태가 존재하므로 수직적인 거버넌스도 있을 수 있다고 보는 것이고, 후자는 계층적 관료제에 의한 통치방식과 달리 민간과의 협치로 보는 것이다.

굿 거버넌스(good governance)란 세계은행(World Bank)이 해외원조의 효과성을 높이기 위해 처음으로 고안한 개념이다.[10] 효율적인 경제발전을 위한 정부 역할

10) 굿 거버넌스(good governance)는 아프리카 발전에 관한 세계은행의 보고서(1989)에서 공식적으로 등장하였다.

에 대한 기준을 제시한다. 세계은행은 굿 거버넌스의 조건으로 다음의 여섯 가지를 제시한다: 1) 효율적인 공공서비스, 2) 독립적인 사법체계 3) 공적 재원에 대한 책임 있는 관리, 4) 독립적인 공공감사, 5) 법과 인권의 존중, 6) 다원주의적인 제도와 자유언론 등을 제시하고 있다. 이렇듯 굿 거버넌스는 기본적으로 경제부문의 신자유주의적 개혁, 행정부문의 기술관리주의적 개혁, 정치부문의 서구자유민주주의적 개혁 등을 지향한다(KJaer, 이유진 역, 2007).

굿 거버넌스 개념은 거버넌스라는 본래의 개념이 내포하고 있는 참여, 분권, 권한위임, 수평적 네트워크, 민주적 책임성 등의 가치들을 제외시켰기 때문에 서구중심주의, 효율만능주의라는 비판을 받는다. 또한 분배의 승자와 패자간의 갈등과 권력적 측면을 등한시하는 경향이 있어 탈정치적이라는 비판을 받는다(임성학, 2010). 이와는 달리, 유엔(UN Development Program)에서는 참여, 반응성(responsiveness), 합의, 책임성, 지속가능한 발전, 포용성(inclusiveness) 등을 굿 거버넌스의 목표로 제시한다(Bevir, 2007).

굿 거버넌스의 속성을 측정하기 위해 민주성, 효율성, 자율성, 참여성, 분권화, 네트워크, 전문성, 책임성 등 다양한 요인들을 제시한다(임성학 외, 2007; 강동완, 2008; 김갑식·정형곤, 2008). 굿거버넌스의 역량을 측정하는 연구들은 지역사회의 사회적 자본, 지방 정부의 자원 및 리더십 등의 역량적 요인이 중요하다고 지적한다(고재경·황원실, 2008). 김의영(2011)은 굿거버넌스 분석을 위해 굿거버넌스의 목표(참여성, 분권화, 책임성, 효율성 및 효과성), 정책과 제도 및 맥락(주민, 정부차원), 역량(지역주민의 사회적 자본, 지방정부의 제도적 자본, 지역사회의 개혁적 역량), 구조 및 환경(지역규모, 이슈성격, 정치적 기회구조, 경제상황) 등 네 가지 구성요인을 제시한다. 임성학(2010)은 한국적 맥락을 반영한 굿거버넌스의 요소로서 민주성(참여성, 투명성, 반응성)과 효율성(네트워크, 조정력, 전문성)을 제시하고, 이를 기준으로 9개의 대내외정책을 분석한 바 있다. 굿거버넌스의 지표는 다음 〈표 6〉과 같다.

표 6 굿 거버넌스 지표

원칙	내용	지표
민주성	참여	정책협의회, 위원회, 공청회, 기존 정당과 시민단체가 참여할 수 있는 통로가 있는가? 의견수렴을 위해서 사전조사
	투명	회계 투명성, 회의록, 국회 보고, 공개회의, 자료공개, 보도자료
	반응	게시판 댓글에 대한 응답, 기자회견, 국회답변, 신문고 제도, 민원해결
효율성	네트워크	공식적인 모임 또는 비공식적인 모임이 있는가? 정책연대, 네트워크의 성격 (bridge or band)
	조정력	조정위원회, 갈등해결 매커니즘, 리더십에 의한 조정, 타협
	전문성	전문적 지식을 생산, 유통할 수 있는 능력

출처: 임성학(2010)

문명재·주기완(2007)은 세계은행의 6개 영역의 거버넌스 지표[11]를 활용하여 우리나라 정부역량을 측정하였다. 우리나라의 1996년도부터 2006년도까지의 자료는 다음 〈표 7〉과 같다. 부패통제(Control of Corruption)의 경우, 2004년보다 2005년에 높아지고 있으나, 1996년에 비해서는 전반적으로 낮다. 그러나 이러한 부패통제에 대한 측정치가 낮다고 하여 이를 우리나라의 부패 정도가 높아진다고 해석하기엔 무리가 있다. 이 지표는 부패에 대한 인식을 기준으로 작성된 것이어서 부패에 대한 정보가 이전보다 더 공개되고 국민들의 기대수준이 높아졌기 때문일 수 있다. 즉, 국민의 부패민감도와 기대수준에 미치지 못하는 현실이 반영되어 부패통제지수가 낮아진 것으로 해석할 수 있다.

---

11) 세계은행의 6개 영역 거버넌스 지표는 정치적 참여와 책임성, 정치적 안정, 정부의 효과성, 규제의 질, 법치주의, 부패통제 등이다. 1996년 이후로 연 2회 조사를 실시하였으나, 2002년 이후에는 연 1회로 매년 조사를 실시하고 있다. 2007년 현재 조사대상 국가는 212개 국이다.

표 7   연도별 거버넌스 역량지표

		1996	1998	2000	2002	2003	2004	2005	2006
정치적 참여와 책임성 (Voice and Accountability)	측정치(-2.5~2.5)	0.47	0.63	0.63	0.77	0.79	0.79	0.78	0.71
	순위백분율(0~100)*	61.2	66.8	66.3	71.2	70.2	74	72.6	70.7
	표준편차	0.24	0.23	0.22	0.17	0.17	0.17	0.16	0.17
	사용된 데이터 수	5	6	6	9	9	9	10	11
정치적 안정성 (political stability)	측정치(-2.5~2.5)	0.15	0.07	0.12	0.31	0.32	0.48	0.55	0.42
	순위백분율(0~100)*	52.9	52.4	49.0	44.2	43.7	37.5	36.1	39.9
	표준편차	0.29	0.24	0.23	0.22	0.23	0.22	0.21	0.22
	사용된 데이터 수	5	6	7	9	9	10	10	10
정부효과성 (government effectiveness)	측정치(-2.5~2.5)	0.92	0.41	0.77	0.95	0.9	0.93	1.01	1.05
	순위백분율(0~100)*	80.6	66.8	76.8	81	79.6	78.7	78.7	82.9
	표준편차	0.26	0.15	0.17	0.16	0.16	0.16	0.15	0.16
	사용된 데이터 수	6	8	8	10	10	10	10	10
규제의 질 (regulation qualiy)	측정치(-2.5~2.5)	0.52	0.4	0.56	0.76	0.66	0.75	0.77	0.7
	순위백분율(0~100)*	65.9	63.4	69.3	74.6	71.2	74.6	71.7	70.7
	표준편차	0.23	0.26	0.2	0.19	0.19	0.18	0.18	0.18
	사용된 데이터 수	6	8	8	10	10	10	10	10
법치주의 정도 (rule of law)	측정치(-2.5~2.5)	0.71	0.69	0.74	0.79	0.79	0.7	0.78	0.72
	순위백분율(0~100)*	71.4	71.4	71.4	75.2	75.2	70.5	74.8	72.9
	표준편차	0.19	0.16	0.13	0.13	0.13	0.13	0.13	0.13
	사용된 데이터 수	9	11	12	14	14	14	14	15
부패통제 (control of corruption)	측정치(-2.5~2.5)	0.52	0.07	0.14	0.33	0.33	0.22	0.47	0.31
	순위백분율(0~100)*	73.8	59.2	61.7	66.5	66.5	61.7	68.9	64.6
	표준편차	0.2	0.15	0.15	0.14	0.14	0.13	0.13	0.14
	사용된 데이터 수	7	10	10	11	11	12	12	13

* 순위백분율이 높을수록 다른 나라와 비교해 상대적으로 강한 역량이 있음을 표시함.
출처: http://info.worldbank.org/governance/wgi/index.aspx#reports(2014. 5. 18. 기준)

우리나라의 정부역량은 다음 〈표 8〉에서 보듯이 시간의 흐름에 따라 정치적
안정성을 제외한 다른 지표에서는 강한 정부의 모습을 보인다. 하지만 연도별

II

로 각각의 기준들이 더 높게 또는 더 낮게 변화하는 양상을 볼 때, 우리나라가 정부역량의 측면에서 강한 정부라고 하기는 어렵다.

표 8 정부역량의 변화

	1996	1998	2000	2002	2003	2004	2005	2006
정치적 참여와 책임성	6.1	6.7	6.6	7.1	7.0	7.4	7.3	7.1
정치적 안정	5.3	5.2	4.9	4.4	4.4	3.7	3.6	4.0
정부의 효과성	8.1	6.7	7.7	8.1	8.0	7.9	7.9	8.3
규제의 질	6.6	6.3	6.9	7.5	7.1	7.5	7.2	7.1
법치주의	7.1	7.1	7.1	7.5	6.9	7.1	7.5	7.3
부패통제	7.4	5.9	6.2	6.7	6.9	6.2	6.9	6.5

출처: http://info.worldbank.org/governance/wgi/index.aspx#reports(2014. 5. 18. 기준)

굿 거버넌스는 경제발전에만 초점을 맞추는 개념은 아니다. 굿 거버넌스는 정부가 경제 이외의 영역에 미치는 영향을 두 가지 수준으로 나누어 살펴본다. 주관적 행복 및 시민의 정부지지라는 개인적 수준과 내란 발생 및 민주적 안정성이라는 사회적 수준으로 구분하여 고찰한다. 굿 거버넌스에 관한 연구 중 사회적 관계망과 타인에 대한 보편적 신뢰를 중심으로 하는 사회자본(social capital)연구가 그 예이다. Rothstein and Teorell(2008)은 단지 경제 성장과 발전뿐만 아니라 보다 상위 차원인 행복, 민주주의의 안정성 등의 가치를 추구해야 한다고 주장한다. 기존 경제학자들은 기업의 성과향상이 국가적 경제성장(output에 해당)을 가져오고 이에 따라 국민의 행복(outcome에 해당)도 자동적으로 담보된다고 보았다. 그러나 경제성장이 이뤄졌다고 하여 국민의 행복도가 자동적으로 높아지는 것은 아니다. 따라서 경제성장이 아닌 행복이나 삶의 질과 같은 직접적인 성과를 목표로 해야 한다는 것이다. Grindle(2004)는 개발도상국에서의 빈곤퇴치와 거버넌스 개혁을 위해 굿 거버넌스를 위한 정부능력의 진화가 필수적인데 이를 위해서는 내의 견제와 균형, 지방분권, 효율적·독립적인 사법권, 언론의 자유, 건전한 규제체계 등이 필요하다고 한다.

굿 거버넌스는 정부의 기능이 제대로 작동하지 않으면 그에 따라 사회경제적 문제들이 야기된다고 보기 때문에 정부의 역할을 중요시한다. 그러나 사회 문제의 발생에 대해 정부뿐만 아니라 공·사적 영역의 협력과 파트너십이 더 중요하다고 보기 때문에 사적 영역이 서구 선진국들만큼 발달하지 않은 국가의 경우에는 그 적용에 한계가 있다. 즉, 굿 거버넌스라는 개념에 서구자본주의가 전제되어 있는 것이다. Knack(1999)는 사회적 자본이 상이한 정치적 선호를 수렴하도록 유도하고 정책결정에 새로운 방식을 도입하는 데 기여한다고 보았다. 만약 사적 영역이 발달하지 않은 나라의 경우, 이러한 공·사 영역 간 협조를 통한 문제해결은 효과가 없을 것이다.

정부가 추구하는 목표는 1인당 GNP와 같은 경제적·양적인 측면뿐만 아니라 삶의 질 등 질적인 측면도 반드시 고려되어야 한다. 그러나 목표의 추구에 있어 더 중요한 것은 국가발전단계에 대한 고려이다. 각 국의 경제적, 사회적 발전단계가 서로 다르므로 발전단계별로 개념의 적용이 달라져야 한다. 예를 들어 가장 기본적인 욕구인 안전 및 생존의 욕구를 충족시키지 못한 국가에서 문화, 사회복지, 민주주의 참여 등을 지나치게 강조한다면 이는 시기상조적인 논의가 될 뿐이다. 시민의 참여는 독재적인 정부운영을 막아 결과적으로 좋은 정책을 산출하지만, 실제로 대부분의 개발도상국가에서는 시민참여 논의가 비현실적인 것이 사실이다. 정부와 시민사회의 네트워크를 강조하는 거버넌스 개념은 아직 시민사회와의 네트워크가 형성되지 않은 국가의 경우에는 적용이 곤란하다.

또한 거버넌스 개념의 과도한 외연성이 지적되기도 한다. 거버넌스 연구들이 모든 것을 거버넌스 개념에 포함시켜 설명하려고 하기 때문에 오히려 역설적으로 아무 것도 설명하지 못한다는 비판을 받는다(Keefer, 2004). 과도하게 외재적 변수를 포함시켜 여러 가지 변수들이 존재하면 개념의 포괄성은 높아지지만, 이로 인해 어떤 조건에서도 적용할 수 있다는 것은 오히려 개념의 정교화를 해친다.

한편, 굿(good)이라는 형용사는 통상 '바람직한', '좋은', '건전한', '참된' 등의 의미로 쓰이는데, 이는 가치가 개입된 주관적인 개념이다. 무엇이 '좋은' 것인지, 그리고 구체적인 내용이 무엇인지가 매우 추상적이고 애매하여 구체적인 방향을 제시하기가 어렵다. '민주주의'에도 다양한 의미가 내포되어 있듯이, '좋은(good)'이라는 가치판단적 개념의 사용은 보다 엄밀하게 정의하고 사용해야 한다. 굿 거버넌스에 대한 수사적 정의에 그치지 말고, 구체적으로 굿 거버넌스가 무엇인지, 굿 거버넌스가 되기 위한 조건들은 무엇인지 등에 관한 논의가 필요하다고 하겠다.

5. 도시경쟁력

도시경쟁력에 대한 논의는 오래 전부터 꾸준히 논의되어 왔다(Porter, 1998; Webster and Muller, 2000). 그리고 이러한 관심은 전 세계적으로 잘 알려진 주요 국제기구나 유명 연구소에서 세계 주요 도시를 대상으로 상대적 비교를 위한 지표를 개발하고 평가하여 순위를 발표하는 수준에까지 이르렀다.

대체로 도시경쟁력 개념의 근원은 국가경쟁력 개념에서 시작된다고 할 수 있다(최유진·홍준현, 2007: 68). 다만 분석수준을 지리적 경계를 기준으로 지역 단위, 혹은 도시 단위를 대상으로 하는 개념이라는 것이 가장 큰 차이점이다. 기존에 국가 단위의 경쟁력을 놓고 순위를 매기다가, 세계화·지방화 현상이 심화되고 나아가 뉴욕, 도쿄, 서울 등과 같은 일명 '메가시티'가 등장하면서 지구촌의 주요 도시 간에도 경쟁력을 평가하는 경향이 나타나게 되었다.

이러한 도시경쟁력에 대한 관심이 높아짐에 따라, 국가경쟁력 순위를 발표하는 WEF(Global Competitiveness Report)와 IMD(World Competitiveness Yearbook)에서도 도시경쟁력 순위를 발표하고 있으며, 민간에서는 A. T. Kearney라는 글로벌 경영 컨설팅 업체에서 측정하여 발표하는 글로벌 도시 지수(Global Cities Index), Mercer Human Resource Consulting의 삶의 질 조사(Mercer's Quality of Living Survey)와 Economist의 살기 좋은 도시(The Economist's World's Most Livable Cities) 순위 발표 및 중국사회과학원의 세계 도시경쟁력 지표(Global Urban Competitiveness Index), 일본 모리재단 소속 도시전략연구소에서 발표하는 도시경쟁력 지수 등이 있다. 이러한 지표를 구성하는 다양한 요소들은 도시경쟁력을 측정하는 주요 요소로서 다수의 연구에서 참조하고 있다.

예를 들어 IMD에서는 경제적 성과, 정부 및 기업의 효율성, 사회적 기반 등의 4가지 범주 하에 20개 하위 항목을 두고 지역경제 수준을 측정하여 도시경쟁력을 살펴보고 있다(김병규·이곤수, 2012: 4-5). 또한 글로벌 도시 지수의 경우에는 기존의 산업경쟁력 중심의 도시 간 평가 대신 주요 도시들의 글로벌 영향력에 초점을 두고 평가한다. 기존의 경제적 관점의 경쟁력 지표 이외에 글로벌 노동 시장 측면(외국인 수, 국제 학교 및 학생 수 등), 도시 내외부의 소통 측면(인터넷 보급률, 국제 언론사의 수 등), 문화적 경험 측면(국제 스포츠 경기 개최 수, 관광객 수, 음식 문화의 다양성, 자매결연 도시의 수) 및 국제무대에서의 도시의 정치적 영향력 측면(대사관, 영사관, 주요 씽크탱크 기관 수 등)을 활용한다.

또한 도시경쟁력 개념은 이미 1956년 Tiebout에 의해 논의된 바 있다. 그는 시민들의 '발로 하는 투표(vote with their feet)'로 지방공공재의 효율적 배분이 가능하다고 주장하였다. 이러한 Tiebout 모형은 주민이 그 지방정부의 서비스가 만족스럽지 않으면 다른 지역으로 이사 간다는 완전한 이동성(fully mobile)을 전제로 한다. 이는 후술하겠지만, 살고 싶은 도시에 대해 중요한 인적자본이 스스로 움직인다는 인적자본 중심의 도시 및 지역 성장론과도 밀접한 연관이 있다.

물론 우리나라와 같이 서울로의 유입이 거스를 수 없는 압도적인 이동방향에 해당하는 경우에는 적용이 어렵다. 하지만 최근 지방정부에 대한 정보가 점차 많아지고 교통·통신의 발달로 거주지를 옮길 수 있는 가능성이 높아지고 있다. 또한 지방정부의 행정서비스에 만족하지 않는 경우 시민들이 다른 지역으로 이동하는 것이 점차 편리해지고 있다. 이러한 주민들의 이동 가능성은 지방정부 간 경쟁을 보다 치열하게 만들며, 도시경쟁력의 개념을 부각시키는 데 기여한다. 적어도 지방선거가 있을 때마다, 후보들은 물론이고 주민들이 자신의 지방과 다른 지방에 대해 비교하는 것은 당연한 일이 되었다. 즉, 지방자치와 도시경쟁력 개념의 발전은 밀접한 관련이 있다고 본다.

대체로 기존의 연구들을 살펴보면, 도시경쟁력 개념은 보다 다양한 요소를 반영하는 광의의 개념으로 확대되고 있으며, 도시경쟁력(urban competitiveness) 혹은 지역경쟁력(regional competitivenss) 개념이 혼용되어 나타나고 있다(최유진·홍준현, 2007: 68). 대개의 경우 도시경쟁력과 지역경쟁력은 같은 의미로 사용된다.

특히 지역의 경제발전에 큰 영향을 미치는 것으로 나타나는 산업 차원의 경쟁력을 주요 개념요소로 보던 관점이 시민의 삶의 질 등과 같은 요소가 더해져 크게 두 가지 관점에서 도시경쟁력을 바라보고 있다(권태형·박종화, 2010; 건설교통부, 2007; Kitson et al, 2004; Malecki, 2002; Lever, 1993). 이는 도시 간 순위측정을 경제적 성과를 중심으로 보던 국제기구의 경향이 살기 좋은 도시라는 개념을 바탕으로 주민들의 삶의 질 측면을 보완해 나가고 있는 최근의 추세와도 일맥상통한다.

국가경쟁력에 비해 연구단위의 편의상 국내외에서 도시경쟁력에 대한 연구는 많이 이루어져 왔다. 특히 도시경쟁력을 평가하기 위한 구성요소가 무엇인지에 대한 연구는 개념 연구와 맞물려 다양하게 연구되어 왔다. 또한 대부분의 연구는 지역의 경제수준에 중점을 두고 있다. 이는 상술한 국제기구의 도시경쟁력 평가에서도 각 도시의 경제력 수준에 바탕을 둔 순위 산출이 이루어지는 것과 유사한 흐름이다. 물론 최근에는 도시경쟁력의 개념이 발달하는 만큼 구성요소 혹은 평가요소를 고려할 때, 도시 및 지역 거주민의 인프라 측면 및 삶의 질 수준을 포함시키는 경향이 늘어나고 있다.

Collins(2007)는 도시경쟁력을 높이기 위해 지역경제를 발전시킬 수 있는 기본 인프라(사람, 중앙정부 기금, 민간투자)에 집중해야 한다고 주장한다. 또한 아래의 그림에서와 같이, Kitson et al.(2004)은 지역경제에 바탕을 둔 효과적인 생산성의 정도에 해당하는 생산자본(productive capital), 혁신적이고 창조적인 계급의 존재를 의미하는 지식/창조자본(Knowledge/Creative Capital), 공공 인프라의 규모와 질에 해당하는 인프라 자본(Infrastructural Capital), 문화시설과 자산의 범주와 질을 의미하는 문화자본(Cultural Capital), 사회연결망과 제도 형성을 의미하는 사회제도 자본(Social Institutional Capital) 및 노동력의 질적 수준에 해당하는 인적자본(Human Capital) 등이 지역의 생산성 및 고용과 삶의 수준을 경쟁력 있게 만드는데 기여한다고 언급하였다. 즉, 이러한 요소들이 서로 영향을 미치고 맞물리면서 한 지역 및 도시의 경쟁력을 높일 수 있다.

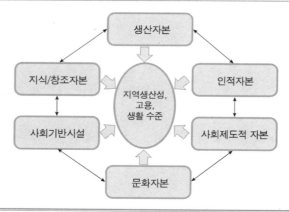

그림 3 지역 경쟁력 우위에 대한 기본 개념도(Bases of regional competitive advantage)

출처: Kitson et al. (2004), 995

Huggins(2003)는 지역경쟁력의 세 가지 요인을 설명하였는데, 첫째, 투입(input) 요소로서 비즈니스 밀집도(business density), 둘째, 산출(output) 요소로서 생산성 (productivity), 셋째, 결과(outcome) 요소를 들고 있다. 투입 요소인 비즈니스 밀집도는 지역 내 모든 비즈니스(사업체)의 비율과 경제참여율과 같은 지표로 살펴보고, 산출 요소인 생산성은 인구당 GDP로 볼 수 있으며, 마지막으로 결과 요소는 소득이나 실업률 등을 통해서 지역경쟁력을 측정할 수 있다고 하였다. 지역의 경제 수준에 초점을 둔 매우 고전적인 경쟁력 논의라고 평가할 수 있다.

Kanter(1996)는 혁신에 바탕을 둔 지식산업 중심의 개념 창출 도시, 강한 제조업을 보유한 도시로서 고도의 생산능력을 갖춘 인적 자본과 생산기반이 갖추어진 도시, 교역에 강한 도시로서 접속 역량이 풍부한 도시 등을 언급하면서 이러한 세 가지 능력 중 하나라도 비교우위를 갖게 되면 경쟁력 있는 도시가 된다고 주장하였다(최유진·홍준현, 2007 재인용; Kanter, 1996). 이상의 논의는 상당히 추상적인 수준에서 도시경쟁력 개념을 논의한 것으로서, 광의의 도시경쟁력 개념의 형성에는 기여하면서 한편으로는 국가경쟁력과 도시경쟁력 개념의 차이를 명확하게 드러내지 못한다는 점에서 다소 아쉽다. 단순한 분석단위의 차이로만 보이는 부분도 있다.

국내 연구의 동향은 해외 연구와 유사하다. 비교적 오래전부터 도시경쟁력으로 표현하지는 않았지만 각종 지표를 활용하여 도시 간 격차 및 이를 바탕으로 유형화를 시도한 연구들이 있었다(김병국, 1989; 최외출·최영출, 1992; 한국지방행정연구원, 1995). 그리고 최근의 연구에서는 보다 직접적으로 도시경쟁력이라는 용어를 사용하거나, 동 개념을 활용하여 도시 간 비교우위를 보이고 있지만, 이러한 연구경향이 기존의 유형화 이론과 큰 차이를 보이는 것은 아니다(권창기 외, 2008: 23). 특히 대도시권에 대한 관심이 높아지면서 인근의 동북아 국가를 대상으로 도시별 경쟁력을 분석하거나(김원배 외, 2007), 국내뿐만 아니라 국외의 도시들을 포함하여 경쟁력을 평가하고(대한국토·도시계획학회, 2007), 국내 주요 도시만을 대상으로 도시경쟁력을 평가하는 형태(김현식, 2001; 임병호·이재우, 2008)의 시도 등이 있다. 많은 연구가 도시경쟁력을 평가하기 위한 측정지표를 개발하여 실제 순위를 매기는 것에 관심을 갖는다(김원배 외, 2007; 권창기 외, 2008; 임병호·이재우, 2008).

국내외에서 이루어진 도시경쟁력에 관한 기존의 연구를 요약하면 결국 도시를 발전시키기 위해 현재의 위치를 파악하고자 하는 것이 강함을 알 수 있다. 이러한 경향은 국내 연구에서 더욱 강하게 나타난다. 지방자치가 이러한 도시 간 경쟁을 더욱 촉구하는 측면도 있어 보인다. 또한 최근 들어 삶의 질 측면이 강화되고 있기는 하지만 대부분의 도시경쟁력 평가는 해당 도시의 경제력, 산업적 능력에 초점을 맞추고 있다. 따라서 단일 주체로서 막대한 자본과 인력 등을 보유한 지방정부의 역량을 미처 조명하지 못했다는 한계가 있다. 특히 산업적 측면에서는 하나의 비즈니스를 유치하는 역량이 지방정부의 역량인 것으로 인식될 수 있고, 거주민의 삶의 질 수준 역시 지방정부가 제공하는 공공 서비스에 높은 영향을 받는다는 점을 고려한다면, 도시경쟁력 평가에 지방(도시)정부의 경쟁력을 심층적으로 살펴 볼 필요가 있다.

한편, 구체적으로 도시의 경쟁력을 이끄는 특수한 개념을 개발하는 연구들도 있다. 신고전학파적 성장이론(neoclassical growth theory)이나 성장거점이론(growth pole theory) 및 산업구조이론(industry structure theory) 등에 기반을 둔 도시의 경제발전이 아닌, 인적자본 중심의 경제발전 논의가 각광을 받으면서 도시의 경

쟁력을 끌어내는 새로운 개념들을 개발하려는 노력이 2000년대 초반 붐을 이루었다.

예를 들어 시카고대학의 Terry Clark 교수는 도시미관(urban scene)이란 개념을 개발하였으며, 나아가 어메니티(amenity)라는 관점에서 도시의 발전과 변화를 다양하게 설명하고자 하였다(Clark et al, 2011). Clark et al.(2002)은 후기산업사회의 도시에 살고 있는 시민들은 보다 심미적인 것에 관심을 갖고 있고 삶의 질을 중시하기 때문에 지역사회의 편의시설(amenity), 그 중에서도 문화시설이 좋으면 젊은이들이 모여들고 이것이 도시발전의 동인이 된다고 본다. 이러한 편의시설(amenity)로 인해 사람들이 모여들면, 거기에 상업도 발달하고, 다른 고용기회도 창출된다는 것이다. 구체적으로 시카고, 서울, 파리 등을 사례 연구한 바 있다. 그리고 이러한 사례연구 결과를 통해, 도시미관 측면에서도 매력적인 도시가 경쟁력을 가진다고 본다.

또한 미국의 Richard Florida는 창조계급(creative class)이라는 새로운 개념을 바탕으로 미국의 실리콘밸리와 같은 새로운 도시의 성장을 조명하였다(Florida, 2004). Florida 역시 Clark 교수와 같이 유능한 인적자본이 도시 및 지역의 성장에 높은 기여를 하고 있다고 지적한다. Florida는 풍부한 창조성을 가진 창조계급을 도시로 끌어들이기 위해서는 소위 3T라는 것을 갖추고 있어야 한다고 주장한다. 여기서 3T는 "기술(Technology), 인재(Talent), 관용(Tolerance)"을 의미한다(리처드 플로리다, 2011: 383). 즉, 고도의 전문적인 기술을 바탕으로 한 하이테크 산업과 이를 직업으로 삼는 인재들이 모이는 곳은 특히 다양성을 전제로 하는 도시로서 관용이 뒷받침되고 있다는 것이 핵심요지이다. 이를 증명하기 위해 미국 내 주요 도시들을 대상으로 도시의 다양성을 직·간접적으로 나타내는 멜팅폿(용광로) 지수, 게이 지수, 보헤미안 지수 등[12]을 통해 통계적으로 그 상관성

---

12) 멜팅폿(melting pot)은 이민자들의 각 국가, 혹은 도시의 발전에 미치는 영향력이 높아지면서, 인종, 민족, 문화의 다양성과 융합을 상징하는 의미에서 나타난 용어이다. 리처드 플로리다 (2011)는 이민이나 외국 태생의 비율과 하이테크 산업 간의 관계를 조사하면서 이를 바탕으로 만들어낸 내용을 멜팅폿 지수라고 명명하였다. 또한 리처드 플로리다(2011)는 특정 도시, 지역의 개방성과 다양성을 측정하기 위해 게이, 보헤미안(작가, 음악가, 화가, 무용수, 사진가, 배우, 감독 등 예술 분야 종사자를 의미)의 인구비율을 통해 미국 전역을 분석하고 이를 연구결과로 활용하였다.

을 살펴보았고, 그 결과 상당부분 상관성을 나타내고 있음을 보였다(리처드 플로리다, 2011: 388-402).

하버드 대학교 경제학과 교수인 Edward Glaeser의 연구도 마찬가지이다. Florida를 비롯한 Glaeser의 연구는 특히 미국에서 부유한 도시로 성장하고 있는 실리콘밸리 인근 지역, 보스턴, 시애틀, 오스틴 등의 도시경쟁력을 설명하기에 적절하다. Glaeser 역시 숙련된 거주민, 즉 높은 수준의 인적자본이 도시를 성장시키고 경쟁력을 높인다고 주장한다(에드워드 글레이저, 2011).

하지만 이러한 최근의 연구들은 도시경쟁력과 우수한 인적자본의 상관성을 주장하지만, 한편으로는 무엇이 먼저인지 알 수 없다는 점이 문제다. 즉 계란이 먼저인가, 닭이 먼저인가라는 문제를 지니고 있다. 예를 들어 도시미관의 경우에도 도시미관이 먼저 좋아져서 사람들이 몰려드는지, 아니면 도시의 경제력이 좋아져서 혹은 그 곳이 경쟁력 있는 도시라서 여유 있는 자본으로 도시미관을 개선시키느냐의 문제가 있는 것이다. 또한 우리나라의 오세훈 서울시장과 같이 시청이 먼저 주도적으로 간판을 규제하고, 도시미관을 적극적으로 정비하는 경우를 보면 정부의 역할의 중요성과 그 영향력이 높음에도 불구하고 이들의 논의에서는 이러한 점을 다소 간과하고 있다. 기존의 도시경쟁력 연구와 같이 도시경쟁력에 대한 새로운 개념 연구에서도 정부의 역할에 대한 고려가 미흡하다.

이상의 논의를 종합하면, 정부경쟁력이 도시경쟁력 개념과 가장 구별되는 부분은 우선 도시경쟁력이 도시 자체가 가지고 있는 여러 기반에 초점을 두는 것이고, 정부경쟁력은 다양한 기반을 직간접적으로 구성하는 주요 주체인 정부에 중점을 둔다는 점이다. 또한 정부경쟁력은 도시경쟁력의 분석단위로 두는 도시 혹은 지방의 정부보다는 중앙정부에 초점을 맞추고 있다는 것이다. 실질적으로 중앙정부의 정책결정은 일국의 경쟁력을 좌우한다. 지방정부의 정책영향력은 당해 지방자치단체에 한정되는 것이 일반적이지만, 중앙정부의 정책영향력은 국가전체에 미치기 때문이다. 물론 서울 및 수도권과 같은 대도시(권)의 경쟁력은 한국의 전체 경쟁력을 좌우할 수 있으므로 양자간 높은 상관관계가 존재할 것이다. 즉, 도시경쟁력의 논의는 (중앙)정부경쟁력의 개념에 유용한 시사점을 제공할 수 있으므로 이에 대해서도 추후 논의가 필요할 것이다.

정부경쟁력

6. 국력(national power)

국력(national power)은 주로 정치학에서 논의되는 개념이다. 이는 국가안보(national security)와 관련되어 논의되는데, 이는 국가를 분석단위로 한다. 즉 일국이 다른 국가에 비해 가지는 물리력 우위에 관심을 둔다. 국력이 무엇을 의미하는지에 대해서는 과거부터 다양한 논의들이 진행되어 왔지만 이 국력의 차원을 구분하고 측정 및 비교하려는 노력은 비교적 최근의 경향이다.

국력의 측정 노력의 대표적인 것이 바로 미국의 RAND 연구소에서 시작한 국력 지표 연구이다. Ashley J. Tellis를 중심으로 한 이 연구팀의 연구지원금은 미군에 의해 발주되었고, 따라서 군사적인 관점이 많이 반영되어 있다. 그리고 이후 후속 연구들을 통해 비군사적인 관점에 대해서도 확장되어 왔다. Tellis et al.(2000)은 국력의 구성모형에 대하여 다음과 같은 측정 모형을 제시하고 있다.

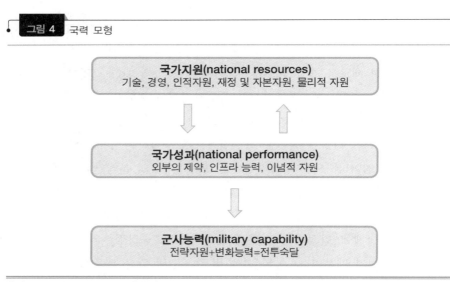

그림 4 국력 모형

출처: Ashley J. Tellis, et al., (2000)

이 모형에서 국력(national power)은 세 가지로 구성되는데, 국가자원(national

resources), 국가성과(national performance), 그리고 군사능력(military capability)이 그것이다. 우선 국가자원(national resources)은 경제력, 영토규모, 인구수, 천연자원과 더불어 정치, 경제, 사회분야의 지식혁명이 질적 변수로 추가되어서 기술, 경영, 인적 자원, 재정 및 자본자원, 물리적 자원의 5개 하위 변수로 구성된다. 그리고 국가성과(national performance) 부문은 권력자원을 변환시키는 능력으로, 다양한 분석수준을 고려하여 외부의 제약, 인프라 구조, 이념적 차원의 변수들이 포함되어 있다. 마지막으로 군사능력(military capability) 부문은 전략자원과 변환능력의 합으로, 전략자원은 군이 정부로부터 제공받은 것이고, 전환능력은 전략자원을 효율적으로 변화시키는 능력을 의미한다. 전략자원에는 국방비, 인력, 군사 하부구조, 전투에 대한 연구·개발·테스트·평가 기구, 국방산업 기반, 전투지원 물품 등이 있고, 전환능력에는 민군관계, 외국군과 관계, 군사독트린·훈련·조직의 성격, 혁신의 잠재력 등이 있다. 이들은 이 3가지 부문의 각 하위 변수들을 특정하는 계량지표들을 제시하고 있다.

　Tellis 등의 연구 결과를 시작으로 하여 후속 연구에서는 국력지위의 변화를 더 광범위하게 살펴보기 위해 계량화가 비교적 어려운 이념적 지표들도 계량화하여 평가하려는 연구들을 수행하게 된다. 후속 연구팀은 국력을 전략자원, 자원을 국력으로 전환하는 과정, 국력의 도구 등으로 구분하였다. 전략자원 부문의 주요 변수로는 인구, 인적 자본, 경제력, 기술력, 군사능력을 포함시켰으나 이들 변수의 계량화된 지표가 반드시 능력과 일치하는 것은 아니라고 하였다. 예를 들어, 군사력을 군사예산 규모, 군사비 지출 또는 경제력의 차원이라고 한다면, 역사적으로 볼 때 좋은 전략을 가진 잘 훈련받은 작은 군사력이 그렇지 않은 큰 군사력을 이긴 사례를 설명하기 어렵다. 또한 경제력을 국내총생산으로 동일시한다면 경제구조의 문제(첨단—낙후산업, 효율—비효율 등)를 반영하지 못한다고 지적한다. 아무리 자원이 많다고 해도 이를 국력으로 전환시키는 능력이 없는 국가는 보유자원에 상응하는 국력을 갖기 힘들다. 이 부문에서 해당 연구팀의 지표가 더욱 확장되어서, 전환능력을 크게 네 분야로 구분한다. 첫 번째는 국내경제자원을 활용하는 능력과 세계적 자원을 활용할 수 있는 능력을 포함한다. 두 번째 분야에는 국가제도와 정치구조로, 부패수준과 자원분배능력에 영

향을 미치는 선출직의 규모가 포함된다. 세 번째 분야는 기업가치, 신뢰, 사회 자본, 시민사회의 측면과 정치·경제적 관계에서의 국민들과의 협력 및 상호작용방식이 포함되었으며, 구체적 지표로는 가치에 대한 국제적 설문조사, 공동체기구, 자원봉사, 신문구독률 등을 활용하고 있다. 네 번째 분야는 사회구조 측면에서 사회적 만족도와 인종 및 계급의 차이 등을 고려하고 있다. 마지막으로 국력의 도구 분야는 미래의 국가안위를 위협하는 원인들이 무엇인지 밝히고 이에 대한 효과적 대처방법을 모색한다. 미래의 위협요소들은 군사적인 것 외에 경제, 환경, 국제범죄, 건강 등 다양한 것들을 망라하여 제시한다.

지표개발을 확장해가는 과정에서 해당 연구팀을 가장 어렵게 만든 것은 이념적 요소를 포함한 연성권력의 측정지표 개발 문제와 경성권력 및 연성권력을 구분하는 기준 설정 문제였다고 한다. 박종철 외(2007)는 공유지식 내지 상호주관성이 존재하지 않는 경우 연성권력이 권력으로서의 의미가 없다고 지적한다. 예를 들어, 미국적 가치가 정당성을 갖지 못하는 국가에서는 미국의 연성권력은 존재하지 않는 것이다. 또한 경성권력과 연성권력의 구분도 어려운 경우가 많다. 강대국이 무력제재가 아닌 경제적 제재를 하였다면, 이는 연성권력의 사용으로 볼 수 있지만 약소국의 입장에서는 경성권력 행사의 효과와 다를 것이 없다. Tellis 이후의 후속 연구들에서는 이러한 문제를 고려하여 경성 및 연성권력의 구분 문제보다 현실에서 실제로 사용되는 물리적 강요나 대가지불, 흡수 등 서로 연결된 권력개념을 활용하여 지표를 개발할 것을 제안한다.

국력이라고 하는 정부경쟁력의 유사개념에 관한 최근 논의들을 살펴보면 연성국력의 중요성을 강조하고 있기 때문에 이에 대해 언급하기로 한다. 21세기 미국의 위상에 대한 논의는 최근 국제정치연구의 중요한 의제이고, 이에 대한 논쟁이 계속 진행 중에 있다. 미국의 국력이 쇠퇴하고 있다고 주장하는 학자들은 안보 및 경제적 측면에서 미국의 영향력이 감소하고 있다고 하나, 미국의 영향력을 사회제도, 문화 등으로 확장하여 파악하는 학자들은 미국의 영향력이 감소하지 않았다고 주장한다. 대표적인 학자로 Joseph Nye는 국제사회에서 직접적·강제적 영향을 미치는 경성국력(hard power)보다는 문화. 이데올로기. 제도 등을 통한 연성국력(soft power)이 더욱 중요해지고 있다고 주장하였다. 미국은 다른 어느 국가보다도 연성권력의 자원을 많이 갖고 있어 미래에도 지속적으로 영향력을 미칠 것이라고 한다(Nye, 2004). 이와 같은 맥락에서 Susan Strange도 미국의 국력은 쇠퇴하지 않았으며 미국은 여전히 패권국으로서의 영향력을 행사하고 있다고 주장하는데, 그는 권력을 관계적 권력(relational power)과 구조적 권력(structural power)으로 구분하여 후자가 전자보다 더 중요하다고 주장한다. 구조적 권력은 세계정치·경제적 구조를 선택하고 형성하는 힘을 의미하는데, 미국은 안보, 생산, 금융, 지식 등 다양한 분야에서 여전히 압도적으로 구조적 권력을 행사한다고 한다. 그러므로 미국은 현재도 패권국인 것이다. Strange의 주장대로 국제사회의 영향력 행사 기제가 경성권력에서 연성권력으로 점차 이동하고 있기는 하나, 아직 경성 권력이 보다 중요한 기제라는 주장도 있다. 다만 연성권력에 의해 경성 권력이 보완되어야 실질적인 영향력을 발휘할 수 있다는 점은 폭넓게 합의되어 있다. Nye의 연성국력론은 미국이 탈냉전기에도 패권국의 지위를 유지하기 위해서는 경성국력과 함께 연성국력도 강화해야 한다는 것이다. 이는 미국의 세계 지배에 대한 열망을 반영한 것으로, 인터넷을 통한 미국식 가치의 확산 등 세계화 및 정보화 시대에 미국의 문화 패권주의를 통해서도 알 수 있다. 클린턴 행정부 이래 미국의 대외정책은 관여(engagement)와 확산(enlargement)이라는 원칙에 근거해 왔는데, 여기서 관여란 미국의 사활적 이익(vital interest)이 걸린 지역에 대한 개입주의적 정책을 의미하고 확산(enlargement)이란 미국식 가치인 미국식 민주주의와 자본주의의 확산을 의미한다. 미국식 가치의 전세계적 보편화가 연성국력에 기초한 세계지배전략이라고 할 수 있다.

영국학파(English school) 중 하나인 세계여론 이론가들은 향후 국제사회의 문제들을 해결할 때 세계여론의 중요성이 더욱 커질 것이라고 한다. 세계여론은 국가 간 공유된 도덕적 요소와 공유된 이익이라는 실용적 요소에 토대를 둔다. 세계여론을 이끄는 지도국이 되기 위해서는 국가의 이미지나 명성을 잘 가꾸어야 한다는 것이 핵심 주장이다. 결국 그 기제는 연성국력에 의한 것이며 세계공동체의 규범에 어긋나는 행동을 하는 국가는 국제사회의 고립을 자초하게 된다(Devlen, James & zdamar, 2005).

중국 정부의 싱크탱크인 사회과학원은 미국의 연성권력 확장을 최대 위협요

소로 꼽은 바 있다. 사회과학원 보고서에 따르면 "경성국력(hard power)과 연성국력 (soft power)을 함께 구사하는 미국이 연성국력의 확장을 통해 군사적 패권을 강화할 것"이라고 지적한다. 또한 미국의 가치와 문화 등에 의한 연성권력의 확장에 더욱 긴장해야 한다고 주장한다. 앞으로 미국을 능가하는 지도국이 되고자 하는 중국의 입장에서 보면 연성국력의 증진이 선결과제가 되는 것이다.

이러한 논의를 반영하여 국력(national power)의 측정에 있어서도 기존 연구와 달리 연성권력에 기초한 국력을 측정하는 방법을 다루는 연구들이 확장되고 있다.

제2절 ▶ 정부경쟁력과 조직관리

정부경쟁력은 중앙정부이든 지방정부이든 그 정부전체를 분석단위로 한다. 그런데, 행정학에는 정부내의 단위조직들을 대상으로 하는 연구가 이미 오래전부터 있어왔다. 정부의 효과성, 성과관리 등이 대표적인 것이다. 분석단위는 중간정도(meso level)라고 할 수 있다. 그러나 실제로 내용상으로는 이들은 정부경쟁력과 매우 유사한 개념들이다. 다른 조직과 '비교'한다는 측면만 추가한다면 곧 정부경쟁력이 되는데, 이들을 정리해 보기로 한다.

1. 성과관리

1) 정부개혁과 성과관리

행정학 분야에서 정부의 성과 또는 공공서비스의 성과는 성과관리(performance management)를 주제로 광범위하게 연구되어 왔다. 이것은 행정관리론(administrative management) 이후 경영학의 영향을 받은 행정학 연구의 주요 관심사항이었음을 부정하기 어렵다. 경영학의 영향을 받게 된 데에는 많은 국가들에서 재정규모 확대에 따른 재정 악화로 정부개혁을 요구하는 목소리가 높아졌기 때문이다.

OECD 국가들이 1960년대 최대 호황을 누리면서 각종 복지·사회 정책들이 확대되고 재정지출도 증가하였지만 70년대 중반부터 경제성장률이 둔화되면서 재정팽창의 부담이 커지자 정부개혁을 이끄는 단초로 작용하게 된 것이다. 1980년대에 들어서 규제완화, 민영화 등 정부의 역할을 축소시키고 정부 부문이 효율적으로 작동할 수 있도록 개선해야 한다는 주장이 시대의 조류가 된 데에는 이러한 배경이 있었다(고영선 외, 2004: 35-37).

신공공관리론(New Public Management)운동 이후 성과에 대한 관심이 매우 높아졌다. 이렇게 주장된 정부개혁의 기본적인 아이디어는 '결과 중심의 관리 체계(results-oriented management)' 구축에 있다(이계식·문형표, 1995). 경제성이 최우선인 민간부문과는 달리 공공부문은 조직이나 사업의 목표 자체가 불분명하거나 다차원적인 경우가 많은데, 이러한 특성이 관료의 행태와 만나면서 절차나 규정에 치중하여 결국 결과나 산출에 대한 관심이 떨어질 가능성이 높아진다. 이처럼 효율성과 효과성을 확보하기 위한 통제가 적절하게 이루어지지 않을 개연성이 높은 공공부문으로서는 근본적으로 다른 아이디어가 도입되는 것이다. 또한 '목표의 달성'이라는 결과를 기준으로 한 통제 방식은 정부의 성과 관리라는 새로운 관리 체계를 탄생시켰다.

그런데 성과관리를 다루는 연구들은 효율성, 생산성, 효과성 등의 개념을 무분별하게 사용한다. 비용—효과의 관계를 다루는 효율성(efficiency)은 물론이고, 목표달성도를 다루는 효과성(effectiveness)이 가장 보편적으로 사용되는 개념이다. 이러한 개념들은 실증연구(empirical study)에서의 사용이 용이한 것으로 평가받는다. 예를 들어 효율성(efficiency)은 조직성과(organizational performance)의 지표 중 일부로 여겨지며(cf. Andrews et al., 2005), 산출(output)을 측정하고자 하는 연구(cf. Chun & Rainey, 2005)는 관리적 효과성(managerial effectiveness), 생산성(productivity)을 고려하게 된다. 구체적으로는 측정 수준이나 개념의 조작적 정의의 차원에서 차이가 있을 수 있으나, 크게는 이들 개념들이 대동소이하기 때문에 성과와 관련된 무수히 많은 연구들에서 사용되는 개념들을 구분하는 것은 쉽지 않다.

이는 우선 성과(performance)라는 용어가 '생산성(productivity)'과 비슷한 용어이기 때문이다. 즉 결과를 달성하기 위해 자원을 효과적이고 능률적으로 사용하는 것(Kearney & Berman, 1999)으로, 생산성보다 더 좁은 의미인 능률성 또는 효율성 또한 함께 고려될 수밖에 없기 때문이다. 민간 영역에서는 이러한 효율성만 강

조되지만 공공 부문에서는 효율성뿐만 아니라 효과성 등 다른 기준들도 고려의 대상이 되며, 경제성뿐만 아니라 공공 부문의 조직 목적에 부합하는 결과도 중요하기 때문에 '성과'라는 보다 다차원적인 개념이 사용되고 있다. 따라서 성과는 효율성, 효과성, 형평성 등의 의미를 포함하는 개념이다. 이처럼 다차원적인 개념인 성과를 단일한 정의로 나타내기는 쉽지 않으나, 대체로 "조직 및 그 구성원이 서비스의 생산 및 제공을 위하여 수행한 업무, 정책 및 활동 등의 계획 또는 목표에 대한 실적 또는 효과 정도를 의미하는 것"으로 볼 수 있다(박중훈, 1998; 이세구, 2003; Ammons, 1995; OECD, 1994; Wholey, 1999; 이윤식 외, 2006).

이윤식 외(2006: 18)는 성과관리의 트렌드에 따라 초점이 달라지는 성과의 개념을 세 가지로 나누어 설명하였다. 체계이론(system theory)에 기반한 투입(input)—전환(throughput)(또는 과정 process)—산출(output)—결과(outcome)의 정책 순환 과정 중 성과관리의 트렌드에 따라 다른 관점의 성과 개념이 사용된다는 것이다. 전통적인 성과관리 방식(classic approach to performance management)에서도 투입이 제대로 되면 바람직한 산출과 결과가 나올 것이라고 보는 관점에 입각해있다. 이때의 성과는 산출/투입의 비율을 봄으로써, 전환 단계는 자동적인 것으로 보거나 미시적인 관리에 초점을 두었다.

그러나 NPM이후 이러한 기대가 무너지면서 등장한 결과지향적(result-oriented) 성과관리 방식에서 보는 성과는 투입, 전환 보다는 산출이나 결과가 목표나 계획에 부합하는지에 초점을 맞추고 있다. 실제 이런 결과를 산출하기 위한 성과관리는 중간관리자에게 완전위임하는 방식을 상정한다. 자율적 관리라는 명목 하에 이것을 블랙박스로 취급하는 것이다.

한편 통합적 성과관리 방식에서의 성과 개념은 투입이든 결과든 한 가지에 초점을 맞추고 있는 두 가지 방식과는 달리 모든 단계를 중요하게 보고 있다. 즉 투입, 전환, 산출, 결과의 모든 단계에서 원래의 계획이나 목표 대비 통합적으로 적절하게 추진되었는지가 성과로 인식되는 것이다. 이 때의 투입은 경제성, 과정은 모니터링, 투입과 산출은 효율성, 결과는 효과성으로 측정된다고 설명되고 있으며, 이러한 통합적 성과관리 방식의 성과 개념은 성과의 영향요인을 더욱 다각적으로 설명할 수 있는 개념이라는 점에서 더 나은 관점인 것으로 보인다.

그러나 이처럼 체계이론(system theory)이 제공하는 투입에서 결과에 이르기까지의 정책순환 단계 중 일부에 초점을 둘 것이냐 아니면 통합적으로 인식할 것이냐의 문제는 결국 성과관리의 대상을 어디까지 포함시켜야 할 것인가의 문제이다. 즉, 앞서 언급한 효율성, 효과성, 생산성 등 '성과'에 포괄되는 다양한 개념들 간의 관계를 명확하게 구분 짓는 설명을 제공해주는 것은 아니다. 다차원적 개념인 성과는 결국 생산성, 효율성, 효과성 등으로 간접적으로 측정되어 인식될 수밖에 없다. 각각의 차원과 범위가 다른 이들 유사 개념들이 함께 고려되면서 개념의 혼란이 필연적으로 발생함에도 불구하고 이들 개념 간의 관계가 정리된 것은 아니기 때문이다.

그림 5   투입(input), 산출(output) 및 결과(outcome) 간의 관계

출처: Stroobant & Bouckaert(2013: 247)

Stroobant & Bouckaert(2013)는 이처럼 성과의 개념을 이해하는 데에만 활용되어온 체계이론의 순환 단계를 이들 개념간의 관계를 설명하는 데에도 활용했다. 이들은 공공부문의 성과를 평가하기 위해서는 공공부문 생산과정의 각기 다른 요소들—자원(투입), 집행활동(전환), 재화/서비스(산출), 결과—에 대한 양적·질적 정보들 뿐만 아니라, 이들 요소들 간의 관계가 중요하다고 보았다. 각 요소

들 간의 관계란 공공부문의 변환 과정(transformation process)에서 나타나는 것을 의미하는 것으로, 이것이 즉 경제성(economy), 효율성(efficiency), 효과성(effectiveness), 그리고 비용—효과성(cost-effectiveness)을 말한다.[13] 이 네 가지 개념을 도식화한 것이 〈그림 6〉이다.

그림 6. 공공부문의 성과: 대범위 수준의 정부 단위(macro level)

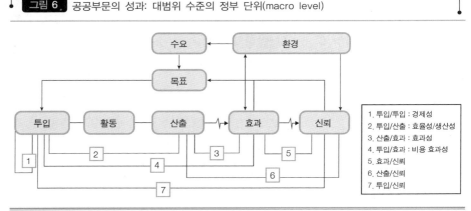

출처: Bouckaert(2014)

Stroobant & Bouckert(2013)가 성과의 측정을 위해 경제성, 효율성, 효과성, 비용—효과성의 개념을 정리해 투입에서 산출, 결과까지의 정책 순환 과정과의 연결을 제시하였다면, Bouckaert(2014)[14]는 이들 개념을 투입, 산출, 성과 간의 비율로 다음과 같은 차원을 활용하여 정부신뢰와의 관계를 비교 설명했다. 〈그림 6〉에서 볼 수 있듯이 투입 대비 투입은 경제성, 투입 대비 산출은 효율성(또는 생산성productivity), 산출 대비 성과는 효과성, 투입 대비 성과는 비용—효과성으로 구분된다. 이것은 우리가 예상할 수 있는 성과이고, 이 성과에 대한 인식이 정부에 대한 신뢰에 영향을 미치거나 결정적 요인이 된다.

---

13) 경제성(economy), 효율성(efficiency), 효과성(effectiveness)은 이른바 '3Es' 모델로 Boyne (2002)의 연구에서 제시된 바 있다. Boyne(2002)은 '3Es' 모델로 '경제성 → 효율성 → 효과성'의 관계를 구성하고 이를 '투입-산출-결과' 단계와의 연결을 시도한 모델을 제시했다.

14) 정부경쟁력센터와 중산대학, 그리고 IIAS가 공동개최한 중국 광저우 학회에서 Bouckaert 교수가 기조발표한 자료이다. 이 자료를 사용하게 해준 Bouckaert 교수에게 감사한다.

　Boukaert는 공공부문의 성과가 정부신뢰에 미치는 영향을 다양한 차원으로 나누어 살펴본다. 정부성과의 단위를 단일 조직이라는 미시적 차원, 정책영역이라는 중범위적 차원, 정부전체의 거시적 차원으로 나누어 각각의 차원이 정부신뢰의 수준에 영향을 미친다고 한다.

　환경(environment)으로부터 영향을 받은 외부의 요구(need)를 목표(objectives)에 반영시키고 이것이 자원의 투입(input)에 영향을 미치는 요인으로 작용하는 구조는 여러 단계의 변환(transformation) 과정을 거쳐 국민의 신뢰(trust)까지 연결된다. 즉, 이 과정을 거치는 단위는 공공부문의 일반 단일 조직이 아닌 정부 단위인 것으로 볼 수 있다. 공공부문에서 논의되는 성과는 보는 수준에 따라 서로 다른 의미를 가진다. 단일 조직, 정책분야와 같은 중간 수준, 그리고 거시수준에 따라 다를 수 있다. 각각에 속하는 여러 조직과 사업의 차원을 구분하여 성과관리의 단계를 개별적으로 제시하였다.

　미시 수준(micro level), 즉 단일 조직(single organization)의 성과는 체제이론에서 말하는 것과 같이 투입이 전환과정을 거쳐 그대로 산출(즉, 성과)이 되는 것은 아니다. 성과는 객관적으로 나타난다기보다, 그 구성원의 인식을 통해 나타난다. 즉, 주관적 판단이 중요하다는 것이다. 투입과 전환 활동, 산출 자체의 질이 차례로 영향을 미치고 이것이 기대 수준에 영향을 미친다. 각 사람의 기대수준에는 그 사람의 인식수준이 포함되어 있다. 또한 같은 조직에서도 사람간의 기대수준, 효과에 대한 만족도 등은 달라진다. 이것이 최종적으로 정부신뢰로 나타난다.

　중범위 수준(meso level)에서의 논의는 다음과 같다. 정책이라는 것이 진공 속에서 하나만 나타나는 것이 아니고, 여러 가지가 동시에 집행된다. 여기에 관련된 여러 사람들의 인식도 작용한다. 즉 정책 영역(policy field)의 수준에서는 프로그램 내에서의 투입~산출의 단계가 존재할 뿐만 아니라 이렇게 구성된 프로그램 자체의 질이 중간 단계의 결과/효과(intermediate outcomes/effects)로 나타나게 되고 이것이 최종 결과/효과(end outcomes/effects)로 이어지게 된다. 중간결과와 최종결과는 정책이라는 것이 어느 한 순간에 결정되는 것이 아니고 일정한 시간동안 지속되거나 적당한 간격을 두고 있다는 점을 주목해야 한다는 측면에

서 필요한 구분이다. 이러한 프로그램에는 단일 조직만이 참여하는 것이 아니라 여러 기관들이 참여하여 하나의 정책 영역에서의 성과를 창출하게 된다.

그림 7 공공부문의 성과

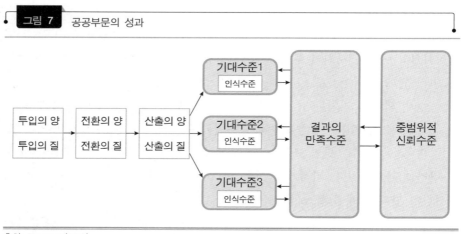

출처: Boukaert(2014)

그림 8 공공부문의 성과: 소범위 수준의 단일 조직(micro level)

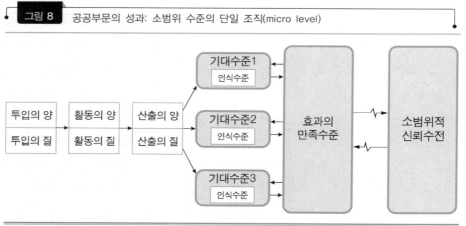

출처: Bouckaert(2014)

그림 9 공공부문의 성과: 중범위 수준의 정책 영역(meso level)

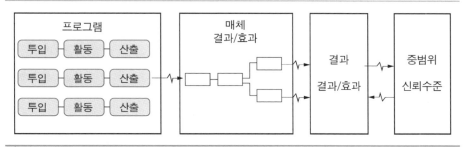

출처: Bouckaert(2014). Public Sector Performance: Technical Issues, 59th slide

　정부성과에 대한 다양한 연구들은 각기 다른 수준과 분석단위에서 정부성과를 평가하고자 한다. Syracuse 대학의 정부성과 프로젝트(Government Performance Project: GPP)는 전체 정부를 평가대상으로 하여 지표를 개발하고 평가한다. 여기서는 주정부 및 지방정부의 성과를 평가하기 위해 재정관리, 자본관리, 정보기술관리, 인사관리, 성과관리 등으로 나누어 분야별 행정관리역량을 평가하고 있다(Ingraham et al, 1999).

　GPP의 정부 관리 체계를 정리한 것이 다음의 〈그림 10〉이다. 정부관리체제는 재무, 인적자원, 자본, 정보라는 하위체제로 구성되어 있는데, 이들 간을 통합시키는 관리능력이 정부성과를 좌우한다고 본다. 그리고 이 정부성과가 곧 정책을 결정하는 요인이다. 여기에는 외부환경도 작용한다. 결과중심주의 관리를 하면, 이 관리체제가 전반적으로 잘 작동을 할 것이다. Donahue et al.(2000)은 이 GPP의 자료를 활용하여 인적자원 관리의 효과성을 평가하는 연구를 진행하였다. 이 연구에서는 도시별 인적자원관리(human resource management) 능력을 비교하였고, 그 결과 높은 능력(capacity)를 가진 정부가 더 나은 인적자원관리 성과를 나타낸다는 것을 실증적인 근거를 통해 제시하였다. 이처럼 GPP의 데이터는 정부 전체를 단위로 하는 연구뿐만 아니라 다양한 연구 대상을 측정하고 비교하는데 활용되고 있다.

정부경쟁력

그림 10　정부관리체제 종합모델

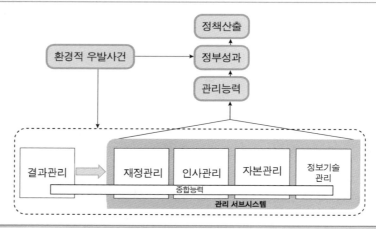

출처: Donahue, Selden & Ingraham(2000: 386)

또한 Heckman(2012)은 GPP의 데이터를 활용하여 관리(manegement)의 질이 정부성과에 긍정적인 영향을 미친다고 하였다. 이 연구의 분석틀인 MSIM(Mazmanian and Sabatier Implementation Success Model)에서는 정부성과를 법적으로 규정된 정책구조(Statutory), 법으로 규정되지 않은 비강제적 요소(Nonstatutory), 문제의 취급용이성(Problem Tractability)의 세 가지 영역으로 구성하여 설명한다(Mazmanian and Sabatier 1989). 이 세 가지의 내용은 다음과 같다.

- Statutory : 법적으로 규정된 정책 구조. MSIM에 따르면 목표와 문제의 원인이 명확하게 이해될 때 정책집행이 성공적이라고 함.
- Nonstatutory : 비강제적(법으로 규정되지 않은) 요소들. 정책결정자를 직접적으로 컨트롤하는 것은 아니지만 정책 집행에 의한 결과에 영향을 미칠 수 있는 요소들. 해당 정책에 대한 일반 국민들의 지지 또는 반대, 이익집단의 영향력 등.
- Problem tractability : 문제의 취급용이성. 문제 상황을 다룰 수 있는 기술이 이용가능한가. 문제 상황에 대해 요구되는 변화가 정책 개입의 효과성에 영향을 미치는가.

2) 정책분야별 성과관리와 성과평가

Heckman은 MSIM에 따라 대기오염 억제 정책에 영향을 미치는 세 가지 영역을 각각의 여러 데이터 소스를 활용하여 분석데이터를 구성하였는데, 그 중 Nonstatutory 영역을 구성하는 데이터로 GPP의 각 주 별 관리의 질 등급(grade)을 활용하였다. 각 주 별 관리의 질을 측정한 세부 영역(GPP Criteria for Assessing State Management Quality)은 재정, 인적자원, 정보기술, 자본 인프라, 결과관리 시스템의 관리로, 앞의 〈그림 10〉의 점선 내부에 있는 영역들과 같다. Heckman은 GPP가 각 관리 시스템의 성과 감시 및 관리를 위한 합리적 의사결정, 집행의 투명성, 공공에 대한 책임성, 공식적 계획수립 등을 그 평가 기준으로 하기 때문에 GPP를 활용한 이 연구는 실제 관리의 측면에서 도움이 될 것으로 여겨지나, GPP 등급 평가의 하위항목들을 포함한 분석이 후속적으로 필요할 것으로 보인다는 의견을 제시하였다.

한편 연방국가인 미국에서는 규모도 크고, 실제 정책담당 영역도 제한적인 미국 연방정부 전체를 포괄하는 성과평가는 드문 편이다. 오히려 주정부, 시정부와 같은 지방정부들이 시민생활에 직결되고, 그 평가단위로서 인과관계를 잘 알 수 있다는 장점이 있다. 따라서 지방정부 단위의 성과 측정 및 비교를 위한 연구가 많이 존재한다.

Boyne, G. A.(2003)의 연구에서도 정부성과에 대한 측정을 위해 산출의 양과 질, 효율성, 형평성 결과, 재정적 가치, 고객 만족도 등의 변수를 사용한다. 그는 서비스 성과란 산출의 양(예, 병원의 수술건수, 학교의 교육시간 등), 산출의 질(예, 서비스의 속도와 신뢰도, 직원의 친절도 등), 효율성(투입 대비 산출 비율), 형평성(서비스 비용과 편익의 공정한 분배), 결과(예, 시험 합격자 비율, 잘 치료된 환자의 비율 등), 재정적 가치(결과 단위별 비용), 고객 만족도라고 정의하고 있다. 그리고 공공 서비스 성과에 영향을 미치는 요인으로 다섯 가지[15]를 제시하고, 이 중에서 성과에 일관성 있게

---

15) ① 자원(resources): 재정 지출, 인력의 수와 질, 비율 등.
    ② 규제(regulation): 규제기관의 수 및 영향력.
    ③ 시장구조(market structure): 계약경쟁, 사립학교 학생 수, 관리자의 경쟁에 대한 인식 등.
    ④ 조직(organization): 내부 조직의 형식화 및 집중화, 외부 조직의 네트워크 크기 및 네트워크 내 협력, 외부 조직의 계약 관리.

영향을 미치는 요인은 자원과 관리변수라고 하였다.

Walker & Andrews(2013)의 연구에서는 지방정부의 관리와 성과간의 관계를 입증하기 위해 지난 40여년간 발표된 실증 연구들을 통합하여 종합적인 평가를 시도했다. 이들은 지방정부 자체를 조직 수준으로 보고, 분석 단위가 조직 수준이고 조직 및 관리를 측정한 연구이면서 성과(performance)를 종속변수로 하여 다중회귀분석을 통해 계량적 결과를 도출한 86개의 연구들을 대상으로 선정하였다.

이들은 다수의 학자들이 조직 규모(organization size), 전략(strategy content), 기획(planning), 인적자원의 질(staff quality), 직업안정성(personnel stability), 대표관료제(representative bureaucracy), 네트워크(networking) 등의 개념에 초점을 맞추고 있다고 지적하였다. 그리고 이들 연구결과들을 종합할 때 지방정부의 성과는 인적자원의 질, 직업안정성, 기획역량 및 네트워킹의 혜택을 높이기 위한 적정 수준의 지원이 긍정적인 영향을 미치는 것으로 나타났으며, 조직 규모는 관련성이 낮은 것으로 나타났다. 흔히 조직규모를 역량으로 보는 연구들에 비춰보면 주목할 만한 연구결과라고 할 수 있다.

Andrews(2010)는 영국의 142개 지방정부를 대상으로 한 연구에서 공동체 및 관료제 내 높은 수준의 사회적 자본(social capital)이 정부성과에 긍정적인 영향을 미친다고 하였다. 정부의 사회적 자본은 정부 외부의 공동체 기반의 사회적 자본(external community-based form)과 정부 내부 조직의 사회적 자본(internal organizational based form)으로 나누어 볼 수 있으며, 이는 각각 정부 성과에 영향을 미친다는 것이다. 이 연구를 통해 관료제와 정부성과와의 연관관계가 통계적으로 검증된 결과임을 알 수 있다. 지방정부와 마찬가지로 도시정부 역시 한 나라 전체보다 성과를 연구하는데 더 적합한 단위로 연구되어왔다. 예컨대 앞서 살펴본 Donahue et al(2000)의 연구 역시 도시정부의 인적자원관리체계가 정부성과에 미치는 영향을 연구한 것이었다.

Ammons(2013)는 성과측정의 방법이 달라지는 경향을 포착하고 이를 연구하기 위해 역시 도시정부 단위를 선택, 233개 도시를 대상으로 삼았다. 그는 초기의

---

⑤ 관리(management): 리더십, 조직문화, 인적자원관리, 의사결정과정, 의사결정내용.

성과측정들이 산출(output)의 측정, 즉 "how many", "how much"의 질문에 집중되어 있었다는 점을 지적하였다. 그리고 점차 "how well", "how efficiently", "to what effect"의 질문에 답하기 위한 성과 측정의 방법으로 중심이 이동하였다고 본다.

따라서 이러한 연구자들과 실무자들의 관심변화의 경향이 실제 선도적으로 성과측정을 이끌고 있는 도시들에서 나타나고 있는지, 실제 성과측정에 적용되고 있는지 확인하기 위한 연구를 진행하였다. 특히 정부성과의 질을 나타내는 서비스의 질(service quality), 효율성(efficiency), 효과성(effectiveness) 측정의 적용을 살펴보았다. Ammons(2013)는 서비스의 질, 효율성, 효과성을 측정하여 성과를 측정하는 방식을 "Higher-order measures"라고 명명하고 있다. 이 방식을 차용하여 횡단적으로 평가 하면서 실제로 지방정부, 도시들의 서비스(서비스 수준, 효율성, 효과성)의 우수성이 20년에 걸쳐 향상되었음을 보여준다.

정부기능의 총체적인 평가보다는 특정한 분야를 한정하여 연구한 것도 있다. 교육자치가 이뤄지고 있는 미국에서는 교육정책의 성과가 활발히 연구되고 있다. 교육분야로 한정한 D. W. Pitts(2005)의 연구가 그 예이다. 미국에서 교육은 특별행정으로 일반 지방정부의 기능으로부터 분리되어 있기 때문에 더 쉽게 분리해서 연구할 수 있는 단위이다. 그는 미국의 이민자가 증가하면서 사회가 다양화되고 있다고 지적하면서, 관료제의 다양성과 대표성에 따라 교육성과에 어떤 영향을 미치는지에 대해 분석하였다. 교육분야의 일선관료인 교사들의 다양성은 구성의 다양성으로, 대표성은 정책대상집단인 학생들과 비교한 교사의 비율로 측정하였고, 교육성과는 중퇴율, TAAS(텍사스의 모든 학교에서 시행) 시험통과율, SAT고득점자 비율로 측정하였다. 연구결과 교사들의 다양성은 교육성과 지표에 긍정적 또는 부정적 영향을 미쳤고, 대표성은 SAT 고득점자 비율에만 부정적 영향을 미치고 다른 지표들에는 영향을 주지 않았다.

보건의료분야도 미국에서 많이 연구되는 분야이다. Martin & Smith(2005)의 연구는 공공의료기관을 대상으로 하여 연구를 진행하였다. 이들의 연구는 복합적인 산출물을 생산하는 공공서비스 조직들에 대해 기존의 연구들이 서로 다른 척도를 사용하여 측정함으로써 단편적인 성과지표를 도출해내는 것에 그치고

있다는 문제의식에서 시작한 연구이다.

3) 성과관리연구의 한계점

신공공관리론 이후 정부조직 단위의 성과를 측정하고 평가하는 연구들이 폭증하였다. 그러나 이들 연구들은 다음과 같은 많은 문제점을 가지고 있다.

첫째, 이러한 전통적인 접근법은 각각 성과지표 마다 다른 회귀모형을 개발하는 단편적인 방법을 취해왔기 때문에 서로 다른 개인의 성과측정 사이의 중요한 관계를 무시할 가능성이 크고, 성과측정을 위한 필요한 정보를 누락시킬 위험성이 존재한다. 따라서 통합적인 조직성과 측정 모델을 개발할 필요성이 나타나고 있으나, 역시 분석대상이 공공의료조직이기 때문에 전체 정부 조직성과 측정에 대한 평가로 확대하는 데에는 무리가 있다.

둘째, 조직성과를 중심으로 한 일부 연구들이 갖는 문제들 중 하나는 경영학적 효율성에 사고가 한정된다는 것이다. 즉, 정부의 목표를 비용 효율적으로 달성하는 것에 초점을 두기 때문에 정부목표에 대한 고민이 부족하다. 특히 정부성과의 개념을 주로 관리적인 측면에 초점을 두고 있어, 이는 정부의 정책결정기능을 간과하는 것으로 정부의 목표설정 및 목표 간 우선순위 부여에 대한 고려가 부족하다. 마치 기계적 효율성을 지상의 가치로 전제하고 있는 것이 문제인 것이다. 이런 문제를 해결하기 위해서는 예컨대 성과측정체계에 민주적 가치, 각 국의 제도적, 문화적 차이 등을 고려하는 것을 생각할 수 있다.

정부는 기업과는 다르다. Moynihan et al(2011)도 현대의 거버넌스가 다양한 목표와 이해관계를 가진 행위자들이 존재하는 복잡성을 갖고 있어 이를 반영하는 성과체계가 필요하다고 주장한다. 성과측정을 단순히 양적이고 가치중립적으로 하는 것은 맞지 않다고 지적하면서 효율차적 정의, 형평성, 정치적 참여, 투명성 등의 민주적 가치를 반영해야 한다고 지적한다.

셋째, 정부성과를 측정할 때 그 분석단위가 정부가 아닌 경우가 많다. 대부분의 연구에서 '정부전체'에 초점을 맞추어 성과를 연구하기 보다는 정부 내의 특정 조직이나 부서를 대상으로 하고 있다. 특히 조직론의 연구들은 환경과 독립하여 자율적으로 움직이는 하나의 조직단위를 연구대상으로 하는 경우가 많다.

어느 조직의 성과나 효율성을 결정하는 요인이 무엇인가에 대한 연구는 경영학적 조직론의 주된 연구대상이었다. 즉, 분석단위가 부, 처, 청 등 단일의 '조직(organization)'인 경우가 많아서 중앙정부의 포괄적인 성과를 살펴보기에는 부족하다.

정부전체 단위에 대한 포괄적 시각이 부족하다는 것은 한 나라가 처해있는 특수성을 간과한다는 치명적 문제점을 내포한다. 각 국가의 주어진(given) 제약조건으로서의 물적 자원이 있는데, 지리적 위치, 기후, 자연환경, 지하자원 등이 그것이다. 이러한 공간의 차이에 따른 상이한 자연적, 물리적 환경의 차이를 감안하여야 한다. 그리고 민주주의나 경제발전의 측면에서 각 국의 역사적 발전단계에 따른 고려가 반드시 필요하다. 그동안 정부성과를 측정하는 연구에는 이러한 각 국의 시간적 특수성에 대한 고려가 미흡하였다. 따라서 목표 달성을 위한 수단적 가치에 집중하는 것보다 좀 더 포괄적인 정부경쟁력 개념이 필요하다고 하겠다.

2. 정부효과성

정부효과성(government effectiveness)은 정부성과에서도 언급하였듯이 정부성과를 측정하는 과정에서 일반적으로 자주 사용되는 개념으로, 애초에 설정한 목표의 달성 정도를 의미한다. 또한 대체로 정부효과성은 정부성과의 일부분으로 인식된다. 정부효과성이라는 용어를 명확히 사용하여 상대적 평가를 내리는 국제지표도 그다지 많지 않지만, 세계은행(World Bank)에서 발표하는 WGI(Worldwide Governance Indicator)에서는 정부효과성을 측정하여 발표하고 있기 때문에 이를 통해 정부효과성의 개념을 구체화시켜 볼 수 있다.

World Bank는 WGI에 정부효과성(government effectiveness) 항목을 주요 6개 분야 중 하나로 책정하여 세계 각 국 정부가 얼마나 효과적인지를 비교하고 있다. 구체적으로 WGI에서는 각 정부의 효율적인 정책 수립 및 집행 능력을 측정하는 하나의 구성요소로서 정부효과성을 본다. 여기서의 정부효과성은 공공서비스의 질(quality of public service)과 공무원의 질(quality of civil service)에 대한 인

식(perception)을 비롯하여 정책수립 및 집행의 질(quality of policy formulation and implementation), 정치적 압력으로부터의 독립성 정도(degree of its independence from political pressure)와 정부 및 정부정책에 대한 신뢰(credibility of the government's commitment to such policies) 등으로 측정된다.

이에 따라 각 국 정부는 다음의 측정 요소들을 통해 정부효과성을 평가받게 된다. 첫째, 공무원의 능력, 정부 결정의 효과적인 집행, 정치적 압력에 독립적인 공공서비스 등이다. 둘째, 정부 서비스가 급변하는 정치적 변화나 방해에 구애받지 않고 다루어질 수 있는 능력을 들 수 있다. 셋째, 정치적 리더십의 유연성, 학습 및 혁신 능력과 갈등을 조정할 수 있는 능력이 중요하다. 넷째, 정책의 영속성 측면이다. 정권이 바뀌거나, 어떠한 상황의 변화가 있더라도 특정 정책이 얼마만큼 합당한 수준에서 지속성을 갖는지를 살펴본다. 다섯째, 관료제의 절차 강조, 일명 레드테이프(red tape) 수준이다. 특히 레드테이프는 비즈니스 활동에 있어서 관료 절차적 측면에서 얼마만큼 지연시키는지를 본다. 여섯째, 정부가 수입을 어떻게 활용하고, 필요한 분야에 동원하는지, 또는 예산 관리의 효율성이 해당된다. 일곱째, 정부의 투명성 및 신뢰의 영역으로 국민들에게 충분한 정보를 제공하고 이에 대해 효율적이고 효과적인 안내를 하고 있는지가 있다. 마지막으로 정부가 제공하는 각종 공공 서비스(공공 교육, 보건 서비스, 대중교통, 도로, 쓰레기 수거 등)에 대한 만족도 및 행정 전반의 질(quality of public administration)을 통해 정부효과성을 평가한다.

Whitford and Lee(2012)는 이러한 정부효과성 지표(government effectiveness index)를 활용하여 민주화(democratisation)와 효과적인 정부(effective government) 간 관계에 대한 연구를 수행하였다. 정부효과성 지표에서 인식(perception)을 통해 정부효과성을 측정한 바, 동 연구에서도 정부효과성은 "인식된 정부효과성(perceived government effectiveness)"으로 보고 있다.

이들의 분석 결과에 따르면, 독재정부와 민주정부 전체를 대상으로 민주화와 정부효과성에 대한 인식 간의 관계는 U자형으로 나타났으며, 이는 OECD 미가입국만을 대상으로 할 때 더욱 명확하게 나타났다. 이러한 결과는 독재정부, 혹은 권위주의 정부라 할지라도 무질서(disorder)를 감소시킨다면, 정부효과성은 오히려 높을 수 있다는 것을 보여주며, 효과적인 정부를 기대하는 국민들에게는 민주화의 추구보다 1차적으로 사회의 질서를 유지하는 것을 더 중요하게 여긴다는 것을 시사한다. 정부의 경쟁력을 살펴볼 때, OECD를 중심으로 한 선진국의 입장이 아닌 다른 관점에서 효과적인 정부를 살펴볼 필요가 있음을 시사하는 연구결과 중 하나라고 할 수 있을 것이다.

한편, 이러한 정부효과성은 분석단위를 정부에서 조직이라는 협의의 단위로 내려가서 보면 일견 유사한 부분이 많으며, 정부 혹은 조직이라는 용어의 차이만 존재할 뿐 실질적으로는 크게 다르지 않는 개념이라고 볼 수도 있다. 예를 들어, Jung(2012)은 조직규모와 조직 효과성에 대한 연구를 수행하였는데, 그는 조직효과성을 "프로그램 목표를 실제 달성한 비율"로 조작적 정의하였다. 여기서 프로그램(program)이라 함은 Jung(2012)의 연구에서 주요 데이터로 활용된 미국 연방정부의 97개 기관(agency)에서 운영하는 프로그램에 따른 것으로, 실제로 미국 연방정부의 각 기관이 설정한 주요 목표라 할 수 있고, 단순히 이들의 합집합은 미국이라는 국가의 한 정부가 될 것이다. 이러한 논의를 바탕으로 이하에서는 조직효과성에 대한 몇 가지 개념 정의를 통해 정부효과성 개념을 다소간 유추하여 이해해 볼 수 있을 것으로 기대한다.

조직효과성(organizational effectiveness)은 1950년대 조직목표를 달성하는 정도로 이해되다가, 이후 다수의 연구를 거치면서 시공간적으로 다차원적인 개념으로 확대되었다(도운섭, 1999: 52). 또한 다수의 연구에서는 조직효과성에 대한 개념정의를 연구의 목적이나 연구자의 가치관 등에 따라 다양한 형태로 조작적 정의를 내렸으며(김근세·이경호, 2005), 이에 대한 보편적인 정의는 내려지지 않았다고 볼 수 있다(Robbins, 1990: 48-49). 이러한 조직효과성을 측정하는 변수로는 직무만족, 조직몰입 등을 가장 많이 사용하는 것으로 나타났다(민진, 2003; 도운섭, 2005).

국외에서도 조직효과성 개념을 목표달성도로 보는 연구들은 A. Etzioni에서 시작하는 것으로 보는데(민진, 2003: 92), 이는 Etzioni(1964: 8)가 효율성과 효과성 개념을 명확히 구분하여 조직효과성을 조직이 목표를 달성한 정도로 보기 때문이다. 또한 Price(1968: 2-3)도 조직효과성을 조직이 산출해낸 산출물이 목적을

어느 정도 달성하였는지 그 수준으로 정의 내리면서, 생산성, 적합성, 사기 등의 변수를 연구에서 사용하였다. Robbins(1990)도 이들과 유사하게 목표의 달성도를 조직효과성이라 본다. 또는 조직효과성을 조직을 "존재, 적응, 유지, 성장"시킬 수 있는 능력으로 정의하기도 한다(Schein, 1970: 117-129).

한편, 이와는 다소 다르게 조직효과성 개념을 볼 수도 있다. Georgopoulos and Tannenbaum(1957: 535-536)은 조직효과성을 "하나의 사회시스템으로서의 조직이 주어진 자원과 수단 하에서 이러한 자원과 수단을 무력하게 하거나 조직구성원들에게 압박을 주지 않은 상태에서 조직의 목표를 달성하는 정도"로 보았다.[16] 그리고 이러한 조직효과성 개념에 포함되는 하위개념으로서 조직생산성(organizational productivity), 조직 내외부의 변화에 대해 적응하는 조직 유연성(organizational flexibility in the form of successful adjustment to internal organizational changes and successful adaptation to externally induced change), 조직 내부그룹 간 긴장 및 갈등의 부재(absence of intra-organizational strain, or tension, and of conflict between organizational subgroups) 등을 꼽았다(Georgopoulos and Tannenbaum, 1957: 536).

국내에서는 다소 복잡하게 전개되는 조직효과성 개념을 분석하려는 시도가 있었다. 이러한 재개념화 연구과정에 따라 민진(2003: 100)은 조직효과성을 "체제로서 조직의 능력을 활용하여 조직의 합의된 목표(혹은 기능)를 달성한 정도"로 정의하였다. 또한 박희봉(2005: 10)은 "조직목표를 효율적으로 달성하는 것"이라고 요약 정리하였으며, 따라서 조직목표가 무엇으로 설정되어 있는지에 따라 조직효과성의 양태는 다양하게 나타난다고 언급하였다.

비록 조직효과성에 대한 정의가 명확하지 않고, 다소 복잡한 양상을 띠고 있음에도 불구하고, 몇 가지 개념 정의는 조직을 정부로 전환해서 보면 World Bank 등 국제기구에서 언급하는 각 국 정부의 효과성과 유사하게 전개됨을 알 수 있다. 하지만 전반적으로 조직효과성이 조직성과의 일부분으로 인식되듯이,

---

16) 본 내용은 원문을 직역한 것이며, 원문은 다음과 같다.
"We define organizational effectiveness as the extent to which an organization as a social system, given certain resources and means, fulfills its objectives without incapacitating its means and resources and without placing undue strain upon its members"(Georgopoulos and Tannenbaum, 1957: 535-536).

정부효과성 역시 정부성과의 한 측면으로 인식되는 부분이 매우 큰 것으로 보인다. 다만 유의해서 보아야 할 부분은 어떠한 정부가 효과적인지는 해당 정부의 국가와 국민이 처한 상황에 따라 다소 유동적일 수 있으며(Whitford and Lee(2012)의 연구 참조), 따라서 국가 간 상대적 비교를 수행할 때는 이러한 점을 고려할 필요가 있다는 것이다.

3. 조직경쟁우위(competitive advantage)

경쟁우위(competitive advantage)라는 개념은 주로 기업조직을 대상으로 사용되기 때문에 "조직경쟁력", "기업조직경쟁력" 또는 "조직경쟁우위"라고도 불린다(cf. 조문석, 2013). 경영학 문헌에서 자주 발견되는 이 개념은 한정된 자원을 지속적이고 안정적으로 확보하기 위해 다른 조직에 대해 비교 우위에 있는 조직 고유의 역량을 의미하는데, 일반적으로 경쟁조직보다 더 높은 성과를 낼 수 있는 특징들을 조직이 개발하거나 획득하게 될 때 이 조직이 조직경쟁우위에 있다고 표현된다. 조직경쟁우위는 차별화된 경쟁우위 요소가 집합적으로 구성된 일종의 집합체로 파악된다. 다른 경쟁조직과의 비교를 전제하고 있으며, 타 경쟁조직이 모방하기 어려운 차별적 역량으로 정의되고 있다(Tecce et al., 1997; Collis, 1994). 문헌에서는 이러한 조직경쟁우위가 단기간에 확보되기보다는 장기간에 걸친 학습을 바탕으로 축적된다고 보고 있으며, 이런 이유에서 타경쟁조직에서 쉽게 모방할 수 없는 특성을 가지게 된다고 보고 있다(홍순욱·조근태, 2009). 조직경쟁우위의 이론적 차원을 보면 조직의 자원, 이동성, 그리고 경쟁우위의 지속성 등을 중심으로 논의되는 경우가 많다.

1) 조직경쟁우위와 자원(resource)

자원기반 시각(resource-based view)에 입각하여 조직경쟁우위를 살펴보면 이질성, 경쟁한계, 이동성 등의 요소들을 도출해 낼 수 있는데, Peteraf(1993)는 이를 다음과 같이 도식화 하고 있다.

그림 11   지원기반 시각에서 본 조직경쟁우위

| 이질성 (heterogeneity) | | 경쟁의 사후 한계 (Ex-postlimits to competition) |

지대 (독점 또는 리카도식)

지속되는 지대

경쟁우위

회사 내부에서 지속되는 지대

비용에 의해 상쇄되지 않는 지대

| 불완전한 이동성 (imperfect mobility) | | 경쟁의 사전 한계 (Ex-Ante limits to competition) |

먼저 이질성(heterogeneity)은 자원과 생산능력은 조직마다 다르다는 것을 의미한다. 다양한 능력들을 가진 조직은 시장에서 경쟁하여 적어도 손익분기점은 넘을 수 있다. 다시 말해서, 자원을 적게 가진 조직은 손해를 보지 않기만을 기대하겠지만, 우수한 자원을 가진 조직은 손익분기점을 넘어 지대를 얻는 것이다.

한 산업에서의 이질성은 제한된 공급 안에서 우수한 생산성을 갖고 있는지를 반영하는 것이다(Ricardo, 1965). 우수한 자원을 가진 기업조직들은 다른 기업조직들보다 생산비용이 낮다. 한편, 시장에 진입한 기업들은 가격이 한계비용(MC)을 초과하기만 하면 생산을 할 것이다. 즉, 산업 수요와 공급이 균형을 이루고, 높은 생산 비용을 감당해야 하는 기업조직들은 손익평형을 이룰 것이며(P=AC), 생산 비용이 낮은 기업조직들은 표준이상의 이익을 낼 것이다(P>AC).

이러한 모델은 시장에서의 경쟁관계와 관련 있다. 기업조직들은 결국에는 가격 추구자이고, 가격이 한계비용을 넘어서야 생산한다. 유능한 기업조직이 얻는 높은 수익은 시장 권력이나 산출의 인위적 제한에서 비롯되는 것이지 그 기업이 가진 고유의 독특함이 있거나 절대적으로 희귀하기 때문은 아니다. 무엇보다도 우수한 자원들은 공급에 제한이 있기 때문에, 유능한 기업조직들은 오직 그들의 자원이 다른 기업조직에 의해서 자유롭게 확장될 수 없는 경우에 경쟁우위를 점할 수 있다(Peteraf, 1993). 지원 관련 연구의 일례로, Prahalad 와 Hamel(1990)은 어떻게 집단학습과 지식 기반의 주요능력이 향상되는지 설명하였는데, 이런 자원들은 기업조직 자체의 성장을 위한 방향성을 제공한다.

한편, 선술한 이질성의 조건은 독점 지대와 관련이 있다. 독점이익은 자원공급의 희박함보다는 산출을 제한함으로써 독점이익을 얻을 수 있다. 독점 모델에서의 이질성은 부분적인 경쟁이나 생산 차별화에서 비롯된다. 수많은 시장 권력 모델들이 제시하는 공통점은, 기업조직들은 라이벌과 비교하여 경쟁력 있는 수준에서 의도적으로 산출을 제한하고 이익은 극대화 한다는 점이다. 라이벌과의 상대적 위치와 행동을 고려한다는 점은 다분히 '전략적'이다. 명백히 동질적인 기업조직들은 독점지대를 얻는다. 예를 들어, 결탁이나 묵인 등의 행동들은 한계비용을 초과하는 가격을 양산할 것이고 이런 종류의 행동들은 진입장벽이 있기에 가능하다(Peteraf, 1993).

경쟁의 사후한계(Ex-post limits to competition)는 경쟁우위에 대한 하나의 토대(cornerstone)라고 할 수 있다. 만약 이질성이 단기적인 현상이라면 지대는 잠시 동안만 존재할 것이다. 그러나 전략들은 주로 장기간의 지대를 고려하기 때문에 이질성의 조건은 상대적으로 장기적인 것이어야 한다. 경쟁은 희박한 자원의 공급을 증가시킴으로써 지대를 소멸시킨다. 이는 독점업자들의 산출을 제한하려는 시도를 약화시키고, 대체재는 독과점자의 수요곡선을 더욱 탄력적으로 만들면서 지대를 감소시킨다. 이것은 Porter(1980)의 고전적인 five force 중 하나이다.

Rumelt(1984)는 개별 기업조직들이 경쟁조직의 모방으로부터 자기 조직을 보호하고 그들의 지대 주류를 지켜내는 현상을 일컬어 '격리 메커니즘('isolating mechanisms)'이라 했다. 격리 메커니즘은 부족한 자원에 대한 재산권과 정보 불균형, 모방적 경쟁을 방해하는 마찰 등을 포함한다. 이 외에도 생산자학습, 구매자의 거래선 변경비용, 평판, 구매자 탐색비용, 채널 혼잡, 규모의 경제 등이 있다. Rumelt는 Bain(1956)의 진입장벽 개념을 확장한 Caves and Porter(1977)의 이동장벽을 통해 격리메커니즘을 설명한다. Bain의 진입장벽은 산업참여자들을 잠재적 신규진입자로부터 격리시키는 것인 반면, Caves and Porter(1977)

의 이동장벽은 다른 산업에서 비슷한 기업조직들의 그룹을 격리시킨다.

Dierickx and Cool(1989)은 가치 있지만 교환이 불가능한 자산주(asset stocks)의 모방을 막는 요소들 즉, 시간압축비경제, 자산효율성, 자산주의 상호연결, 자산침식, 인과적 모호성이라는 모방을 지연시키는 특징들을 구분짓고, 특히 자원기반의 이론들을 중요하게 고려한다.

또한 불완전한 이동성(imperfect mobility)도 지원기반 시각의 조직경쟁우위에서 논의되는 내용이다. 일반적으로 자원들이 교환되지 않는다면 완전히 비이동적이라 말한다. 이에 대해 Dierickx and Cool(1989)은 몇 가지 예시들을 제시한다. 저작권이 잘 정의되지 않은 자원들이나 '회계 이용가능성'의 문제가 불완전한 이동성을 지닌다는 것을 의미한다. 또한 교환가능하거나 기업조직 외부보다는 내부에서 더 가치있게 사용되는 자원일 경우, 혹은 기업조직 고유의 필요에 맞게 특화되어있을 때 자원은 불완전하게 이동하는 것으로 설명된다.

Montgomery and Wernerfelt(1988)는 이를 설명하기 위해 거래선 변경비용 개념을 사용한다. 자원 소유자에 의한 투자는 일종의 매몰비용이고, 이것은 기업조직으로부터 요소의 출구를 막는 것으로 간주된다. Co-specialized assets는 또 다른 케이스로, 경제적 가치가 더 높은 것과 결합되어 사용되어야 하는 자산들이다. 적어도 이들 자산들 중에 하나가 기업조직 고유의 것일 때까지 그들의 이동성은 제한된다.

다른 자원들은 이전과 관련된 거래비용들이 아주 높기 때문에 불완전하게 이동한다. 이동하지 않거나 불완전하게 이동하는 자원들은 교환자체가 불가능하거나 다른 사용자들에게는 그 가치가 낮기 때문에 즉각적으로 값이 매겨지지 않는다. 따라서 이런 자원들은 기업 내부에 남아 오랜 기간 동안 사용할 수 있게 된다(Peteraf, 1993).

마지막으로 경쟁의 사전한계(Ex-Ante limits to competition)를 들 수 있다. 어떤 조직이 자원에 있어 우위의 포지션을 얻기 이전에는 그 포지션을 차지하기 위한 경쟁이 있어야 한다. 만약 경쟁이 없는 상황에서 어떤 조직이 예견력이 있거나 좋은 행운을 가지고 있어 우위를 획득할 수 있다면 이것의 결과는 일반적 보상을 넘어서는 것일 수 있다. 이것은 Barney(1986)에 의해 논의된 부분으로,

Barney(1986)는 기업조직의 경제적인 성과는 그들의 전략으로부터의 결과뿐 아니라 그 전략들을 실행하는 비용에도 의존한다는 것을 강조했다. Rumelt(1984)는 사후 가치와 필요한 자원을 획득하는 사전 비용의 차이가 없다면 기업가적 지대는 0이 될 것이라는 점에 주목한다.

한 조직이 지속적으로 평균이상의 수익을 내면서 생존하려면 앞서 언급한 네 가지 조건들은 모두 충족시켜야 한다. 이 모델은 선술한 조건들의 중요성을 강조하기 위한 것이다. 무엇보다도 이질성은 가장 기본적인 조건이다. 이것은 경쟁우위의 필수불가결한 요소이자 전략관리의 기본적 개념이다. 이 모델은 우리에게 이질성은 지속가능한 우위를 위한 필수조건이지만, 그렇다고 해서 충분조건은 아님을 말해준다. 지대가 지속되기 위해 우리는 경쟁에서 사후 한계를 고려해야 한다. 기업조직들은 단명할지도 모르고 지속불가능하며 다른 기업에 의해 쉽게 모방될 수 있는 차이점들을 가지고 있을지도 모른다. 이질성은 곧 경쟁에서 사후 한계를 의미하지는 않지만, 경쟁에서 사후 한계는 이질성을 내포한다(Peteraf, 1993).

또한 이질성은 불완전한 이동성의 기초가 되기도 한다. 이질적인 자원은 반드시 불완전하게 이동할 필요는 없지만, 불완전하게 이동하는 자원이 이질적이지 않다는 것은 상상하기 어렵다. 기업조직 고유의 본질은 특히 다르기 때문에 이동할 수 없는 자원들은 특히 이질적이다. 마지막으로 우수한 자원들의 생산성은 자원 우수성과 적용에 기반한 전략스킬에 따라 달라질 수 있다.

2) 경쟁우위와 "지속적(sustained)"경쟁우위

일반적으로 기업조직이 경쟁우위를 가질 때는 현재 또는 잠재적인 경쟁자에 의해 동시에 실행되지 않는 가치 생산적 전략을 수행할 때이다. 경쟁우위의 성립조건과 함께 경쟁우위에 있는 기업조직들이 전략적 이익을 모방할 수 없을 때 기업조직은 지속적 경쟁우위를 갖는다(Barney, 1991).

우선, 기업조직 경쟁은 현재의 모든 경쟁자들뿐만 아니라 잠재적 경쟁자들을 포함하고 있다. 경쟁우위나 지속적 경쟁우위를 갖는 기업조직은 현재 또는 잠재적 경쟁자들의 전략과 차별화 된 전략을 수행하고 있다(Barney, McWilliams &

Turk, 1989). 둘째, 지속적 경쟁우위에 대한 정의는 기업조직이 경쟁우위를 지니는 시간 자체를 의미하는 것이 아니다. 오히려 경쟁우위의 지속여부에 따라서 경쟁력 모방 가능성(the possibility of competitive duplication)이 결정된다. Lippman and Rumelt(1982)와 Rumelt(1984)에 따르면, 경쟁우위는 모방하려는 노력 이후에도 계속 존재하는 경우에만 지속된다. 이런 의미에서 지속적 경쟁우위에 대한 정의는 균형점에 초점을 맞추어 진행되어 왔다(Hirshleifer, 1982).

그리고 경쟁우위의 지속성은 그것이 영원히 지속할("last forever") 것이라는 것을 의미하는 것이 아니다. 이는 다른 기업조직들의 모방 노력을 통해 경쟁되어질 것이 아님을 의미한다. 한 산업의 경제적 구조에서 발생하는 예상치 못한 변화는 한 때 지속적 경쟁우위의 원천이었다는 것, 기업조직에 더 이상 가치가 없다는 것, 경쟁우위의 원천이 더 이상 될 수 없다는 것에 의한다. 이러한 구조적 큰 변화를 "슘페터적 쇼크(Shumpeterian Shocks)"라고 한다(Barney, 1986c; Rumelt & Wensley, 1981; Schumpeter, 1934, 1950). 이는 다시 기업조직의 특성들이 자원이 되는 것과 아닌 것으로 정의된다. 이러한 자원의 일부는 새롭게 정의되는 산업구조의 지속적 경쟁우위의 원천이 될 수도 있다(Barney, 1986c). 그러나 이전의 산업 환경에서의 자원은 약점이 되거나, 새로운 산업 환경에서는 단순히 관계가 없을 수 있다. 지속적 경쟁우위를 갖는 기업조직은 경쟁구조에서 주요한 변화를 겪을 것이고, 이러한 변화로 인해 기업조직의 경쟁우위는 가치가 없어질 것이다. 하지만 지속적 경쟁우위는 경쟁우위의 장점을 모방한 기업조직들과 경쟁함으로써 가치가 사라지지는 않을 것이다(Barney, 1991).

지속적 경쟁우위에서는 자원의 이질성(hetetogeneity)과 부동성(immobility)의 영향력이 중요하다. 이는 기업조직의 자원이 완벽하게(perfectly) 동질적이고 이동 가능할 때 경쟁의 특징을 살펴봄으로써 성립된다. 대부분의 산업들은 어느 정도의 자원 이질성과 부동성을 가지고 있다(Barney & Hoskisson, 1989). 기업조직들의 전략적 자원이 모든 경쟁 기업조직들에 동등하게 분배되고 이동성이 클 때, 지속적 경쟁우위를 갖는다는 것에 큰 기대를 하고 있지 않다는 사실은 논쟁의 여지가 있다. 이는 지속적 경쟁우위의 원천에 대한 연구가 기업조직 자원의 이질성과 부동성에 집중되어야 함을 암시하고 있다(Barney, 1991).

전략계획과 수행은 다양한 기업조직 자원을 이용한다(Barney, 1986c; Hatten & Hatten, 1987; Wernerfelt, 1984). 동일한 기업조직들이 속한 한 산업에서 어떤 기업 조직이 전략을 고안하고 수행할 자원을 갖는다는 의미는 다른 기업조직들도 동 일한 전략으로 동일하게 자원을 갖을 수 있다는 것을 말한다. 그러므로 기업조 직들은 동일한 방법으로 그들의 효과성과 효율성을 향상시킬 것이다. 이로써 기업조직들은 지속적 경쟁우위를 지닐 수 없게 되는 것이다(Barney, 1991).

이러한 결론에 대한 첫 번째 결점은 "선도자 우위(first mover advantages)"이다 (Lieberman & Montgomery, 1988). 전략을 수행할 산업에서 선도적 기업조직은 다른 기업조직들보다 지속적 경쟁우위를 먼저 얻을 수 있다. 선도 기업조직들은 유 통 경로에 대한 접근을 얻을 수 있고, 고객의 선의를 발전시킬 수 있으며, 긍정 적 명성을 얻을 수 있다. 전략수행에서 다른 경쟁 기업조직들보다 선도자가 되 기 위해서는 특정 기업조직은 해당 산업의 다른 기업조직들이나 잠재적으로 진 입 가능한 기업조직들이 발견 못한 전략수행의 기회에 대한 통찰력을 가지고 있어야 한다(Lieberman & Montgomery, 1988). 이러한 특별한 기업조직 자원은 전략 수행에 있어서 기업조직이 더 좋은 정보를 갖게 해준다. 그러므로 선도자 우위 를 얻기 위해서 기업조직은 한 산업의 통제자원에 대해 이질성을 가져야 한다 (Barney, 1991).

두 번째 결점은 "진입장벽(barriers to entry)"(Bain, 1956) 또는 "이동성 장벽(mobility barriets)"(Caves & Porter, 1977)이다. 이에 대한 논리는 다음과 같다. 비록 어떤 산 업의 기업조직들이 완벽하게 동일하다 할지라도, 그곳에 진입장벽이 존재한다 면, 해당 기업조직들은 그들의 산업에 속하지 않는 기업조직들에 대해 지속적 경쟁우위를 얻을 수 있다. 이러한 지속적 경쟁우위는 진입장벽에 의해 보호되는 기업조직들에게 보통 이상의 경제적 성과를 반영해줄 것이다(Porter, 1980; Barney, 1991)

또한 진입장벽은 현재와 잠재적 경쟁 기업조직들이 통제자원에 대해 이질적인 경우와 그 자원들이 완벽한 이동성이 존재하지 않는 경우에만 가능하다(Barney, Mcwilliams & Turk, 1989). 기업조직들이 진입장벽의 보호를 받기 위해서는 경쟁영 역에 진입하려고 하는 기업조직들보다 다른 전략들을 수행해야 한다. 진입이

제한된 기업조직들은 해당 산업이나 그룹 내에서 동일한 전략을 수행할 수 없게 된다. 만약 기업조직 자원이 완전하게 이동가능하다면, 동일 산업에 진입하려는 기업조직들이 전략에 대한 정보를 쉽게 얻게 될 것이다. 그렇게 되면 다른 기업조직들까지 같은 방식으로 전략을 수행하기 때문에 지속적 경쟁우위는 사라지게 된다. 그러므로 기업조직 자원의 부동성 역시 진입장벽 요구조건의 하나가 될 수 있다(Barney, 1991).

한편, 지속적 경쟁우위의 원천을 이해하기 위해서, 기업조직 자원은 이질적이고 부동적일 것이라는 가정과 함께 할 이론적 모델을 구축하는 것이 중요하다. 기업조직 자원이 지속적 경쟁우위의 잠재성을 갖기 위해서는 4가지 특성이 필요하다. 첫째, 기업조직환경에서 기회를 이용하고 위협을 상쇄시키는 측면에서 가치가 있어야 한다. 둘째, 기업조직의 현재와 잠재적 경쟁에서 희소해야 (rare) 한다. 셋째, 불완전한 모방이 가능해야 한다. 만약 모방이 불가능하다면 기업조직의 전략에서 이용할 수조차 없을 것이다. 넷째, 희소하지 않거나 모방가능할 수 있는 가치 있는 기업조직 자원에 대해 전략적으로 동일한 대체물이 존재할 수 없다(지속가능성(substitutability)). 이러한 특징들은 기업조직 자원의 이질성과 부동성 정도, 지속적 경쟁우위를 생산하기 위한 자원의 유용성 정도에 대한 경험적 척도(empirical indicators)로 간주될 수 있다(Barney, 1991).

형식적 전략계획 시스템(formal strategic planning systems, Lorange, 1980)은 지속적 경쟁우위의 자원으로 존재하지 않는다. 이미 그러한 계획기제(planning mechanisms)가 흔하지 않기 때문이다(Kudla, 1980; Steiner, 1979). 형식적 계획과정은 공공자원으로 널리 다양하게 이용되어져 왔다(Steiner, 1979). 이는 형식적 전략계획을 채택한 기업조직들이 지속적 경쟁우위를 얻을 수 없을 것이라는 것을 의미하지 않는다. 위의 프레임워크의 구성요소를 충족한다면 충분히 지속적 경쟁우위를 얻을 수 있을 것이다(Barney, 1991).

형식적 전략계획뿐만 아니라 비형식적이고(informal)(Leontiades & Tezel, 1980) 긴급하며(emergent)(Mintzberg, 1978; Mintzberg & Mchugh, 1985) 독립된(automonous)(Burgelman, 1983) 특징을 갖는 비형식적 전략형성 과정(informal strategy-making processes)이 가치가 있고, 분석된 정보처리체계(information processing systems)의 종류, 고객과

공급자들 사이에서 기업조직의 긍정적 명성(Porter, 1980)에 따르면서 프레임워크에 해당하는 요소들을 특징으로 한다면 이 역시 기업조직의 지속적 경쟁우위를 위한 기업조직 자원으로 이용될 수 있을 것이다(Barney, 1991).

　지속적 경쟁우위에 대한 자원기반 모델(resource-based model)은 전략경영이론(strategic management theory)과 다른 사업 원칙들 사이에서 관계에 대해 다양한 의미를 갖는다. 이는 전략경영연구와 연관된 사회복지의 중요한 쟁점을 말한다. 대부분 학자들에 의하면, 사업조직경제학(industrial organization economics)에서 구조(structure)—운영(conduct)—성과 패러다임(performance paradigm)의 원래 목적이 완전경쟁시장 침해(violation)를 분리시키는(isolate) 것이었다. 이는 완전경쟁산업의 사회복지 장점들을 회복시키기 위해서 침해를 언급한 것이다(Barney, 1986c; Porter, 1981). 전략이론가들이 기업조직성과의 환경적 결정요소들에 초점을 맞춰 적용하였기 때문에, 사회복지문제들은 한 특정 기업조직이 경쟁우위를 얻을 수 있는 불완전경쟁산업들의 생성을 위하여 배제되었다(Porter, 1980). 전략분석에 대한 이러한 접근은 사회복지문제를 무시하거나 기업조직들이 사회복지를 줄이는 활동에 집중한다(Hirshliefer, 1980; Barney, 1991).

　발전된 자원기반 모델은 전략경영연구가 경제학자들의 전통적인 사회복지문제들과 완벽하게 일치할 수 있음을 암시한다. 기업조직 자원은 이질적이고 부동적이라는 가정과 함께, 자원우위를 이용하는 기업조직은 효율적이고 효과적인 방식으로 단순하게 행동한다는 사실이 이에 뒤따른다(Demsetz, 1973). 자원우위 이용실패는 비효율적이고 사회복지를 최대화하지 않는다. 자원우위를 갖는 기업조직에게 생기는 더 높은 수준의 성과는 불완전경쟁 조건들을 생성하는 기업조직의 노력보다는 그 이점을 이용하는 기업조직의 효율성 때문이다. 이러한 이익은 "효용 임대(efficiency rents)"(Demsetz)로 간주될 수 있으며 그 반대는 "독점 임대(monopoly rents)"라 한다(Scherer, 1980; Barney, 1991).

　최근 다양한 학자들이 조직현상의 경제적 모델은 기본적으로 조직이론 또는 조직 행위를 기반으로 하는 조직모델을 반박한다고 주장하였다(Donaldson, 1990a, 1990b; Perrow, 1986). 이는 지속적 경쟁우위에 대한 자원기반모델에 의해 다시 반박되어진다(Barney, 1990). 전략경영에 대한 자원기반모델은 조직이론과 조직적

행위가 가치 있고 드물며 모방불가능하면서 대체불가능한 기업조직 자원에 대한 발견과 이론의 원천일 수 있음을 암시한다(Dafr, 1983). 실제로 지속적 경쟁우위에 관한 자원기반모델을 통해 조직과 경제의 본질적인 통합을 예상할 수 있다(Barney, 1991).

마지막으로 강조하는 바는 지속적 경쟁우위를 야기하는 기업조직 자원의 자질을 무엇으로 정의해야 할지에 대한 중요성이다. 이 모델은 관리자들이 모든 기업조직의 속성과 특징을 다룰 수 있는 능력에 한계가 있다는 가설을 함축하고 있다(Barney & Tyler, 1991). 이러한 제약은 일부 기업조직 자원을 불완전하게 모방 가능한 것으로 만들어서 지속적 경쟁우위의 잠재적 원천을 야기한다. 그러므로 지속적 경쟁우위에 대한 연구는 기업조직이 통제할 수 있는 자원의 특성에 의해 결정된다. 자원의 특성뿐만 아니라 관리자 역시 중요한 요소이다. 관리자들은 기업조직의 경제성과적 자질을 이해하고 설명할 수 있기 때문이다. 즉, 관리자의 분석이 지속적 경쟁우위를 존재하게 하는 것이다. 실제로 관리자 또는 관리자팀(managerial team)은 지속적 경쟁우위를 야기하는 잠재력을 지닌 기업조직 자원이다(Barney, 1991).

3) 경쟁우위와 인적자본

Wernerfelt(1984)는 지원기반 시각에서 조직이 가진 다양한 자원의 조합이 특정 조직들의 경쟁적 우위(competitive advantage)의 차이를 야기하여 장기적으로는 조직 성과의 차이가 벌어지게 된다고 하였다. 그렇기 때문에 당연히 "더 우월한 자원을 보유하는 조직은 경쟁자보다 실적이 좋을 것으로 예상"(Peteraf, 1993)할 수 있다(Carmeli & Schaubroeck, 2005).

앞서 말한 지원기반 시각은 조직의 능숙도의 몇 가지 특성에서 경쟁적 우위가 발생하는 것으로 본다. 높은 가치(highly valuable)의 능숙도는 다른 중요한 요소를 보완함으로써 잠재적으로 생산성을 향상시킨다. 반면에, 상대적으로 희귀한(rare) 능숙도는 소수의 주요 경쟁자들만이 가지고 있기 때문에 시장에서 쉽게 구할 수 있는 것이 아니다. 여기서 경쟁적 우위를 야기할 가능성이 있는 요소로 '가치'와 '희귀함'을 꼽을 수 있겠다. Barney(1991)는 어떤 조직의 경쟁자들로 하여금 능숙도를 모방하는 데에는 비용이 많이 들기 때문에, 능숙도가 모방할 수 없는(inimitability) 성격을 가지고 있다고 본다. 이는 기업조직 또는 조직마다 다른 기타 조건에서 기인한다. 각 기업조직이나 조직의 능숙도가 이러한 다른 주요 요소와의 상호작용을 하는 데에서 나오기 때문에, 결과적으로 다른 조직이 모방하기에는 너무 복잡하고 비용이 많이 드는 것이다. 또한 Lado & Wilson(1994)에 따르면, 대체불가능성(non-substitutability)이란 다른 조직들이 높은 교체비용을 지불하지 않고서는 손쉽게 다른 자원을 사용함으로써 능숙도를 대체할 수 없다는 것을 의미한다(Carmeli & Schaubroeck, 2005).

조직의 주요 능숙도(core competency)는 잠재적으로 인적자원 그 자체에서 나온다고 할 수 있다. 하지만 이에 그치지 않고 탄탄한 인적자원 자본을 조직의 구조와 전략 방향에 효과적으로 적용을 시킬 수 있어야만 보통 이상의 성과를 낼 수 있을 것이다. 따라서 조직의 성과를 예측하는 데에 있어 인적자원 자본과 그의 차별적 가치 사이에는 중요한 상호 작용이 있을 것이라고 예상할 수 있다 (Carmeli & Schaubroeck, 2005).

공공조직과 사기업조직의 실증연구 결과들을 보면 단순히 인적자원 자본을 늘리는 것뿐만 아니라, 독창적인 인적자원 자본을 새롭게 영입하거나 개발하여 기존의 조직구조에 완벽하게 녹아들게 하되 다른 자원으로의 대체가 쉽지 않도록 하며, 다른 조직 구조에서는 같은 효과를 기대하기 어렵도록 하는 것이 조직의 경쟁우위가 발현이 되어 향상된 성과를 보여줄 가능성이 높다는 것을 알 수 있다. 연구자들은 이러한 가설이 일반적으로 지원기반 시각에서 연구하는 사기업조직에서 나아가 공공조직에까지 이를 적용할 수 있을 것이라 언급한다. 이러한 연구결과들은 인사관리 전문가들이 시니어 매니저들과 함께 인적자원 구조가 보다 차별화된 가치를 만들어낼 수 있는 방향으로 조직의 구조와 방향성을 제시할 수 있도록 하여야 한다는 함의를 제시하고 있다(Carmeli & Schaubroeck, 2005).

제3절 유사개념들의 문제점

　정부경쟁력과 관련된 유사개념들을 살펴본 결과, 모두 본서에서 관심을 갖고 있는 정부경쟁력과는 대체해서 쓸 수 없는 한계를 가지고 있음을 알 수 있었다. 대체로 부분적이며, 특정시각에 국한되어 경쟁력과 유사한 개념으로 사용되고 있다. 많은 국내외 연구들이 사용하는 IMD, WEF 등의 국가경쟁력 개념은 경제적 생산성 및 효율성의 측면에 치우쳐 있고 선진국의 시각에서 바라보는 제한적, 단편적인 관점이라는 비판을 면하기 어렵다. 정부성과 역시 측정의 문제로, 주로 투입 대비 산출이라는 효율성의 관점에서 개별적인 연구가 이뤄지고 있는 실정이다. 이 또한 정부경쟁력의 개념에서 볼 때 지극히 단편적인 부분만을 보는 문제점이 있다.

　이러한 정부의 경쟁력에 대한 개념적 모호성으로 인해 개념 및 지표 구성상의 문제점, 경쟁력 지수 활용상의 문제점 등이 지적된다. 사회전체를 고려하지 않은 시장중심의 편향성, 평가방법의 신뢰성과 타당성(측정오류의 가능성)의 문제 등이 지적되고 있다. 따라서 이들 개념과는 달리 보다 통합적인 시각에서 정부경쟁력을 정의하고 사용할 필요성이 있다.

1. 개념정의의 이론적 근거 미약

　국가경쟁력의 개념은 다분히 미국의 정치행정체제를 전제로 생성된 것이라고 볼 수 있다. 왜냐하면 레이건 대통령의 산업경쟁력위원회에 참여했던 Porter(1990)를 계기로 본격화되었기 때문이다. 이를 계기로 경영학자들을 중심으로 사용하게 된 국가경쟁력(national competitiveness)은 경영학자들의 주된 관심영역인 자유시장주의, 자본주의, 생산성지상주의와 같은 미국특수적인 가치들이 내재된 개념으로 자리매김하였다.

　Porter에 따르면 국가경쟁력의 실체는 국내산업의 생산성이며, 이러한 산업의 경쟁력에 영향을 미치는 국가적 차원의 요인을 국가경쟁력이라고 보았다. 그가 제시하는 다이아몬드 모델에 따라 산업경쟁력의 결정요인을 자본과 노동력 요소, 수요, 기업환경, 관련 산업으로 제시한다. 그러나 과연 이들만이 한 나라의 산업경쟁력을 결정하는 요소일까에 대해서는 의문의 여지가 많다. 그리고 어떤 이론적 근거에 의해 이런 모델이 나왔는지 알 수 없다. 더구나, 여기에서는 정부의 역할이나 능력을 크게 고려하지 않았다. 단지 정부를 산업생산성에 제한적인 영향을 미치는 요소로 간주한다. 이러한 국가경쟁력 지수는 경제학적인 정당성이 없다고 지적된다(김정민 외, 2005). 국가경쟁력에 관한 기존 연구들은 실제적 측정기준에만 관심을 둘 뿐, 이론적 타당성에 대해서는 정교한 논리를 제시하지 못하였다.

그리고 이러한 논의는 건전한 시장이 형성되어 있는 자본주의 서구 선진국에는 적합할지 모르나, 시장부문이 취약한 개발도상국에는 적용의 한계가 있다. 개발도상국 중에서는 어려운 시장여건 속에서 정부가 주도적으로 정책방향을 정하고, 다른 부문을 희생해서라도 경제성장을 이루는 경우가 다수 발견된다. 예컨대, 단기간에 급속한 경제성장을 달성한 우리나라는 국가가 주도적인 역할을 담당하였고 그 과정에서 정부의 역할 및 역량이 중요한 역할을 하였다. 우리나라를 경제발전의 모델로 삼고 있는 많은 개발도상국가들이 겪어야 할 미래도 이와 동일할 가능성이 크다.

또한 국가경쟁력의 내용은 한 국가의 발전단계에 따라 그 구성요소가 바뀌거나 그 구성요소의 중요도가 변할 가능성이 높다. 대부분의 경쟁력 관련 개념들은 이러한 구성다양성을 고려하지 않고 있다. Porter의 경제적 생산성에 초점을 맞춘 국가경쟁력 개념은 성숙기에 있는 선진국을 대상으로 하고 있는 제한적인 논의이다. 경제성장단계라는 측면에서 볼 때, 준비기나 도약기에 있는 국가들의 경쟁력을 작은 정부 및 정부의 제한적 역할을 강조하는 선진국의 이데올로기를 기반으로 하여 측정하는 것은 바람직하지 않다. 모든 유형의 국가들의 경쟁력을 통합적으로 살펴볼 수 있는 이론적 근거가 미약하므로 이에 대한 이론 정립이 필요하다.

2. 이념적 편향성: 시장중심주의

국가경쟁력 관련 개념은 대부분 선진국에서 만들었고, 그 결과 이념적으로 사회주의보다는 자본주의, 특히 시장중심주의적 경제를 기본으로 하고 있다. 이에 대한 구체적인 증거로는 지표의 구성요소들이 '경제부문'에 국한되어 있다는 점을 들 수 있다. 나아가서 국가경쟁력 측정지표를 구성하는 요소를 자세히 들여다보면 가장 많은 비중을 차지하는 것이 국내총생산(GDP)관련 지표들이다.

IMD에서 국가경쟁력을 측정하는 세부항목 316개 중 61개 항목이 GDP를 기반으로 한다. GDP는 기본적으로 국내생산의 절대적 가치만을 나타내는 개념이다. 따라서 부의 분배나 교육·건강 등 삶의 질에 영향을 미치는 많은 요소들을 간과한다는 심각한 문제를 안고 있다. 이러한 측정방법은 다양한 삶의 요소들을 반영하지 못하고 있는 것이다. 이러한 문제는 IMD뿐만 아니라 정부성과의 측정이나 정부의 질, 거버넌스 논의 등 다른 유사개념에서도 공통적으로 발견된다.

이와 같이 경제부문에만 치중하여 경쟁력을 측정하다보니, 정부의 영역이 작아질 수밖에 없다. 자유주의적 이념에 경도되어 정부가 담당할 수 있는 부분이 제한적이거나 부수적이 된다. 정부의 역할은 단지 '기업하기 좋은 환경의 조성'에 국한된다. 경제부문에서도 시장(market)을 중시하는 미국모델도 있지만, 국가공동체의 공익을 수호는 역할로서 정부를 중시하는 독일, 북유럽 등 사회주의적 경제모델도 있다. 그러나 국가경쟁력에 관한 논의에는 항상 자유주의의 기조 하에서 시장 및 민간영역이 먼저 발달한 시장모델에 입각하고 있음을 알 수 있다. 시장모델, 즉 경제 분야에서 국가의 자유방임주의는 장기적으로 지향해야 할 목표점일 수는 있겠지만, 아직 여러 여건이 미성숙한 우리나라를 비롯한 많은 아시아 국가들의 경우에는 맞지 않는다.

우리나라와 같은 국가발전 과정에서 볼 수 있듯이 정부의 영역이 먼저 크게 확장된 다음 정부 및 공공영역이 시장의 발달을 선도한 모델이 많이 있다. 일본은 물론이고, 싱가포르, 대만, 중국 등도 마찬가지이다. 한 나라의 시장과 정부의 영역 및 역할은 그 나라만의 역사적 발전단계에 따라 각기 다르다. 또한 시간이 지남에 따라 그 나라만의 독특한 제도적 특성이 생기는데, 그에 대한 고려도 반드시 필요하다. 이러한 각 국의 역사적, 제도적 특성을 반영할 수 있는 정부경쟁력의 개념이 부재하였으므로 이에 대한 개념정립이 필요한 시점이라고 하겠다.

3. 시간과 공간의 특성: 발전단계에 대한 고려 미흡

지구상의 국가들은 각기 다른 역사적 발전과정과 경로를 겪고 있다. 서구제국들도 과거에는 우리와 같은 경제적으로 어려운 시대가 있었다. 만약 이들 나라가 모두 유사한 발전경로를 겪는다고 가정하더라도 각기 다른 여러 정부를 하나의 잣대로 평가하거나 비교하는 것은 문제가 있다. 예컨대 마라톤경기를 하는데 앞선 선두 그룹과 맨 뒤의 완주조차 불확실한 그룹을 같은 기준으로 비교하는 것은 실익이 없다. 더구나 수세기를 걸쳐 있어온 발전과정에서 볼 때, 현재 가장 선두그룹(서구제국)의 현재 상태(예. 금융자율화)를 비교기준으로 한다는 것은 개발도상국에게는 그림의 떡일 수 있다. 더구나 선후진국간 차이뿐만 아니라 동남아 국가와 러시아 등 구소련 국가 간의 공간적 차이도 매우 중요한 고려요소이다. 즉, 모든 국가가 같이 마라톤경기를 하는 것이 아니고, 각기 다른 경기종목으로 목적지(결승점)에 도달해야 하는 것인지도 모른다. 어떤 그룹에서는 현재로서는 100m 달리기를 하고, 어느 나라는 크로스 스키경기를 하고, 어느 나라는 요트경기를 하는 것이다. 역사의 진행과정에서 그 나라가 처한 공간 및 시간적 특수성을 고려해야 정부가 정부경쟁력을 높이기 위해 어떠한 일을 해야 할 것인가에 대한 타당성 있는 제안을 할 수 있을 것이다.

이러한 상황을 고려할 때, 그 국가의 경쟁력, 성과, 효율성 등 각종 종속변수가 시간선상으로 산술급수적으로 늘어난다고 보는 것도 의문을 제기할 필요가 있다. 즉, 같은 노력을 투입하더라도, 산출은 그 나라의 처한 상황에 따라 달라질 수 있을 것이다. 이들의 관계는 시간의 흐름에 따라 매우 다양하게 나타난다. 어떤 국가는 선형관계를 나타낼 수도 있고 어떤 국가는 계단식으로, 어떤 국가는 곡선의 모양으로 나타날 수 있다. 선형관계라고 해도 기울기가 급한 정의 관계, 기울기가 완만한 정의 관계 또는 부의 관계로도 나타날 수 있는 것이

다. 보통은 정부가 노력 또는 투입을 하면 그래프 A와 같이 정비례로 경쟁력이
늘어난다고 생각할 수 있다. 그러나 그 반대로 반비례 할 수도 있을 것이다(B).
아니면 일정량의 노력까지는 증가하지만, 특정시점부터 내려올 수도 있을 것이
다. 이러한 개념상의 관계는 안보, 경제, 문화 등 분야마다 다르게 나타날 수도
있다. 기존의 대부분의 연구들은 암묵적으로 A 곡선을 가정한 것으로 보인다.
정부경쟁력과 관련된 유사개념들은 이러한 시간적 차원에 대한 고려가 부재하
였다.

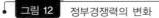

그림 12 정부경쟁력의 변화

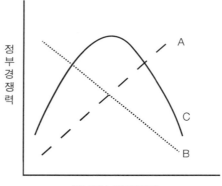

따라서 국가가 시간에 따라 역사적으로 발전하는 단계에 대한 통시적인 고려
가 필요하다. 한국정부의 경우 긴급한 생존을 위한 기반이 어느 정도 조성된 이
후에 농업위주의 산업에서 중·경공업 중심의 산업정책으로 전환되었다. 또한
시간이 지나 1990년대 후반 이후로는 관심이 대상이 환경 및 문화적 부문의 정
책들로 이동하고 있다. 민주주의의 경우에도 시간의 흐름에 따라 정부경쟁력에
서로 다른 영향력을 미친다. Charron and Lapuente(2010)는 시간의 흐름에 따
라 민주주의가 정부의 질에 미치는 영향이 달라진다고 보고, 민주주의에 노출
된 시간이 적을 경우 민주주의가 정부효과성에 오히려 부정적인 영향을 미친다

고 보았다. 그러나 민주주의가 축적된 국가에서는 민주주의가 정부의 효과성을 담보하는 역할을 한다고 하였다.

이처럼 '시간'이라는 요소를 고려하여야 국가발전단계에 따른 국가의 기능과 역할 변화를 알 수 있다. 정부의 기능과 역할 변화에 따라 정부가 정책목표를 얼마나 잘 수립하고 집행했는지가 정부경쟁력의 핵심요소가 된다.

나아가서 '공간'에 대한 고려도 필요하다. 열대지방과 한대지방은 서로 완전히 다른 상황에 있다. 민족의 구성도 중요한 변수이다. 이와 같이 가시적인 차이는 물론이고 보이지 않는 차이는 더 중요하다. 서구사회의 정부에 대한 인식과 중요시하는 가치는 동양과 다르므로 공간에 대한 고려도 필요하다. 공간적으로 특정국가가 지니고 있는 문화적, 제도적 속성에서 발현된 행정전통(administrative tradition)도 정부경쟁력을 구성하는 중요한 요인이다. 이것은 시간과 공간의 차이에 따라 다른 기준으로 정부경쟁력을 평가해야 한다는 의미이지만, 그렇다고 하여 선진국과 개도국 간의 비교가 불가능하다는 것도 아니다. 단지 전술한 대부분의 경쟁력 관련 개념과 지표들이 여러 나라들은 같은 기준과 요소로만 평가한다는 것이 치명적인 문제라는 것이다.

4. 분석단위의 문제

정부경쟁력과 관련된 유사개념들은 연구자의 편의에 따라 사회전체(societal level), 정부(government as a whole), 중앙정부, 관료제(bureaucracy), 지방정부, 소속부처 등 분석단위가 달라지고 있다. 아래와 같이 최소한 이렇게 분석단위가 혼란스러우면, 그 결과로 발표되는 순위의 해석에도 많은 주의를 요한다.

표 9   분석수준의 구분

수준	경쟁력 관련 개념	예
1. 사회전체	국가경쟁력	IMD, WEF
2. 정부	입법, 사법부를 포함한 것	미국의 지방정부 성과

수준	경쟁력 관련 개념	예
3. 행정부(관료제)	정부역량	본 연구의 협의개념
4. 단위조직	조직성과	effectiveness, efficiency
5. 개인	성취동기	McClelland

　　분석수준을 여러 단계로 나누어 볼 수 있지만, 가장 대표적으로 논의되고 있는 개념을 중심으로 살펴보면 5가지 수준 이상으로 경쟁력을 생각할 수 있다. 국가경쟁력에 관한 대부분의 경영학의 연구는 1번 수준인 사회전체(societal level)를 보고, 대부분의 행정학 연구는 4번 수준인 단위조직에 집중되어 있다. 향후에는 다른 차원의 경쟁력을 심층 연구할 필요가 있다. 나아가서 이들 다른 수준의 경쟁력 간의 관계가 어떤가에 대한 것도 개념상 분명치 않다. 예컨대, 하위수준의 경쟁력이 상위수준 경쟁력에 어떤 영향을 미치는가, 아니면 거꾸로 상위수준의 경쟁력이 하위수준의 경쟁력을 제약하는가 등의 질문이 아직 연구되지 않았다.

　　국가경쟁력이나 거버넌스 등과 같은 개념들은 특정 국가 전체를 기본단위로 상정한다. 여기에는 시민사회, 시장(과 기업), 정부 등이 모두 포함된다. 지구상에서 존재하는 국가단위라는 관점에서 볼 때, 사회전체 수준으로 관심을 갖는 것은 당연하고 타당한 것이라고 할 수 있다. 그러나 한 국가사회를 구성하는 요소는 너무나 많기 때문에 그만큼 혼란스럽다. 일정기간 동안의 노력을 한 후 초래한 결과를 알기 위해 사회전체 단위로 효과를 측정하는 것은 필요하지만, 이 자체를 경쟁력단위로 설정하는 것은 과연 무엇을 바꿔야하는가와 같은 원인규명을 위해서는 부족한 점이 많이 있다.

　　이와는 반대로 정부성과, 조직효과성 등의 경우, 대개 특정 부처나 조직(organization)을 분석의 대상으로 하고 있다. 하나의 폐쇄체제(closed system)로서 공식적 단위조직(formal organization)은 조직론 연구자들이 흔히 사용되어 온 단위이다. 연구대상이 명확하고, 연구수행이 용이하며, 인과관계를 규명하는데 논란의 여지가 있는 변수통제도 편리하기 때문이다. 그러나 이 단위는 우리가 관심을 가지고 있는 한 국가 전체의 성과나 경쟁력에 연결시키는데 논리적 문제가 있다. 사회과학 방법론으로 볼 때, 전체주의(wholism)와 개별주의(methodological individualism)의 문제가 생기는 것이다. 더구나 이들 조직은 수없이 많으므로, 이들을 모두 연구하여 단순 총합함으로써 전체의 성과를 도출하기도 어렵다.

한 나라에는 중앙정부(혹은 연방정부)가 하나만 있고, 정부가 사회전체를 대상으로 행정행위를 하기 때문에 정부전체를 주요 행위자로 설정하는 것은 매우 적절하다. 중앙정부와 지방정부와의 관계, 중앙정부 내각 부처 간의 관계(inter-organizational level)도 고려를 해야 하겠지만, 적어도 민간부문에 대비되는 공공부문의 역할을 명확히 이해할 수 있다는 장점이 있다.

전술한대로, 정부능력 및 행정능력을 측정하는 경우에 있어서도, 실제로 그 대상이 무엇인지 불명확한 경우가 많다. 행정 관료의 기술(skill), 역량(competency)을 뜻하는데, 실제로 이들의 총체가 무엇인지도 불분명하다. 조직차원에서의 정부능력 혹은 행정능력은 특정 조직부처, 정부, 사회의 순으로 점차 대상범위가 커질 때 이들 중 어디에 초점으로 맞추어 논의를 하는지 불분명하다. 이런 개념이 추상적으로 무엇인가를 짐작할 수는 있으나, 경험적으로 무엇인지는 애매하다.

5. 정부가 해야 할 역할 간 시각차

정부역할에 대해 서구사회의 단편적인 시각에서 벗어나 정부역할을 시간과 공간적 차원에서 차별화해야 한다. Marxism이후로 세계는 공산주의와 자본주의 국가로 나뉘어, 정부의 역할에 대한 정반대의 두 시각을 공존시켰다. 공산주의는 비록 자본의 앞잡이인 국가(관료제)의 존재를 부정하였으나, 진정한 사회주의가 실현되기 이전 단계인 프로레탈리아 독재 시대에는 오히려 정부가 모든 재화의 생산과 분배를 독점하는 것으로 본다(임도빈, 2011). 따라서 이러한 경우 정부의 역할은 극대화된다. 이와는 대조적으로 자본주의 국가에서는 공적부문과 사적부문의 공존과 더불어 정부의 역할은 공산주의에 비하여 상당히 축소되는 것을 정상적인 것으로 본다.

심지어 사회주의 국가에서도 정부의 역할에 대해서는 학자들 간, 정당 간 각

각 다르다. 시장주의자들은 규제를 완화하고, 정부가 경제부문에 간섭하는 것을 극소화하기 바라고, 사회주의자들은 정부의 적극적 개입을 중시한다.

기존 경쟁력 관련 개념에서 제시하는 지표들은 정부역할을 최소화하거나 거버넌스 체제 등 대개 선진국의 시각에서 구성되어 있는 점이 문제이다. 저개발국이나 개도국들이 처한 환경에서 살아남기 위해 정부가 해야 하는 역할은 선진국과는 분명히 다르기 때문이다. 나아가서 기존 연구들은 법적, 제도적 측면이 제대로 작동하고 있다는 것을 전제한다는 특징이 있다. 개발도상국에는 제도가 안정되어 있지 않아, 정부가 제도의 결함을 더 적극적으로 극복해야 할 경우가 많이 있기 때문이다.

요컨대, 각 국의 정부가 해야 할 역할은 그 나라가 처해있는 역사적 발전단계별로 달라진다. 각 발전단계별로 그에 상응하는 적절한 정부의 역할이 있는 것이고, 이에 따라 중점을 두고 간여하는 정책분야도 달라질 수 있다. 어느 단계에 있어 어떤 역할은 정부 내 관료제가 해야 할 역할일 수도 있고, 다른 단계의 다른 역할은 지방정부, 중앙정부 나아가 거버넌스가 담당할 수도 있으므로 이에 대한 고려가 반드시 필요하다.

6. 인과논리의 문제: 독립변수와 종속변수

대부분의 경쟁력 관련 개념들은 어떤 시점에서의 상태를 나타내는 정적인 것을 의미하며, 단일 차원의 것이다. 즉, 경쟁력을 나타내는 하위변수 혹은 구성요소간의 관계가 상정되어 있지 않은 경우가 대부분이다.

예컨대, 부패와 GNP가 동일한 차원에서 병렬적으로 나열되어 있다. 그런데 많은 연구들은 부패는 경제성장에 부정적인 영향을 미치는 것으로 보고 있는 가운데, 그렇지 않다는 연구도 일부 있다. 공교육의 산출(예, 교사 1인당 학생수)과 교육의 효과(예, 문맹율)가 섞여 있기도 하다. 물론 학자에 따라 인과관계에 대해서는 논란거리가 될 수 있음에도 불구하고, 적어도 경쟁력 개념을 뒷받침해주는 이론모델 내에서는 무엇이 원인(cause)이고 무엇이 결과(consequence)인지에 관한 고려가 포함되어야 할 것이다.

Ⅱ

독립변수와 종속변수의 구분이 되어 있지 않고, 여러 가지가 섞여 있음으로써, 해당국가가 경쟁력을 제고하기 위해서 어떠한 노력을 해야 하는가에 대한 시사점을 얻을 수가 없다. 즉, 다른 나라와 비교하여 횡적으로 상대적인 위치만 확인가능하다는 한계가 있다.

경쟁력(즉, 종속변수)을 제고하기 위해, 누가(즉, 주체)가 무엇(즉, 독립변수)을 해야 하는지에 관한 시사점을 찾을 수 있어야 바람직한 개념일 것이다. 행위의 주체는 민간의 NGO, 시장, 정부, 국제기구 등 다양할 수 있다. 본서는 이 중에서 가장 가시적이고, 통제가능한 주체로서 정부에 초점을 맞춰야 한다고 본다. 예컨대, 만약 시장(market)을 주체로 하여 어떤 행위를 할 수 있도록 경쟁력을 올려야 한다고 가정하더라도, 실제 주체로서 시장을 변화시키는 것을 어렵다. 정부는 정부의 지도자가 있고, 이를 통제하는 여론, 매스컴, 선거 등이 있으므로 영향력을 행사하여 변화하게 하는 것이 가능하다.

제4절 ▶ 경쟁력 연구의 국제적 필요성[17]

정부경쟁력 연구센터에서는 국제개발행정론(international development administration) 관련 연구가 어떻게 이뤄져 왔는가라는 동향을 파악하는 것이 정부경쟁력 연구를 위한 기초 작업이라고 생각하였다. 이를 파악하는 방법 중의 하나는 이 분야 대표적 저널의 내용분석이다. 국제개발 분야의 주요 이슈를 다루고 있는 학술지인 「World Development」에 게재된 논문들을 분석대상으로 선정하여 연구경향을 살펴보고자 하였다. 이를 통하여, 정부경쟁력 연구에서 다루어야 하는 핵심주제들을 파악하고, 정부활동 영역을 범주화하여 구분하는 작업에 활용할 수 있는 클러스터들을 발견하고자 했다.

---

17) 이 절의 내용은 정부경쟁력연구센터의 연구진이 수행한 다음 논문의 일부 내용을 포함하고 있음.
   - 임도빈·조원혁·차세영·정지수·이민아(2013). 국제개발행정분야 연구동향에 관한 메타분석: 정부경쟁력 관점에서. 행정논총. 51(2): 31-59.

1. ODA 시대 한국의 행정학 연구

최근 국제사회에서 한국의 위상은 급격하게 변화하였다. 1950년대 최빈국으로 꼽히던 한국은 1996년 OECD 가입으로 소위 선진국 그룹에 합류하였고, 1963년 USAID의 도움으로 미국에 초청연수를 갈 수 있었지만 1987년부터는 거꾸로 개발도상국에게 원조를 제공하기 시작했다. 이처럼 수혜국이었던 한국은 마침내 2011년 공식적으로 공식개발원조(Official Development Assistance: ODA)의 차원에서 공여국으로 그 지위가 전환되었다. 이 같은 한국의 국가발전이 정부의 높은 경쟁력에 의해 가능했던 것이라고 본다면, 이러한 한국의 경험을 다른 개발도상국에 전수할 방법은 무엇인가에 대한 고민이 잇따르게 된다. 과연 선진국으로 도약을 갈구하는 개발도상국의 입장에서 볼 때 진실로 필요한 것은 과연 무엇일까?

이러한 고민은 일찍이 1960년대의 냉전시대에 미국에서 시작되어 비교행정론과 국제개발행정론을 탄생시켰다. 우리나라에 '발전행정론'으로 소개되어 행정학과 교재로도 사용되었던 Riggs(1964)의 "프리즘적 모형(Prismatic Model)"과 Heady(1966)의 "행정학: 비교의 관점(Public Administration: A Comparative Perspective)"이 대표적이다. 그러나 이후 미국 행정학계를 중심으로 한 서구적 시각의 이분법적 사고라는 비판적 입장이 부상하면서 비교행정론 교과목으로서의 위상이 서서히 퇴조하게 되었고, 우리나라 대학에서도 비교행정의 비중이 감소하였다(임도빈, 2011). 그동안 한국행정학이 외연을 많이 확장했음에도 중요한 하위과목이어야 할 비교행정학은 퇴조하게 된 것이다. ODA 공여국으로의 지위변화와는 달리 이 분야에 대한 연구는 사각지대로 남아 학문적 뒷받침이 부족하게 되어 정책방향을 잡기 어렵다는 안타까운 현실에 직면하게 된 것이라 할 수 있다.

이제 더는 국제개발행정론 연구를 도외시해서는 안 된다. 이를 위한 기초 작업으로 오늘날 국제적으로 여러 나라의 개발행정이 어떻게 이루어지고 있는지 파악할 필요가 있다. 따라서 지금까지의 국제개발행정 연구들을 종합하여 그 경향을 파악하는 메타분석(meta analysis)이 필요하다. 이 분야를 연구하는 많은 학자들이 관심을 가진 주제는 곧 이들 개발도상국이 필요로 하는 문제와 관련이 깊다고 볼 수 있기 때문이다. 단, 학자들의 이데올로기적 성향에 따라 바람직한 정부의 역할이 무엇인가는 달라질 수 있기 때문에 이들 연구의 경향이 곧 국제개발행정의 과제를 나타내는 것이라고 볼 수는 없다. 그럼에도 불구하고, 본 연구를 진행하는 이유는 연구경향을 파악하는 것으로 일단 문제 인식의 범위를 좁혀 명확히 하고 국제개발행정의 방향성을 암묵적으로나마 암시받기 위함이다. 이를 위해 정부경쟁력 연구센터에서는 텍스트 네트워크 방법을 적용하여 국제개발행정론의 대표적인 학술지인 「World Development」의 연구경향을 분석함으로써 이 분야 연구의 세계적 동향에 대해 살펴보았다.

2. 국제개발행정론 연구의 변천과정

한국을 비롯한 동아시아 국가의 경제 발전은 강한 국가의 존재와 효과적인 정책적 개입으로 이루어졌다(Cheng, 1990; 김시윤, 2004). 또한 민간의 활동을 촉진시키기 위해 정부를 비롯한 공공 영역의 핵심 분야에 대한 투자가 중요하다는 연구도 있다(Toigo & Woods, 2006). 그렇다면 정부는 무엇을 어떻게 해야 하는가?[18] 그동안 국제개발행정론이 제시한 답변들은 무엇이었을까?

지난 60여 년 동안 연구되어 온 국제개발행정론은 특히 제2차 세계대전 직후부터 학계 및 기업에서 매우 중요한 연구분야로 다루어졌다(Escobar, 1995; Marglin & Schor, 1991). 대체로 농업 중심의 경제구조에서 산업화를 통해 경제성장으로 나아가는 데 초점을 맞춘 시각이었다. 더욱이 우후죽순으로 발생한 식민지 국가들의 독립으로 산업화의 중요성은 오랫동안 강조되어 왔다. 대체로 아시아와 아프리카 국가들이 이에 해당하며, 가난한 상태로 독립한 이들 국가들은 식민종주국으로부터의 경제적 종속에서 벗어날 수 있도록 빠른 발전을 꾀했다.

전쟁 이후 호황기를 맞이한 세계 경제 상황 속에서 제3세계 국가의 정부들은 그들의 산업과 사회기반을 발전시킬 수 있는 자본을 손에 넣었지만, 시간이 지날수록 이러한 전략의 문제점이 드러나기 시작했다(Easterlin, 1981; Nelson, 1990;

---

18) 국가경쟁력 혹은 경쟁력이라는 용어를 활용하여 기존의 연구를 살펴본다면, 비즈니스 친화적인 용어의 특징으로 인해 해당 연구들의 결과도 경영학 측면에 치우치는데, 이 경우 정부의 역할을 최소화되어야 한다는 논리적 모순에 빠지는 한계가 있다.

Sen & Grown, 1988). 우선 이들 제3세계 국가들의 성장은 국민들의 지속적인 삶의 질 향상을 가져올 만큼 빠르지 못했다. 산업 발전으로 인한 생산량보다 소비되는 자원의 양이 더 많았고, 비효율적인 정부는 이러한 자원의 낭비를 더욱 악화되었다. 결국 1970년대 전쟁 이후의 경제 호황이 끝이 나고 국가주도 발전의 한계는 명백히 드러나게 되었다(Ake, 1996; Chang, 2002; Killick, 1983). 마르크시즘이나 네오마르크시즘의 영향력이 확대되었고 발전에 대한 좌·우익 관점의 논쟁은 더욱 격화되었다. 저성장의 원인이 빈곤국가 스스로에게 있는지, 아니면 다른 외부적 요인에 있는지에 대한 논의도 이 시기에 이루어지기 시작한다.

국제개발행정 연구의 커다란 변화는 포스트모던 사상과 반세계화 운동의 영향으로 나타난 '후 개발주의 이론(post-development theory)'의 등장이라고 할 수 있다. 후 개발주의 이론은 이전까지 개발 이론이 말하는 개발이 애초에 국민들의 더 나은 삶을 위한 것이 아니며, 도리어 국민들의 삶에 대한 외적 통제를 확대해가는 것일 뿐이라고 주장하였다(Storey, 2000; Matthews, 2004; Pieterse, 2000; Ziai, 2007).

그러나 1990년대 신고전주의에 기반한 정책들의 실패가 지적됨과 동시에 동아시아의 성공적인 경제개발 사례들이 나타나면서, 국가 주도 개발정책으로의 회귀를 정당화 하는듯한 소위 '개발국가론(developmental-state model)'이 일시적으로 큰 인기를 불러 일으켰다(Johnson, 1999; Leftwich, 1995; niş, 1991; Sinha, 2003; Woo-Cumings, 1999). 이 밖에도 최근의 많은 국제개발 관련 문헌들이 제3세계 공공부분의 행정적 능력을 높일 수 있는지에 대해 고민하고 있다. 정부의 경쟁력 제고에 대한 연구는 이러한 고민들 중 하나라고 할 수 있다.

사실 크게 보면 국제개발행정론은 새로운 변수가 계속 추가되는 경향을 보이며 발전해 왔다. 예컨대, 환경 문제와 같은 전 세계적인 이슈가 대두되면 국제개발행정 연구도 영향을 받았다. 급속한 경제 성장으로 발생한 감당할 수 없을 정도의 오염과 공해를 멈추고, 가능하면 이전의 상태로 되돌리는 것을 핵심으로 한다. 그리고 이런 문제를 해결하는 방법으로서 정보화, 비정부기구(NGO)의 발전, 시민참여, 그리고 거버넌스 등의 개념들이 등장하게 된다. 그러나 이것은 바로 선진국과 후진국의 문제를 동일시하는 결과를 가져왔다. 국제개발행정의 문제가 이와 같이 혼란스럽게 인식되고 있고 상당수의 전문가들은 여전히 이런 문제의 해결에 어려움을 느끼고 있다. 이는 선진국과 개발도상국 간의 발전에 대한 입장 차이 때문일 것이다.

지금까지 간략히 살펴본 대로 국제개발행정 연구는 시대에 따라 중요한 요소나 강조점이 불규칙적으로 변화하여 왔다. 이와 같은 변화는 UN 사무총장을 역임하였던 U. Thant가 언급한 "개발은 단지 경제성장 뿐만 아니라, 성장에 변화를 더한 것이다(Development is not just economic growth, it is growth plus change)"라는 말을 통해서도 요약될 수 있다. 그렇다면 이 분야의 연구들은 구체적으로 어떻게 변화되어 왔는지 살펴볼 필요가 있다. 즉, 과거 경제성장으로 축약되어 오던 개발(development)의 개념과 이를 바라보는 시각이 시간이 흐를수록 다양해지고 있다는 것이다.

3. 분석자료와 분석방법

1973년부터 출간을 시작한 「World Development」는 국제개발행정론 분야에서 가장 오래된 학술지 중의 하나이다. 다학문적(inter-disciplinary)인 입장을 취하고 있는 이 학술지는 Thomson Reuters의 학술지 인용보고서(Journal Citation Report)에서 집계한 사회과학 피인용지수(SSCI)에 따르면, 2011년 기준으로 인용지수는 1.537점이고, 최근 5년간은 2.180점을 기록했다. 사회과학분야의 학술지로는 드물게 저널의 출간이 시작된 1973년부터 매월 발간되고 있다. 「World Development」는 "빈곤, 실업, 영양실조, 질병, 주거지 부족, 환경파괴, 무역 및 임금의 불균형, 국제채무, 성·인종에서의 차별, 군비확장주의, 내전 및 경제적·정치적 측면에서의 적극적 참여 부족 등의 사회문제에 대한 잠재적 해결책을 도출해내는 형식으로 궁극적으로는 삶의 기준의 향상을 도모하는 것"이 목적임을 학술지의 독자들과 저자들에게 밝히고 있고, 개발(development)을 "국가, 경제, 정치적 연합체, 제도, 집단, 그리고 개인 차원을 모두 포함한 변화의 과정(process of change)"으로 인식하고 있어, 다양한 학문분야를 포괄하는 종합적인 연구경향을 파악하여 정책방향의 설정과 같은 초기단계의 연구 과업을 추진하고자 하는 본 연구진의 의도와 부합한다고 할 수 있다.

정부경쟁력 연구센터에서는 우선 연구경향을 살피기 위한 분석 범위를 1990
년대 후반 세계 외환위기 이후 국제개발행정의 측면에서 각 국가 정부의 관여
의 폭이 넓어진 한편 전 세계적 거버넌스 차원에서 국가 간 혹은 국제기구를 통
한 교류가 본격적으로 이루어진 것을 고려하여 1997년부터 2012년까지 게재된
총 2,013개 논문(키워드 미게시로 인한 데이터 누락 제외한 수)을 대상으로 삼았다. 또
한 저널에 게재된 논문의 핵심내용이 무엇인가를 파악하는 과정에서 연구자의
주관이 개입될 가능성을 크게 줄이기 위해 저자가 제시한 키워드(keyword)를 분
석 자료화하였다. 키워드는 후속연구자가 논문을 검색하는데 중요하고 용이한
개념이라고 생각되는 것을 저자가 제시한 것으로, 논문의 내용을 함축하는 중
요한 자료라고 판단된다(최영출·박수정, 2011). 본 연구의 대상이 되는 논문들은
한 편당 2개에서 11개의 키워드가 주어져 있다. 〈표 10〉은 키워드 수별 논문 편
수를 보여준다.

표 10 키워드 수별 논문 수

논문의 키워드 수	키워드 개수별 논문편수	비율(%)
2	13	0.65
3	140	6.95
4	329	16.34
5	559	27.77
6	875	43.47
7	75	3.73
8	13	0.65
9	6	0.30
10	2	0.10
11	1	0.05
논문편수 합계	2,013	100
키워드 종류(가지 수)	3,997	
논문 1편당 평균 키워드 수	5.226	

출처: 임도빈 등(2013)

분석대상에 포함되는 논문의 수와 키워드 수가 많기 때문에, 제시된 키워드를 다시 압축적인 개념으로 묶어 사용하였다. 즉, 동의어나 유사어를 묶은 키워드 데이터와 묶기 전 원래 키워드 데이터의 두 가지 데이터 세트(data1과 data2로 지칭함)를 구성하였다. 예를 들어, 원래 여러 논문들에서 키워드로 제시한 임금불평등(wage inequality), 지역불평등(regional inequality), 국제불평등(international inequality), 기회불평등(inequality of opportunity) 등의 키워드들은 서로 유사한 것인데 각기 다른 의미의 키워드로 다뤄질 문제가 생길 수 있다. 또한 빈곤(poverty), 소득빈곤(income poverty), 빈곤완화(poverty reduction), 만성빈곤(chronic poverty), 빈곤구제(poverty alleviation), 절대빈곤(absolute poverty) 등의 키워드들도 마찬가지이다. 이러한 것은 네트워크 분석 시 다른 노드(node)로 코딩되는 문제가 생길 수 있기 때문에 일정한 기준을 가지고 묶어줄 필요가 있다. 코딩과정에서 연구자의 편견이 개입되어 연구의 신뢰도가 떨어지는 것을 방지하기 위해, 9명이 분담하여 약 10개월간 작업하면서 실수가 없도록 주기적으로 회의를 하여 상호교차 체크하는 방법을 택하였다. 동의어와 유사어를 묶어서 코딩할 때 필요한 경우 논문 초록이나 때로는 논문 전문을 읽고 분석하여 의미를 파악한 후 작업하였다.

「World Development」 저널에서 모든 키워드를 원래 그대로 추출한 1차 자료(이하 Data1로 칭함)는 키워드 3,997개간의 연결 관계(link)가 23,422개에 달한다. 이것은 동의어나 유사어인 키워드가 앞서 언급한 것처럼 다른 노드(node)로 코딩되어 과다계상 또는 과소계상될 수 있으며 중요한 키워드들의 분석 결과들이 두드러지지 않는다는 문제점이 있다. 즉, 원래 키워드들은 유사한 키워드들이 많이 포함되어 있어 키워드들의 중요도가 분산될 가능성이 높다.[19] 따라서 전술한 바와 같이 Data1의 중요한 키워드들을 다시 추출하는 과정을 거쳤다. 즉, Data1의 원래 키워드들을 카테고리로 묶는 과정에서는 어의상 거의 동의어임이 자명한 키워드들을 묶는 작업이다. 그 결과 키워드들의 수를 180개로 줄

---

19) Data1은 이 문제를 그대로 가지고 있는 데이터이지만, 키워드를 연구자가 카테고리화하여 묶는 과정에서 발생할 주관적 판단으로 인해 데이터를 상실할 가능성도 있기 때문에, 지면관계상 모두 제시되지는 않지만 본 연구에서는 두 데이터를 각기 분석하여 양자를 비교감안한 결과들을 제시하기로 하였다.

여서 분석하였다(이하 Data2라고 칭함). 키워드 180개를 일목요연하게 논문에서 서술하는 것도 지면의 한계상 효율적이지 않으므로 본 연구에서는 이 중에서도 중요도(네트워크 중심성)가 높은 50개를 대상으로 네트워크 맵, 연결중심성, 클러스터 분석을 실시하였다.

이 같이 학술지의 키워드 간 관계를 밝히고자 하는 연구는 기존의 여러 단일 연구를 종합하여 일정한 경향을 찾아내는 것이므로 메타분석방법(meta analysis method)에 속한다. 그 중 기존 연구들의 키워드를 양적 방법인 네트워크 분석방법을 사용하여 분석하는 메타연구라고 할 수 있다. 네트워크 분석을 통해 중요 키워드가 어떤 키워드들과 함께 출현하는가를 알 수 있으며 얼마나 다양한 키워드들과 연결되어 있는지를 측정할 수 있다는 장점이 있다(Popping, 2000). 예를 들어, 개발도상국가들에서는 "빈곤"이라는 키워드가 중요한 연구 키워드인 것으로 나타난다면, 빈곤과 연결되어 있는 다른 키워드를 살펴보는 것은 빈곤의 원인과 결과, 또는 각 국가나 국제기구의 처방 등으로 다루어진 것들을 알 수 있는 방법이다.

4. 연구대상 지역의 분포

우선 국제개발행정의 연구대상으로 전 세계 어느 지역이 가장 주목을 받고 있는지에 대한 관심이 제기된다. 다음의 〈표 11〉에서 볼 수 있듯이 논문들이 키워드로 포함시킨 관심지역은 아시아, 아프리카 등 소위 저개발 지역이다. 이른바 개발도상국 중심의 지역권이 포함된 비율은 아시아 18.28%, 아프리카 19.52%, 동유럽 1.09%, 라틴아메리카 10.83%로, 이들을 키워드로 둔 논문편수는 총 1,034편이다. 이는 본 연구에서 살펴보는 기간 동안 발행된 전체 논문편수의 51.37%에 해당한다.

이에 반해 선진국으로 분류되는 북아메리카, OECD 국가 및 유럽연합 지역을 다룬 논문은 7편으로 전체의 0.35%에 불과하다. 이중 2편은 이들을 다른 지역과 비교연구를 한 것이다. 지역명이 키워드에 포함되지 않거나 기타지역인 경우인 나머지 48.29%의 논문들도, 많은 경우 키워드를 아래 예시한 지역을 포함

| 표 11 | 「World Development」 내 주요 지역 관련 키워드가 포함된 논문 수 |

키워드	빈도(논문편수)	비율(%)
아시아(Asia)	368	18.28
아프리카(Africa)	393	19.52
아프리카, 아시아(비교연구)	12	0.60
동유럽(Eastern Europe)	22	1.09
동유럽, 아시아(비교연구)	1	0.05
라틴아메리카(Latin America)	218	10.83
라틴아메리카, 아프리카(비교연구)	11	0.55
라틴아메리카, 아시아(비교연구)	8	0.40
라틴아메리카, 동유럽(비교연구)	1	0.05
개발도상국 합계	1,034	51.37
북아메리카(North America)	3	0.15
OECD	0	0.00
OECD, 아시아(비교연구)	1	0.05
OECD, 동유럽(비교연구)	1	0.05
유럽연합(European Union)	2	0.10
선진국 합계	7	0.35
그 외(지역명이 포함되지 않은 경우 또는 기타지역)	972	48.29
전체 논문 수	2,013	100.00

주: 각 지역 키워드가 다른 지역 키워드와 동시에 출현한 경우(비교연구)는 전체 대비 비율을 계산함에 있어 중복을
　　피하기 위해 별도로 표시하여 계산한 것임.
출처: 임도빈 등(2013)

시키지 않았을 뿐, 여전히 저개발 국가들의 문제를 다루고 있다.

저자가 키워드로 포함시켰다는 점은 이런 지역의 문제를 중점적으로 다뤘다는 의미이고, 이런 점에서 아프리카와 아시아 지역이 국제개발행정의 가장 집중적인 연구 대상이 되는 지역이라고 할 수 있다. 아시아가 주요한 연구대상이라는 점은 우리나라 ODA 개발전략에서 깊이 생각해 볼 문제이다. 우리나라는 아시아에 속해 있으면서도 상대적으로 이 지역에 대한 연구는 등한시하고 있기 때문이다. 특히 이들 아시아 국가들의 정부경쟁력에 대해서도 거의 연구가 진행되지 않았다. 본 연구와 같은 정부경쟁력 연구가 이들 지역을 우선 대상으로 해야 할 필요가 여기에 있다.

5. 연구경향 분석 결과

1) 시기별 연구경향 변화

우선 국제개발행정에 대한 연구가 시기적으로 어떻게 변화해 왔는지 살펴보자. Data1의 3,779개의 키워드들 중 특히 연결 정도(network degree) 순위의 변화가 큰 키워드들에 주목하여 시기를 구분해 살펴보았다. 〈표 12〉의 첫 번째 열에는 1997년부터 2001년 사이 해당 키워드의 전체 키워드들 중 네트워크 연결 지수 순위가, 두 번째 열은 2002년에서 2007년, 세 번째 열은 2008년에서 2012년 사이의 순위가 나타나 있다. 이 결과를 통해 주요 키워드들의 연결 정도 순위가 세 시기 동안 얼마나, 또는 어떻게 변화했는지 확인할 수 있다.

표 12   지속적으로 순위 상승한 키워드(Data 1)

키워드	순위		
	1997년-2001년	2002년-2007년	2008년-2012년
불평등(inequality)	41	13	8
소액금융(microfinance)	132	49	16
해외직접투자(FDI)	318	127	21
해외원조(foreign aid)	85	65	24
부패(corruption)	206	38	33
아동노동(child labor)	647	75	37
민주주의(democracy)	98	46	45
토지소유권(land tenure)	97	68	63
원조(aid)	100	84	57

출처: 임도빈 등(2013)

우선 1997년~2001년의 시기에도 전체 중 상위에 해당하는 41위의 연결 정도를 가졌던 불평등의 경우 점차 순위가 상승하여 2008년~2012년 시기에는 8위에 위치하고 있는 것을 알 수 있다. 이는 불평등이 다른 키워드들에 비해 다양한 키워드들과의 연결을 가지고 있고 그 빈도와 다양성이 상대적으로 점차 높아지고 있음을 의미한다. 또한 불평등이라는 키워드가 1997년~2012년에 이르는 시기 동안 늘 다양한 연구주제와 관심사 속에서 다루어지고 있는 핵심어라는 것을 보여주는 결과이다. 지속적으로 순위가 증가한 다른 키워드들 역시 이 기간 동안 꾸준히 연구자들의 관심 대상이 된 개념들임을 의미한다.

그림 13 순위 상승 그래프

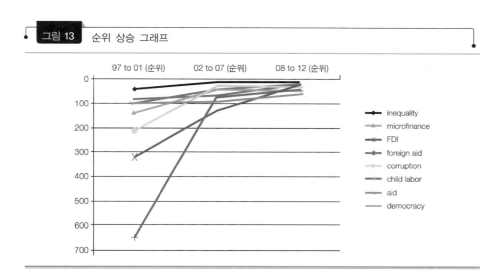

가장 급격히 순위 상승이 나타난 키워드는 아동 노동(child labor)이다. 첫 번째 기간에는 647위라는 낮은 순위에서 시작했으나 세 번째 기간에는 37위라는 상위권으로 그 순위가 수직상승 했다는 것을 알 수 있다. 이는 이들 지역에서 아동의 노동이 늘었기 때문일 수도 있고, 아동노동의 문제는 과거와 비슷하였으나 연구자들이 점점 더 연구를 많이 했기 때문일 수도 있다.

그 다음으로 급격한 상승이 나타난 해외직접투자(FDI)는 318위에서 21위로 뛰어올랐다. 불평등(inequality)이 늘 상위권에 위치하며 지속적인 연구 관심사였던 것에 비해 아동노동과 해외직접투자 이 두 개념의 순위 변화는 첫 번째에서 세 번째 시기에 이르는 동안 연구자들의 관심과 연구주제의 다양성이 빠르게 증가했다는 것을 의미한다. 해외직접투자(FDI)가 개발도상국의 경제발전에 실제로 도움이 되는지 여부는 논란의 여지가 있다. 중국은 해외직접투자(FDI)를 통해

경제를 발전시켰다면, 한국은 해외간접투자로 성공적인 경제발전을 이뤘다. 이때 정부는 차관을 들여오거나 보증을 서는 방법을 택하였다. 양자의 경우, 정부가 해야 할 역할은 다를 것이다.

다음으로, 연구대상으로써의 상대적 빈도가 떨어지는 주제를 살펴볼 필요가 있다. 두 번째 〈표 13〉과 〈그림 14〉는 지속적으로 순위가 하락한 키워드들을 보여주고 있다. 가장 급격한 순위 하락을 나타내고 있는 키워드는 국제통화기금(IMF)이다. 국제통화기금(IMF)은 첫 번째 시기 61위라는 비교적 상위권에 위치하였지만 세 번째 시기에 이르면 2,017위로 그 순위가 곤두박질치고 있다. 이것은 국제통화기금이 1990년대 외환위기 상황에서 개발도상국의 발전에 중요한 역할을 하다가 점점 그 위상이 하락하고 있는 것과 관계가 있는 것은 아닌가 하는 의문을 가지게 한다.

표 13 지속적으로 순위 하락한 키워드(Data 1)

키워드	순위		
	1997년–2001년	2002년–2007년	2008년–2012년
비정부기구(NGOs)	27	45	103
농업(Agriculture)	7	25	31
성장(Growth)	10	15	18
참여(Participation)	13	24	51
민영화(Privatization)	15	26	195
개혁(Reform)	24	277	676
신용(Credit)	26	98	211
시민사회(civil society)	30	62	919
재산권(property rights)	44	56	83
경제개발(economic development)	48	55	84
국제통화기금(IMF)	61	484	2,017
인플레이션(Inflation)	79	383	470
도시(Urban)	80	134	1,604
효율성(Efficiency)	91	111	170

출처: 임도빈 등(2013)

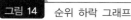
그림 14   순위 하락 그래프

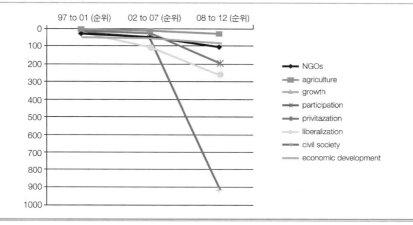

    도시(urban) 역시 80위에서 1,604위로, 민영화(privatization)도 15위에서 195위로 떨어지고 있다. 도시계획(city planning) 전문가들이 그간 개발도상국의 문제를 도시개발 등 도시문제의 시각으로 접근했던 관점이 그 적실성을 잃어간다는 것과, 그동안 선진국이 취했던 해결책인 민영화를 모방하여 공공서비스 문제를 처방하던 것에 대한 회의론이 국제개발행정을 연구하는 학자들에게도 설득력을 얻어가는 것을 의미하지 않나 추측된다. 비정부기구(NGO), 시민사회, 개혁 등도 아울러 하락하였는데, 정부경쟁력이 무엇인가에 대한 학자들의 인식변화가 있었던 것으로 추측된다.

2) 중심성(Centrality)분석

    다음의 〈표 14〉는 원래 키워드로 구성한 Data1과 유사 키워드를 묶은 Data2의 분석결과이다.[20] Data2의 분석결과 불평등(inequality)이 연결정도와 위세중앙성 모두 중심성이 가장 높은 것으로 나타났다. Data1의 분석에서도 불평등이

---

20) 원래 키워드로 구성된 data1과 묶은 키워드로 구성된 data2의 중심성 분석 결과를 비교할 때, 주요 키워드들의 큰 변화가 있지는 않다. 예를 들어, 두 데이터 모두에서 빈곤, 불평등, 경제성장 등의 키워드들이 가장 중심성이 높은 최상위권이다. 그 외에도 여성, 세계화, 제도 등의 키워드들도 두 데이터 모두에서 중심성이 높은 것으로 조사되었다.

두 번째로 높은 중심성이 나타난 결과와 마찬가지로 Data2에서도 가장 높은 중심성을 나타난 것이다. 즉, 불평등은 국제개발행정 연구에서 가장 다양한 주제와 관련되어 나타난 키워드라는 것을 알 수 있다.

빈곤구제(poverty alleviation)도 마찬가지로 Data1과 Data2 모두에서 최상위권의 중심성을 나타냈다. 또한 연결정도, 위세중앙성 모두에서 높은 네트워크 중심성을 나타냈다. Data2에서 세 번째로 높은 네트워크 중심성을 보이는 키워드는 경제성장(economic growth), 성장(growth), 경제발전(economic development) 등의 키워드를 묶은 경제성장(economic growth)이다. 그 밖의 키워드들도 이러한 방식으로 묶여져 있는데, 대체로 네트워크 중심성 순위에 있어 Data1과 Data2의 결과가 큰 차이를 보이지 않는다.

요컨대 개발도상국의 문제는 대부분 '경제' 관련 키워드를 중심으로 연구가 된다는 것을 알 수 있다. 빈곤탈출이 가장 시급한 문제인 만큼, 이것이 연구자들의 중심이 되는 것은 그리 놀랍지 않다. 그러나 다른 한편으로는 이런 연구들이 주로 경제학 배경을 가진 학자들에 의해 연구되어 그럴 수도 있다. 경제학자들은 모든 문제를 경제 문제로 치환하여 보기 때문에 문제가 될 수 있다. 따라서 행정학을 비롯한 다른 학문에서의 접근이 필요하다. 본서와 같이 정부경쟁력이란 관점에서 연구하는 것은 경제편협적인 시각의 문제를 시정할 수 있을 것이라 기대된다.

표 14 중심성 지표 분석 결과: 위세중앙성이 높은 순서

키워드(Data 1)	연결정도: Degree	위세중앙성: Eigen value	키워드(Data 2)	연결정도: Degree	위세중앙성: Eigen value
1. 빈곤(Poverty)	227	0.569	1. 불평등(inequality)	237	0.385
2. 불평등(Inequality)	99	0.455	2. 빈곤구제(poverty alleviation)	204	0.339
3. 성장(Growth)	75	0.306	3. 경제성장(economic growth)	198	0.338
4. 여성(Gender)	68	0.159	4. 농업발달(agricultural development)	170	0.257
5. 발전(Development)	67	0.182	5. 세계화(Globalization)	141	0.24

키워드(Data 1)	연결 정도: Degree	위세 중앙성: Eigen value	키워드(Data 2)	연결 정도: Degree	위세 중앙성: Eigen value
6. 세계화(Globalization)	66	0.218	6. 지리(Geography)	159	0.223
7. 제도(Institutions)	66	0.108	7. 무역(Trade)	133	0.194
8. 교육(Education)	64	0.165	8. 삼림(Forestry)	112	0.16
9. 농업(Agriculture)	53	0.146	9. 여성(Gender)	103	0.158
10. 개발도상국(developing countries)	53	0.112	10. 제도(Institution)	115	0.152
11. 경제성장(economic growth)	50	0.159	11. 농촌개발(rural development)	85	0.131
12. 거버넌스(Governance)	50	0.064	12. 전환국가(transition countries)	90	0.12
13. 보건(Health)	50	0.168	13. 보건(health care)	75	0.118
14. 무역(Trade)	40	0.118	14. 자유화(liberalism)	61	0.115
15. 환경(Environment)	39	0.109	15. 시장매커니즘(market mechanisms)	77	0.115
16. 분권화(Decentralization)	36	0.038	16. 원조(Aid)	74	0.113
17. 참여(Participation)	34	0.054	17. 토지관리(land management)	72	0.113
18. 민주주의(Democracy)	33	0.046	18. 국가발전(national development)	80	0.11
19. 소득분배(income distribution)	31	0.148	19. 국제기구(international organization)	76	0.108
20. 재산권(property rights)	30	0.065	20. 분권화(decentralization)	80	0.108
21. 민영화(Privatization)	26	0.048	21. 소득(Income)	63	0.108
22. 정치경제(political economy)	25	0.062	22. 교육(education)	73	0.107
23. 빈곤완화(poverty reduction)	25	0.029	23. 노동시장(labor market)	71	0.105
24. 해외원조(foreign aid)	24	0.053	24. 기술(technology)	76	0.102
25. 이민(Migration)	24	0.076	25. 해외직접투자(FDI)	65	0.099
26. 생산성(Productivity)	22	0.038	26. 발전효과성(development effectiveness)	70	0.098
27. 원조(Aid)	21	0.056	27. 고용(Employment)	57	0.097
28. 규제(Regulation)	21	0.029	28. 복지사업(welfare programs)	61	0.094
29. 타켓팅(Targeting)	21	0.123	29. 거버넌스(good governance)	76	0.093
30. 아동노동(child labor)	20	0.056	30. 인적자본(human capital development)	57	0.093
31. 생계(Livelihoods)	20	0.084	31. 혁신(innovation)	69	0.093

키워드(Data 1)	연결 정도: Degree	위세 중앙성: Eigen value	키워드(Data 2)	연결 정도: Degree	위세 중앙성: Eigen value
32. 농촌개발(rural development)	20	0.043	32. 천연자원(natural resources)	68	0.091
33. 부패(Corruption)	19	0.036	33. 정치(politics)	49	0.087
34. 삼림파괴(Deforestation)	19	0.06	34. 분배(distribution)	49	0.087
35. 혁신(Innovation)	19	0.048	35. 참여(Participation)	61	0.083
36. 시민사회(civil society)	18	0.026	36. 식량(Food)	50	0.081
37. 해외직접투자(FDI)	18	0.026	37. 이민(Migration)	51	0.077
38. 소액금융(Microfinance)	18	0.075	38. 금융시장(financial markets)	54	0.077
39. 사회적자본(social capital)	18	0.026	39. 공유재(common property)	52	0.076
40. 집단행동(collective action)	17	0.023	40. 삶의 질(quality of life)	47	0.076
41. 보존(Conservation)	17	0.064	41. 네트워크(Networks)	52	0.076
42. 이주(Remittances)	17	0.058	42. 공동체발전(community development)	57	0.069
43. 토지소유(land tenure)	16	0.023	43. 물과 위생(water and sanitation)	45	0.066
44. 고용(Employment)	15	0.046	44. 사회적 자본(social capital)	48	0.062
45. 공공기반시설(Infrastructure)	15	0.034	45. 공공지출(public expenditure)	43	0.061
46. 자유화(Liberalization)	15	0.031	46. 사회변화(social change)	45	0.058
47. 경제발전(economic development)	14	0.02	47. 투자(Investment)	43	0.057
48. 취약성(Vulnerability)	14	0.056	48. 질병(Disease)	41	0.054
49. 신용(Credit)	13	0.024	49. 비정부기구(NGO)	40	0.052
50. 식량안보(food security)	10	0.035	50. 부패(Corruption)	45	0.05

3) 네트워크 맵 분석

키워드간의 구조적 관계를 구체적으로 살펴보기 위해 네트워크 맵을 확인한 결과는 〈그림 15〉와 같다. 〈그림 15〉는 Data2의 네트워크 맵으로, 각 키워드들 간의 연결관계와 연결강도, 그리고 거리를 나타내고 있다. 키워드들 중 연결 정도(Network Degree)가 높은 키워드 50개를 선별한 후, 다차원척도(MDS) 방식으로 네트워크 맵을 그린 것이다.

그림 15   네트워크 맵(Data 2)

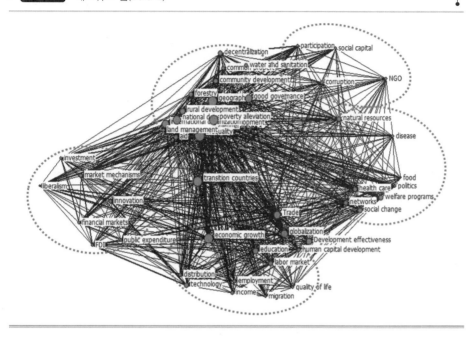

네트워크 맵에서 더 가까이 위치한 연결점들은 네트워크 상에서도 서로 더 가까이 위치한 것을 의미하므로 연결점들 간에 연결망 그룹이 형성되어 있는지 볼 수 있다. 주목할 만한 것은 Data2의 분석 맵에서 볼 수 있는 바와 같이 몇 가지 그룹이 형성되고 있다는 점이다.

예를 들어 맵의 우측에는 식량(food), 질병(disease), 보건(health care) 등의 키워드들이 그룹을 이루고 있는 것으로 보인다. 또 교육(education), 인적자본(human capital development), 노동시장(labor market), 삶의 질(quality of life), 이민(migration), 수입(income) 등의 키워드들은 맵 하단에 그룹을 이루고 있다. 그리고 좌측 하단에 자유주의(liberalism), 공공지출(public expenditure), 금융시장(financial market), 투자(investment), 기술(technology), 시장메커니즘(market mechanism) 등이 집중되어 있다. 중앙 상단에서는 토지관리(land management), 지역사회발전(community development), 삼림(forest), 국가발전(national development), 원조(aid), 거버넌스(good governance)

등이 모여 있다. 이것은 이들 키워드들이 서로 밀접하게 연계되어 다뤄지고 있다는 것을 의미한다. 즉, 대체로 보건, 교육 및 인적자원, 경제문제, 지역발전 등 4가지 정책영역이 국제개발행정의 주요 분야로서 하위 개념 간 서로 밀접하게 연구대상으로 다뤄지고 있다는 것을 알 수 있다.

그러나 이렇게 맵 상에서 직관적으로 그룹을 나누는 것보다는 클러스터 분석(cluster analysis)을 통하여 군집을 분석하는 것이 더 정확하다. 그러므로 연구진은 Data2를 대상으로 클러스터 분석을 시행하였다. 클러스터 개수는 연구자가 정할 수 있는데, 앞에서 제시한 네트워크 맵을 기준으로 하면 대략 7개의 그룹 정도로 나눌 수 있다고 판단하였고, 7개의 클러스터로 나누도록 지정하여 최적화(optimization) 분석을 하였다. 〈표 15〉의 클러스터 분석 결과를 보면, 앞서 제시한 네트워크 맵의 그룹과 완전히 일치하지는 않지만 대체로 일치하는 것을 알 수 있다. 또한 클러스터에서 클러스터 내 연결점들이 서로 얼마나 가까이 모여 있는지를 보여주는 클러스터 밀도를 보면, 클러스터 1(경제와 개발)의 밀도가 3.879로 가장 높았고 클러스터 4(정치발전)의 밀도가 1.800으로 가장 낮아 상대적으로 서로 이질적이라는 것을 알 수 있었다.

표 15 클러스터와 구성요소

클러스터	클러스터의 구성 노드(키워드)	클러스터 밀도
클러스터 1 (경제와 개발)	자유화(liberalism), 경제성장(economic growth), 무역(Trade), 해외직접투자(FDI), 세계화(globalization), 시장메커니즘(market mechanisms), 원조(aid), 불평등(inequality), 혁신(innovation), 제도(institution), 국제기구(international organization), 빈곤구제(poverty alleviation), 농촌개발(rural development), 기술(technology), 전환국가(transition countries), 농업발달(agricultural development), 토지관리(land management), 지리(geography)	3.879
클러스터 2 (보건)	질병(disease), 식량(food), 보건(health care) 발전효과성(Development effectiveness)	2.833
클러스터 3 (자연환경과 공동체)	삼림(forestry), 천연자원(natural resources), 물과 위생(water and sanitation), 공유재(common property), 공동체발전(community development), 분권화(decentralization), 참여(participation), 사회적 자본(social capital)	2.964

클러스터	클러스터의 구성 노드(키워드)	클러스터 밀도
클러스터 4 (정치발전)	부패(corruption), 거버넌스(good governance), 비정부기구(NGO), 정치(politics), 사회변화(social change)	1,800
클러스터 5 (사회복지)	이민(migration), 네트워크(networks), 공공지출(public expenditures), 복지사업(welfare programs)	2,000
클러스터 6 (재정)	금융시장(financial markets), 투자(investment), 분배(distribution), 국가발전(national development)	2,167
클러스터 7 (교육노동)	교육(education), 고용(employment), 여성(gender), 인적자본(human capital development), 소득(income, 노동시장(labor market), 삶의 질(quality of life)	2,595

출처: 임도빈 등(2013)

클러스터 분석 결과는 국제개발행정 연구에 활용될 하위 구성요소와 측정지표를 구성하고자 할 때 유용한 정보이다. 중요한 것은 각 클러스터의 연결점(구성 노드, 키워드)들은 서로 유사성이나 상관관계가 높은 것이므로 국제개발행정 관련 논의에 있어서 함께 고려되어야 하는 것으로 볼 수 있다는 점이다. 즉, 이런 관련 높은 주제들이 일부 누락되면 그만큼 완결성이 떨어지는 정책이나 연구가 될 가능성이 있는 것이다.

이는 국가발전을 연구하고 정부의 경쟁력을 구성하는 지수 체계를 만들 때도 참고할 만한 정보이다. 뿐만 아니라 밀레니엄개발목표(MDGs)와 같이 발전의 목표를 설정하고 측정·평가할 때, 또는 국제경영개발원(IMD)의 국가경쟁력 지표와 같이 각 국가들을 국제 비교하기 위해 측정 및 평가하고자 할 때 효율적인 지표 구성을 위해서도 유용한 정보로 활용할 수 있다. 예를 들어 각 요소들을 모두 측정할 수 있는 지표들이 부족하거나 측정할 수 있는 시간과 비용이 제한되어 있다고 할 때, 같은 클러스터 내의 다른 요소를 대리지표나 간접지표로 사용할 가능성도 있을 것이다.

6. 정부경쟁력 관점의 발전행정에 대한 적용

본 연구는 우리나라가 본격적으로 원조 공여국이 되었음에도 개발도상국과 관련한 연구가 빈약하기 때문에, 외국의 저명학술지를 통해 연구 경향을 살펴

고 국제개발행정의 주제가 될 만한 것을 찾아보았다는데 의의가 있다. 즉 우리나라 행정학 연구가 미국 등 일부 선진국이나 한국에 집중되어 그 외 국가들에 대해서는 연구가 부족한 실정이기에, 여러 나라에 대한 전문 학자들의 문제의식과 인식을 종합해 본다는 함의를 갖는다고 볼 수 있다.

중심성 분석과 네트워크 맵 분석을 통하여 발견한 것은 불평등, 빈곤구제, 경제성장, 농업발달 등이 중심성이 높은 키워드들이고 이들 키워드들은 개발, 보건, 교육 등 서로 밀접히 연관되어 연구되는 주제(키워드)가 있다는 것이다. 이는 어떤 주제를 연구할 때 아울러 함께 고려할 변수를 보여주는 것이기도 하다. 또한 다른 한편으로는 지표체계를 효율적으로 구성할 때 대표 키워드만을 포함시켜 다른 것들을 대표할 수 있도록 하는 방법의 가능성을 보여주는 것이다.

또한 위와 같은 분석 결과는 앞으로 한국행정학이 국제개발행정을 본격적으로 연구할 경우 주목해야 할 세부주제들을 암시한다. 특히 개발도상국 정부가 정부경쟁력을 높이기 위해 주로 관심을 가져야 하는 문제가 무엇인지 제시해주는 의미가 있다고 볼 수 있다. 나아가 우리가 공식개발원조(ODA)를 하면서 이들 정부를 위한 정책적 제안의 기초자료로 활용할 수 있을 것이다.

특히 각 국가의 정부경쟁력을 측정하고 평가할 때에도 과연 위와 같은 분석 결과에 나타난 중요한 문제와 이슈들을 각 국 정부가 얼마나 해결하려고 노력했는가를 포함시켜야 할 것이다. 즉 기존의 국가경쟁력 지표가 가지고 있던 한계를 일정 부분 보완해 줄 수 있다는 것이다. 기존의 국가경쟁력 지표는 발전단계 상 성숙기에 접어든 선진국을 중심으로 한 시각이 지나치게 반영되어 있고, 준비기·도약기에 있는 개발도상국들의 특성을 반영하는데 한계가 있다. 즉 개발도상국가들에게 필요한 요소들을 탐색하는데 있어 중요도를 잘못 선정하거나, 필수 요소를 놓치는 경우가 발생할 수 있다. 하지만 「World Development」 저널의 경우, 유럽이나 북미 등의 선진국을 대상으로 한 경우는 극히 드물고 대부분 아프리카·아시아·라틴아메리카 지역 등 저개발 지역 및 개발도상국을 대상으로 한 연구이기 때문에 준비·도약기 국가들의 정부경쟁력 구성에 있어서 유용한 단서를 제공한다고 볼 수 있을 것이다.

제5절 새로운 정부경쟁력 개념 정립

역사적으로 각 국가는 다른 국가들과 비교적 단절적인 상황에서 주권을 행사해 온 폐쇄체제였다. 그러나 워싱턴 합의(Washington Consensus)를 필두로 하여 국가 간 투자와 무역이 증대되기 시작하였으며, 특히 최근에는 인적·물적 자원의 자유이동을 주장하는 세계화 추세에 따라 점차 국가 간 경쟁이 중요하게 되었다. 이에 따라 투자자들은 어느 나라가 가장 매력적인 투자처인가, 투자하려는 국가의 위험요소는 무엇인가에 대해 평가하고 비교하기에 이르렀다. 역사적으로 볼 때 이것은 국가경쟁력이란 이름으로 주로 경제학, 경영학 부문에서 많이 연구되어왔고, 실제로 이와 관련하여 각 국의 투자환경을 나타내는 지표들이 개발되었다. 그러나 경쟁력이라는 개념이 국가와 결합될 수 있는 내용인지, 국가가 경쟁을 하는 주체인지, 국가가 경쟁하게 되는 가치는 무엇인지에 대해서는 논쟁이 있어왔다(이명진·양재진, 2011). 특히 단기간 내 급속한 성장 달성이라는 우리나라의 특수한 상황에서 빠짐없이 언급되는 것이 바로 국가주도 발전 과정에서의 정부의 역할이며, 이러한 측면에서 국가경쟁력 중 정부의 역량이 강조되어야 함에는 의문의 여지가 없다. 이하에서는 새로운 정부경쟁력을 어떻게 정립할 것인가를 고민할 것이다.

1. 새로운 개념으로서 '정부경쟁력'

1) 개념의 수정방향

국가경쟁력에 대한 비판이 어느 정도 합의를 이루면서 기존에도 국가경쟁력의 개념 및 하위지표 변화 등을 통해 이러한 문제를 해결하려는 노력이 있었다. 이는 크게 두 가지 방향으로 나눌 수 있는데, 첫 번째는 기존 국가경쟁력의 개념을 가져가면서 이를 수정·보완하는 것이고, 두 번째는 국가경쟁력을 대체할 수 있는 새로운 개념을 제시하는 것이다.

첫째, 국가경쟁력이 경제부문 등 양적인 성장만 반영한다는 비판에 대해 수

정보완하고 있다. 예컨대, 삶의 질(quality of life)이나 환경과 같은 질적 변수를 추가하는 추세이다. 과거 IMD와 WEF는 경제성장 관련 지표만 사용하였지만, 최근에는 국가경쟁력에 삶의 질과 관련된 변수를 추가하기 시작하였다. 마찬가지로, 아세안 경쟁력 보고서의 경우에는 노동생산성, 노동이동성, 투자, 혁신 등의 기존 경제지표에 부의 분배, 삶의 질 등의 변수를 추가한 바 있다. 기획재정부의 국가경쟁력 보고서의 경우 2010년 처음 발간했을 때에는 경제와 인프라 관련 변수만을 포함시켰지만, 2011년에는 사회복지지출증가율, 빈곤율, 여성임금비율 등을 포함하는 '사회통합'과 이산화탄소 배출량, 환경보호지출 비율 등을 포함하는 '환경'의 변수를 추가하여 균형적인 국가경쟁력 지수 산출을 꾀하였다.

두 번째로, 평가의 근거자료가 설문에 의존하여 신뢰성 및 타당성이 부족하다는 비판에 대해서는 연성자료의 비율을 줄이고 경성자료의 비율을 늘리려는 노력을 하고 있는 것으로 보인다. 기획재정부의 보고서에서는 약 95%를 지니계수, 고등교육 이수율, 도로보급률 등 경성지표를 바탕으로 하고 있으며, EU 경쟁력보고서나 산업정책연구원의 경우에도 지수산출을 위한 자료 중 경성자료의 비율을 늘려왔다.

국가경쟁력 이외에 새로운 지표들도 등장하고 있다. 몇 년 전 최빈국 중 하나인 히말라야의 소국 부탄이 '국민총행복(Gross National Happiness: GNH)'이란 개념을 들고 나왔다. 금융위기 이후 신자유주의에 대한 자성과 맞물려, 새로운 국가지표 찾기는 우리 사회의 모순을 해결할 수 있는 출발점으로 여겨지기도 한다 (조선일보, 2011. 12. 8.).

한편, 영국 정부는 최근 자국민의 웰빙(well-being) 수준을 측정하는 10가지 지표를 제시했다. 여기에는 소득, 교육, 건강, 일의 만족도 등 개인적인 평가요소와 함께 정치체제, 경제, 환경 등 공적인 요소들도 포함된다. 이러한 움직임들은 전반적인 '국민들의 생활수준(standard of living)'이 주관심사로 부각되는 것을 의미한다.

그러나 이러한 국가경쟁력을 보완·개선하려는 노력만으로는 충분치 않다. 평가에 경제부문 이외의 다른 측면을 고려한다 하더라도, 여전히 정부는 뒷전에 있다. 정부의 역할과 기능이 저평가되는 문제점은 해결되지 못한 것이다. 다양화되는 사회문제와 세계화 속에서 효과적으로 대응하는 정부의 역량을 측정할 수 있는 개념이 필요하다. 기존의 지표에 관료의 역량(bureaucracy competence) 등과 같은 변수를 추가한다 하더라도, 국가경쟁력의 기본적인 아이디어는 기업의 경쟁력 제고라는 목적을 달성하기 위한 하나의 수단으로서 정부를 인식하는 것이다. 또 다른 문제로는, 횡단면적으로 국가들의 상황을 판단함으로서 개별국가의 발전단계를 고려하지 못한다는 문제점도 해결하지 못하고 있다는 것이다. 각 국가들의 사회적, 문화적 차이가 고려되지 못하고 있는 것이다.

그렇다면, 국가경쟁력을 넘어서 정부의 역할을 온전히 담을 수 있고, 국가 전반의 양적, 질적 성장을 모두 포함할 수 있는 새로운 경쟁력의 개념이 필요하다는 것을 인식할 수 있다. 새로운 개념은 각각의 국가발전단계에 따른 경쟁력을 포함할 수 있는 개념이어야 한다. 이는 국가경쟁력 개념을 수정한다고 해서 달성되는 것이 아니다. '정부'에 초점을 맞추어 과거에 정부가 이룬 성과를 평가하고, 현재 어느 정도 위치에 도달하였는지, 그리고 미래에는 어떤 일을 해야 하는지 예측하는 것은—즉 '정부경쟁력'을 도입하여 살펴보는 것은—전에 없었던 새로운 시도로서 경쟁력 개념의 외연적 확장에 공헌하게 됨은 물론, 보다 정확하게는 한 국가의 역량을 평가하는 데 도움이 될 것이다. 이러한 작업을 통해 특히 반세기라는 짧은 시간에 걸쳐 성장을 이룬 우리나라의 경쟁력이 재평가되고, 나아가 시간의 경과에 따른 우리나라 정부의 역할과 기능을 개발도상국이 참고하도록 할 수 있는 좋은 기회가 될 것이다.

2) 새로운 개념이 갖춰야 할 조건

기존 국가경쟁력과 차별화되도록 정부경쟁력을 구성하기 전에 과연 정부경쟁력 개념은 어떤 특성을 갖추어야 하는가를 논의해보기로 한다.

첫째, 기본 분석단위(level of analysis)는 국가이어야 한다. 연구 수행에 앞서 국가, 지역(아시아, 유럽 등) 등의 지리적인 경계를 설정하여야 한다. 포괄적 개념으로서의 국가는 다른 어떤 부분보다도 두드러진 단위이다. 국가를 기준으로 하여 하나의 독립성을 가진 제도로서 정치체제나 구체적인 제도 등이 달라지기

때문이다. 단, 국가 수준의 비교연구를 수행하려면, 국가라는 차원이 연구하고자 하는 변수에 결정적인 영향을 미쳐야 하고, 현실적으로 연구하려는 변수가 국가 내에서 변화될 수 있는 성질의 변수이어야 한다(임도빈, 2011: 37-44). 이런 기준에 비춰볼 때, 각 국에는 하나의 중앙정부만이 존재하고, 정부경쟁력은 국가에 따라 달라진다. 또한 교육, 국방 등 정부가 수행하는 기능은 한 국가가 충분히 통제할 수 있는 변수이다. 따라서 국가를 분석단위로서 하여 경쟁력 개념을 만드는 것은 의미가 있다.

둘째, 이러한 국가를 단위로 할 때, 그 중심에는 정부가 있다. '정부'의 개념은 모호하지만, 여기서는 국가기관을 행정부와 입법부, 그리고 사법부로 나누었을 때의 행정부를 중심으로 본다. 또한 국가기관이란 관료제의 속성을 가지고 있기 때문에 정부의 질은 관료제의 질로 치환하여 설명할 수 있다(윤견수, 2011). '국가경쟁력' 개념이 정부가 만들어 낸 결과(outcome)인 '기업하기 좋은 환경'을 하나의 고려요소로 본다면, 새로운 개념은 정부자체(즉, system)를 중심에 놓아야 한다. 정부 역할의 범위와 기능수행 방법에 관해서는 많은 논란이 있을 수 있다. 한국과 같이 행정의 역할이 큰 행정국가에는 정부경쟁력이 국가경쟁력의 절대적인 결정요인이라는 점에 이견이 없을 것이다. 뿐만 아니라, 시장주의가 발달한 선진국의 경우에도 정부의 역할이 중요하다는 점은 본질적으로 다르지 않다. 합리적으로 훈련받고 전문화된 지식을 가지고 있는 관료들에 의해 사회문제가 해결된다고 밝힌 Weber(1977: 16)와 같이, 관료들은 문제를 해결하는 데에 있어 주도적인 역할을 할 것으로 기대되며, 특히 오늘날과 같이 커다란 불확실성과 그에 따른 위험이 존재하는 상황에서는 정부와 그 안에 존재하는 관료들의 역할이 더욱 절실히 요구된다고 할 수 있다.

셋째, 바람직한 경쟁력은 그 국가의 현재 상태에 대한 것이라기 보다는 미래지향적인 것이어야 한다. 국가경쟁력은 지표의 구성과 측정에서 항상 과거(즉, 지난 1년)를 측정한다는 한계를 가지고 있다. 정부는 국민과 소통하면서 국민들이 필요로 하는 것을 '미리' 알아내고 이를 '적기'에 공급하여야 한다. 즉, 전략적 측면을 고려한 실체를 담고 있어야 한다. 예컨대, 국가경쟁력 지표의 일부로 사용되는 'GDP 대비 국가부채' 등은 사실상 그 내용이 담겨 있지 않아서 아무런 전략적 의미를 가지지 못한다. 그 부채가 미래를 위한 투자에 의한 것인지, 이미 산더미같이 누적되어 있는 부채의 이자를 상환하는 것이 대부분인지는 그 의미가 전혀 다르기 때문이다. 환언하면, 현재의 경쟁력 수준이 얼마인가 비교 하는 것이 새로운 개념의 1차적 조건이라면 이를 개선하기 위해 어떻게 해야 하 는가라는 방향제시 여부가 2차적 조건이다. 2차적 조건을 충족시키지 못한다면 사실 무력한 개념이 되고 말 것이다.

넷째, 아무리 노력해도 바꿀 수 없는 주어진 환경보다는 국민이나 정부의 노 력에 의해서 변화될 수 있는 면을 가능한 많이 반영하여야 의미가 있다. 즉, 어 떻게 하면 정부경쟁력을 향상시킬 수 있는가에 대한 시사점 추출이 가능해야 한다. 자연적, 물리적 환경은 사실 국민과 정부가 힘을 합해도 바꾸는 것이 거 의 불가능하다. 환경을 일종의 제약요소(constraints)로 인식하고, 이를 기반으로 정부와 국민이 노력하는 것이 반영되어야 한다. 정치제도와 같이 인간이 노력 하여 발전시킬 수 있는 것도 고려해야 한다. 하지만 역사적 신제도주의에서 언 급한 바와 같이 이러한 제도는 잘 바뀌지 않는다. 따라서 새로운 개념은 객관적 으로 측정가능하고 관찰할 수 있는 요소를 상당부분 반영하여야 한다. 또한 그 럼에도 불구하고, 행정의 본질적인 목표가 국민의 삶의 질 향상에 있음을 고려 할 때, 새로운 개념에는 국민의 행복감과 같은 주관적 측면도 동시에 반영되어 야 한다.

다섯째, 다른 나라와 비교 가능해야 한다. 경쟁력이란 기본적으로 비교우위 의 개념에서 도출되는 것이기 때문이다. 각 나라는 처한 환경이 다르고 경험한 역사도 다르기 때문에 한 국가를 다른 국가와 비교하는 것은 쉽지 않다. 따라서 비교 가능한 집단 내에서 비교 가능한 것을 비교하는 개념이 되어야 한다. 또한 더 나아가서 구체적으로 지표를 만들어 평가할 때, 흔히 범하기 쉬운 오류로서 서로 다른 차원과 요소의 것을 비교, 평가하는 문제가 있으므로 주의를 요한다.

예컨대 Padovani & Scorsone(2009)은 정부 간 성과 비교에 있어서 '비교하려 는 분석단위의 수준은 무엇인가', '공공서비스 공급주체간의 관계는 어떠한가', 그리고 '어떤 유형의 성과에 초점을 맞출 것인가(예: 효율성, 효과성 등)'의 세 가지 기준을 제시하였으며, 이를 통해 세 가지 차원(dimension)을 구성하였을 때 〈그

림 16>에서 같은 블록 내에 위치한 서비스는 서로 비교가 가능하지만, 서로 다른 블록에 위치한 서비스를 비교하기에는 무리가 있다고 하였다.

> **그림 16** Padovani & Scorsone의 성과비교 블록

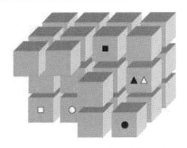

이때 다른 나라와의 비교는 가급적 수치로 표현할 수 있는 것이 좋을 것이다. 또한 비교가능집단에서 점수와 순위가 제시되어 각 나라 지도자들로 하여금 각국이 처한 위치를 파악할 수 있어야 한다.

본서에서 사용하는 정부경쟁력 개념은 기존의 국가경쟁력과 차별성을 갖고 상술한 조건을 맞추는 것에서 출발한다. 따라서 여기서는 '정부경쟁력(government competitiveness)'을 '정부가 주어진 제약을 바탕으로 국내외 자원을 동원하여 사회적, 경제적, 문화적 조건들을 향상시키고, 전체적으로는 그 사회의 질을 제고하여 미래의 바람직한 방향으로 이끌어 내는 힘'이라고 정의하기로 한다. 이 정의에서 "주어진 제약", "사회의 질", 그리고 "미래의 바람직한 방향"이라고 하는 것은 해당 국가나 정부가 처한 상황이나 발전 정도에 따라 다르게 상정될 수 있는 것이다.

2. 정부경쟁력의 시간적 요소

이 글에서 제안하고자 하는 것은 정부경쟁력을 개념화하고 측정하는 목적이 단지 현재 상태의 각 국가의 경쟁력을 비교하고, 미래 각 국가의 상태를 예측하

는 데 있는 것만은 아니다. 정부경쟁력을 1차적으로 한국 사회를 대상으로 연구하여 그 시사점을 찾아내야 한다는 것을 제안한다. 각 요소가 국가경쟁력에 갖는 의미가 단계별로 달라질 수 있다는 점을 주목해야 비로소 기존 국가경쟁력과 차별성이 있게 된다. 예를 들어 앞서 정부경쟁력을 구성하는 주요 개념 중하나로 절차적 합리성과 민주주의를 제시한 바 있다. 그러나 민주주의는 시간의 흐름에 따라 정부경쟁력에 동일한 영향을 미치는 것은 아니다.

예컨대 WEF에서는 1인당 GNP 2000$이하를 1국가군으로 하여, 총 5단계 국가유형으로 분류한다. 그리고 여러 가지 지표를 종합한 중간범주로서 사용하는 기본조건 범주, 효율성 제고장치 범주, 혁신의 정교화 범주마다 각각 가중치를 달리하고 있다. 전술한 1단계 국가군의 경우, 가중치가 기본조건 60%, 효율성 제고장치 35%, 그리고 혁신의 정교화가 5%인데 비하여, 1인당 GDP 17,000$이상인 5 국가군은 기본조건 20%, 효율성제고장치 50%, 그리고 혁신의 정교화 30%로 가중치를 달리하고 있다. 그러나 WEF의 이런 노력에도 심각한 문제가 있다. 왜냐하면 같은 기본조건이란 항목(제도, 인프라, 거시경제, 보건 및 초등교육)도 제 1국가군과 5국가군에서 의미하는 바가 완전히 다를 수 있기 때문이다.

따라서 측정의 내용을 고려하면서 지표를 개발할 필요가 있다. 한국정부의 경쟁력에 대한 연구는 아직도 저개발 단계에 있는 여러 국가들에게 벤치마킹을 위한 많은 정보를 제공해 줄 수 있을 것이다. 또한 미래 한국 사회는 현재와는 달라질 것이므로 이에 대한 대비를 하는 것이 바로 정부경쟁력의 핵심이 될 것이다. 우리 사회에서 두드러지게 나타나는 민주화, 정보화, 정부정책의 효과성과 정부경쟁력과의 관계를 분석하고, 정부경쟁력을 구성하는 차원과 요인들까지 고려하여 정부경쟁력의 개념을 재정립하여야 한다.

발전단계는 발전의 기반이 다져지는 도입기와 급속도로 성장을 하는 도약기, 그리고 어느 정도 발전이 진행되어 완만한 성장곡선을 그리는 성숙기로 나눌 수 있다. 나아가 체제모형에 기반하여 각 시기별 투입(input)해야 하는 요소와 전환(throughput), 산출물(output), 그리고 결과(outcome)를 나누었다. 이러한 투입과 전환, 산출, 그리고 결과는 발전의 준비기, 도약기, 그리고 성숙기에 걸쳐 모두 달리 존재할 것이며, 이는 동시에 Maslow의 욕구단계이론을 적용한 것이

기도 하다. 각각의 시기에 대응하는, 즉 국민들이 원하고 그 시기에 꼭 이루어야 할 요소들이 존재한다는 것이다. 적기에 이러한 요소들을 투입하였는가, 그리고 이를 통해 적기에 바람직한 요소들을 산출하였는가가 정부경쟁력의 주요한 개념이다. 그러나 투입과 산출, 그리고 결과의 관계는 선형일수도 있고 회귀선 모양을 그릴 수도 있다.

이와 같은 차원은 발전 시기라는 시간적인 특징뿐만 아니라 공간의 개념을 적용한 것이기도 하다. 정부경쟁력의 개념은 개발도상국이나 선진국 모두에 중요하다. 다만 그 구체적인 역할은 국가와 사회가 처한 발전단계별로 다를 것이다. 따라서 획일적인 정부경쟁력 개념보다는 이를 구성하는 차원과 요인들의 가중치를 차별화하거나, 혹은 전혀 다른 기준을 적용해야 할 것이다. 그렇다면 각 국가들이 어떠한 유형에 속하는지 살펴보고 각 유형에 따라 발전을 위한 각기 다른 처방이 필요하다.

우리는 역사적인 경험으로 미루어볼 때 관료제가 가장 효율적인 조직이라는 것을 알고 있다. 실제로 동아시아 지역의 경제발전을 설명하는 과정에서 관료제의 영향력에 주목하고 있는 연구들이 많다(Evans and Rauch, 1999; Hendersonh, 2007). 특히 한국의 경우에는 준비기에 관료제가 산업화에 결정적인 역할을 했다. 따라서 이 시기의 정부의 역량에 따라 개발도상국에서 선진국으로 발돋움할 수 있는가의 여부가 결정된다고 볼 수 있을 것이다.

이하에서는 한국의 경우에 기초하여 발전시기별 각 구성요소에 대한 설명과 함께 이러한 구성요소들의 측정이나 유형화에 있어 고려하여야 할 점을 간단히 제시한다.

1) 준비기

준비기는 발전의 초기단계이자 발전의 기반을 마련하는 단계이다. 국민소득이 얼마 되지 않는 후진국에 여기에 해당한다. 이 단계에서는 식품과 위생, 그리고 건강이 주요한 관심사이다. 국민 대부분이 빈곤층으로 기아에 시달리며, 질병에 노출되어 있기 때문이다. 따라서 이 시기의 궁극적인 목표이자 결과는 빈곤해소와 기아 해결, 질병예방, 그리고 주택보급 등이다. 생리적인 욕구에 해당하는 의식주를 해결하는 것이 목표이다.

한편, 이러한 기본적인 욕구를 충족하는 것 외에도 교육적인 측면이 매우 중요하다. 교육을 통해 향후 발전의 성장 동력인 인적자원을 양성할 수 있기 때문이다. 따라서 의무교육이 확대되어야 한다. 그러나 이러한 목표는 이 시기 도달해야할 궁극적인 결과(outcome), 즉 2차적인 산출물이고, 이를 달성하기 위해서는 일단 예방접종, 상하수도건설, 교육시설 확대, 의료시설 확충, 가족계획 등이 이루어져야 한다. 이것이 1차적인 산출(output)이라 할 수 있을 것이다.

그렇다면 이 시기에 정부에서는 산출 및 결과를 달성하기 위해 어떠한 투입(input)과 전환(throughput)이 이루어져야 하는가? 일단 발전에 대한 확고한 의지를 가진 리더와 여러 준비과정을 이끌 수 있는 리더십이 있어야 한다. 또한, 이러한 리더의 의지를 충실히 실현시킬 수 있는 관료가 존재해야 하는데, 이러한 관료는 이론적으로나 실무적으로 충분한 역량을 갖춘 사람들이어야 하고, 동시에 국가에 대한 헌신도나 자신이 속한 부처에 대한 조직몰입도가 높은 사람이어야 한다. 발전의 기반을 마련하기 위해서는 일단 투자가 필요하므로, 상당한 크기의 정부지출이 확보되어야 한다. 그러나 아직 자국 내에서 투자할 수 있는 경제력이 갖추어져 있지 않으므로 외국으로부터의 지원을 이끌어낼 수 있는 설득력 등을 갖추고 있어야 한다.

준비기에서는 특히 관료의 역량이 중요하다. 결국 투입을 얼마만큼 산출이나 결과로 전환시킬 수 있는가 하는 것은 관료의 몫이다. 이후의 도약기나 성숙기에서 발전하기 위한 기틀을 마련하는 작업인데, 여기에서 관료가 주축이 되어 단시간 내에 효과적으로 마련하는 것, 즉 발전의 견인차가 되는 것이 중요하다.

그렇다면 준비기의 정부경쟁력을 측정할 수 있는 구체적인 지표들에는 무엇이 있는가? 일단 투입과 전환의 측면에서는 공무원의 수, 정부지출 규모, 관료들의 평균 교육연한, 공직몰입도, 강력한 리더 유무 등이 지표가 될 수 있을 것이고, 산출의 경우에는 문맹률, 유아사망률, 의사 1인당 환자 수, 병원 수, 학교 수, 교사 1인당 학생 수, 식량생산량 등으로 측정할 수 있고, 결과 측면의 지표에는 주택보급률, 빈곤률 등이 지표로서 사용될 수 있을 것이다.

2) 도약기

도약기는 앞서 준비기에서 마련된 것들을 기반으로 하여 경제성장에 박차를 가하는 시기를 말한다. 동남아시아 등 개발도상국들이 여기에 해당할 것이다. 이 시기의 주요 관심영역은 경제발전이다. 생존을 위한 기본적인 요건들이 갖추어졌으니 본격적인 경제활성화에 집중한다. 따라서 이 시기에는 다른 국가와의 무역을 확대하고 수출·수입을 증대하며, 국내시장을 확대하여 국민소득 증대를 꾀하고자 한다. 또한 경제발전의 시기에는 사회간접자본의 확충이 필수적이다. 따라서 댐건설이나 도로건설 등이 1차적 목표인 산출물이라 할 수 있고, 교역조건이나 무역장벽 완화 등도 무역증진이라는 결과를 위한 전제조건으로서의 산출이라 할 수 있다.

이러한 산출과 결과를 달성하기 위한 정부의 투입(input) 및 전환(throughput) 요소는 준비기와 유사하다. 공무원의 수와 예산 등 일정한 수준의 정부규모가 갖추어져야 하고, 정부지출이 필요하며, 여러 가지 사업 추진을 위한 리더십도 필수적이다. 이 시기에는 물질적이고 물리적인 확장을 목표로 하므로 사회 많은 부문에 투자가 필요하고, 이를 위해서는 안정적인 조세수입이 필수적이다. 자금력이 주요한 요인이기 때문이다. 준비기와는 다르게 도약기에서 해외원조를 계속 받을 수는 없고, 자국의 힘으로 발전을 할 수 있는 역량을 갖추고 있어야 한다. 또한 이 시기에는 기업에 대한 경제적인 규제가 적용되는 시기이다. 준비기에서 관료제의 역할이 중요함을 밝혔으나, 도약기에서도 정부의 역할은 매우 중요하다.

도약기의 정부경쟁력의 측정에 투입 및 전환 측면은 조세수입, 경제적 규제의 정도, 공무원의 수 등을 통해 이루어질 수 있으며, 관료들의 연령별 분포나, 필요이상으로 조직이 비만해진 가칭 '조직비만도(organizational fat)'등을 통해서도 알 수 있을 것이다. 산출은 고속도로의 총길이, 도로개선율, 댐의 수, 교역조건, 대학진학률 등을 통해 측정할 수 있고, 결과는 수출량, 무역적자, 1인당 GDP, 경제성장률 등을 통해 구할 수 있을 것이다.

3) 성숙기

성숙기는 경제발전이 어느 정도 궤도에 올라 안정적인 수준에 도달한 상태를 말한다. 영미권 국가들과 서유럽, 그리고 아시아에서는 우리나라와 일본, 싱가폴 등이 이 단계가 있다고 볼 수 있을 것이다. 준비기에서 의식주 등 사람들의 기본적인 욕구가 채워졌고, 도약기에서 물질적으로 보다 풍요로워졌다. 물질적인 욕구가 어느 정도 채워진 후에는 국민들은 보다 상위적인 차원의 욕구를 표출한다. 예를 들어 행복이나 삶의 질, 환경보호, 평등, 인권, 정신건강, 여가 등과 같이 결과(outcome)라 할 수 있는 것들에 관심을 가지기 시작하며, 이는 웰빙(well-being)이라는 단어로 특징지워진다. 즉 도약기가 물질적인 측면에 초점을 맞추었다면, 성숙기에는 비물질적인 것, 정신적인 것에 초점을 맞추는 것이다.

한편, 이전에는 정부의 행정서비스를 수동적으로 받는 존재였다면, 이제는 정부에 자신들이 원하는 것을 적극적으로 표출하고 정부의 정책에도 자신이 영향을 미치고자 한다. 따라서 정부신뢰나 시민참여 등이 주요 이슈로 떠오르게 된다. 그 밖에도 외국과의 관계가 중요해짐에 따라 국가브랜드 등과 같이 국가 이미지에도 신경을 써야한다.

이러한 결과를 내기 위해서 정부는 도서관, 영화관, 박물관, 미술관 등과 같은 문화시설의 확충에 힘을 쏟아야 하고, 재활용이나 분리수거 등도 환경보호의 측면에서 해결되어야 할 문제들이다. 공원을 조성하거나 도시디자인 등에 관심을 보이는 것도 이와 유사한 이유에서이다. 한편, 시민참여를 촉진하고 정부신뢰도를 높이기 위해서는 정책홍보가 제대로 이루어져야 하며, PC나 핸드폰의 상용화, 인터넷 접근율의 제고 등도 참여를 촉진하는 데에 긍정적인 영향을 미칠 것으로 예상된다.

그리고 사업에 대한 직접적인 투자 외에도 연구개발 등 장기적인 안목을 가질 필요성이 요구된다. 이러한 산출을 내기 위해 정부의 투입과 전환에도 변화가 일어난다. 장기적인 안목을 가지고 현재의 정책에 접근한다는 점에서 비전과 전략체계가 중요해진다. 민간 부문이 대체할 수 없는 정부의 역할 가운데 하나가 미래에 대한 장기적인 안목의 준비이다. 특히 여러 범주의 자원을 활용하기 위한 관리의 측면에서 이루어지는 미래에 대한 준비가 중요할 것이다. 예를

들어 인구 규모나 성비, 연령 분포와 같은 인적자원의 경우, 향후 수년 뒤 노령 인구 부양비용에 대한 대책이나 주택 공급과 같은 구체적인 정부 정책에 영향을 미칠 뿐 아니라 국가 전체의 생산성을 좌우하는 자원이기 때문에 반드시 고려되어야 하는 부문이다.

한편, 다양한 사회세력들의 성장으로 다원국가적 차원에서 의사결정의 합리성 등이 주요 과제로 떠오르고 있다. 무엇보다 변화된 개발전략에 대응하기 위해 관료들에 대한 시기적절한 교육훈련이 필요하며, 경제적 규제보다는 사회적인 규제가 유용해진다. 결과만이 중요한 것이 아니라 이러한 결과에 도달하는 과정과 절차 또한 중요해지는 것이다.

민주적 구성은 우리 헌법상 가장 기본적인 정부구성의 원리이기 때문에 국가 경쟁력의 개념에 민주성이 포함되어야 한다(송기춘, 2005: 52). 또한 정부의 효율적인 업무 집행을 위해서도 법치주의가 정착되어 있어야 한다. 즉, 국민의 의사가 정치·행정체제에 투입되고 이것이 정책으로 집행되기 위해서는 민주적 절차의 합리성이 중요하다. 이러한 절차의 합리성은 또한 모든 국민에게 예측가능성을 제공하고, 따라서 공정성을 보장한다. 이처럼 정부경쟁력은 견제와 균형, 적법절차의 확보를 통한 절차의 합리성을 포함하는 개념이어야 한다. 그러나 예측할 수 있는 수준에서 정책의 결정 및 집행 절차의 합리성의 정도를 국가간 비교하기 전에 각 나라의 특수한 상황을 고려해야 한다. 각 국의 국민들에게 절차의 합리성에 대한 설문조사를 하는 것은 그들이 느끼는 절차합리성을 측정할 수는 있으나, 응답자가 가지고 있는 정보의 한계나 주관적 평가의 오류성이 들어있어 그대로 사용하기에는 무리가 있다.[21]

---

21) 따라서 각 나라의 정치행정제도에 대한 분류가 필요하다. 정치행정제도(그리고 조직이나 기관)가 얼마나 분화(differentiation)되었는가의 기준과 다른 한편으로 이들 분화된 기관이나 조직이 얼마나 서로 조화롭게 통합(integration)되었는가라는 기준을 동시에 볼 필요가 있다. 조직에서 분화는 분화가 되지 않았을 때보다 어느 정도 자율성을 가진다고 보고, 이것은 곧 절차합리성을 담보해주는 장치가 된다. 이런 관점에서 완전통합모형, 비통합모형, 상대적 통합모형의 3가지 국가행정제도의 유형화가 가능하다(임도빈, 2011). 완전통합모형은 종교국가, 전제국가와 같이 분화의 정도가 낮으면서 동시에 여러 기구간의 인적 중복 등으로 자율성이 보장되지 않은 국가를 말하며, 비통합모형은 부족 간의 전통으로 중앙정부의 힘이 미치지 못하고 각 주체나 조직이 비교적 높은 자율성을 가져서 조정이 잘 되지 않는 국가모형을 말하고, 상대적 통합모형은 적절한 수준의 분화도 일어나고 이를 적절하게 조화시키고 통합시키는

성숙기의 정부경쟁력을 평가할 수 있는 구체적인 지표를 살펴보면, 투입과 전환의 측면에서는 비전, 전략체계의 유무 및 완성도, 공무원 1인당 국민 수, 정권교체 빈도, 부패지수, 사회적 규제의 정도, 교육훈련의 질 등이 있을 것이고, 산출의 측면에서는 이산화탄소 방출량, 소음 공해량, 노동시간, 미술관 수, 도서관 수, 녹지면적 등이 있을 것이며, 결과 측면에서는 행복지수, 소득불평등 지수, 정부신뢰도, 자살율, 여가시간 등으로 측정할 수 있을 것이다. 각 발전단계별로 국가경쟁력 요소에 대한 이상의 논의를 요약하면 다음의 〈표 16〉과 같다.

요약하면, 정부경쟁력의 개념을 시간과 공간의 차원에서 구성하고, 각 국가의 특성을 충분히 반영하기 위해 환경적 조건과 정치행정제도적 특성을 고려한 지표체계를 만들어 정부체제를 비교가능(comparable)하도록 한다. 또한 정부의 목표를 단지 경제성장이라는 측면으로 한정하지 않고 정부기능과 범위에 대한 시간적 공간적 차원을 고려해야 한다.

표 16 국가경쟁력의 단계별 요소

	발전단계		
	준비기	도약기	성숙기
투입 (input)	정부지출 외국으로부터의 원조	정부규모 정부지출 조세수입	법치주의 민주주의
전환 (throughput)	관료의 교육수준 리더십 공직몰입	경제적 규제 리더십	비전, 전략 체계 교육훈련 투명성 의사결정과정 사회적 규제 선거제도 공직윤리 부패정도

기능이 발달한 국가를 말한다. 이들 3가지 유형에 따라 절차적 합리성을 구성하는 구체적인 내용 및, 그 정도(즉, 지표로 할 경우, 가중치가 달라짐)가 달라질 것이다. 전술한대로 절차합리성에 대한 설문조사를 하는 경우에도, 이러한 국가유형별 차이를 고려할 필요가 있다.

	발전단계		
	준비기	도약기	성숙기
산출 (output)	예방접종 상하수도 건설 교육시설 확대 의료시설확충 가족계획 평균수명 연장	사회간접자본 확충 댐건설 도로건설 교역조건 무역장벽 완화	물가안정 도시디자인 공원조성 PC/핸드폰 상용화 인터넷 접근율 제고 문화시설(도서관, 영화관, 미술관) 정책홍보 친환경, 재활용, 분리수거 R&D
결과 (outcome)	빈곤해소 기아 주택보급 질병예방 의무교육확대	무역증진 내수확대 국민소득 증대 고등교육 제공	정부신뢰 시민참여 행복 삶의 질 환경보호 인권보호 국가브랜드 평등 정신건강 여가 외국과의 관계
관심영역	식품, 위생, 건강	경제발전	웰빙(well-being)

출처: 임도빈 · 알프레드 Ho(2012)

3. 새로운 정부경쟁력 개념의 차별성

1) 무엇이 다른가?

본 연구에서 새롭게 제시하고 있는 "정부경쟁력" 개념이 이론의 세계에서 소멸하지 않고 생존하기 위해서는 현실에 대한 적합성과 더불어 이 개념이 앞서 다룬 유사 개념과 어떤 차별성이 있는지 여부가 중요할 것이다. 즉, 우리가 정부경쟁력이라는 개념을 사용할 때는 이것이 정부 성과나 국가경쟁력 등의 유사 개념과는 대체불가능한 어떤 특징이 있어야 한다는 것이다. 따라서 기존의 여러 유사 개념 및 국제지수들이 있음에도 불구하고 왜 정부경쟁력이라는 개념이 우리에게 필요한 것인지에 대해 그 이론적 차별성을 중심으로 설명하고자 한다.

우선 본 연구에서 정부경쟁력이라고 하는 표현은 영어로는 'government'와 'competitiveness'라는 두 가지로 단어의 합성인데, 각 국의 정부를 단위로 한다는 것과 경쟁관계를 가정한다는 것을 뜻하고 있다. 이 중에서 competitiveness는 영어로는 한 단어로 볼 수 있지만, 우리 말로 경쟁력이라고 할 때 이것을 또 다시 두 단어로 구분해보면 "경쟁(競爭)"과 "력(力)"의 합성으로 경쟁관계에서 더 우위를 가지게 되는 일종의 힘과 같은 것을 뜻한다.

정부경쟁력은 기존의 국가경쟁력 개념이나 지표와 가장 유사하다고 할 수 있으나, 사실은 '정부'라고 하는 부분과 '경쟁력'이라고 하는 부분에 있어 모두 차이가 있다. 먼저, 정부를 중심으로 한다는 것을 생각해 볼 때, 국가단위보다는 더 구체적으로 공공부문의 역할에 초점을 두는 개념이라고 할 수 있다. 즉, 정부를 '경쟁적 주체(competitive entity)'로서 바라보는 것이다. 글로벌화(globalization)로 인해 초정부적이고 초국가적인 세력의 영향을 일부에서는 더 강조하고 있으며(cf. Crouch, 2011), 국가 내부적으로도 시장경제를 주도하는 민간기업들과 새롭게 생겨나고 있는 시민사회의 영향력이 확대되고 있는 추세에서 정부에 초점을 둔다는 것을 자칫 시대착오적인 구식(old-fashioned)의 사고방식인 것처럼 오해받을 수 있는 여지가 있다고 생각한다. 그러나 정부는 여전히 우리의 삶에 가장 직접적이고도 방대한 영향을 지속적으로 주고 있으며, 최근 들어서는 사회문제의 복잡화 및 다양화와 더불어서 오히려 정부역할에 대한 새로운 요구와 기대가 점차 증가하고 있는 것이 사실이다(cf. Kettl, 2000). 재난이나 전쟁과 같은 비상사태에서의 정부역할은 말할 것도 없고, 개인이 태어나서 죽을 때까지 또 아침에 일어나서 잠자리에 눕는 시간 동안을 비롯하여, 심지어 잠자고 있는 시간까지 정부활동은 계속 우리의 삶에 영향을 미치고 있다. 이러한 중요성을 부각시켜서, 정부의 역할을 더 명시적으로 하고, 나아가 경쟁력 개념을 이론화하고 측정하여 비교하는 것이 본 연구가 시도하고 있는 것이다. 그렇다고 해서 우리나라 발전시대와 같이 관 주도의 시각에서 경쟁력을 바라보고 있는 것은 아니다. 정부를 중심으로 하여 시장, 시민사회, 환경 등과의 상호작용 및 네트워크를 고려한 거버넌스 전체를 포괄하는 개념으로서 정부경쟁력을 이론화하고자 한다. 따라서 단순히 정부조직의 효과성이라고 하는 협의가 아니라, 시민들에게 영향을 줄 수 있는 모든 요소에 대하여 정부의 투입, 전환, 산출 등 더 다양한 측면을 아우르고자 한다.

2) 경쟁의 내용

'경쟁력'이라는 의미의 차원에서 볼 때, 앞서 언급한 것처럼 경쟁력이 경쟁관계에서 일종의 우위를 점할 수 있는 힘이라고 한다면, 누가 어떤 경쟁에서 무슨 우위를 가지는가에 대한 정의가 필요할 것이다. 기존의 국가경쟁력은 경제학적으로 무역이론과 성장이론이라는 큰 흐름에서 접근하고 있다(Lee, 2010). 국가경쟁력 문헌에서는 무역이론의 절대우위, 비교우위, 규모수익체증 등의 개념을 동원하여 국가경쟁력은 무역개방 상황에서 다른 나라 기업과 경쟁할 수 있는 경쟁우위를 뜻하는 것으로 설명한다. 한편 성장이론에서의 생산성(productivity) 개념을 활용하여 산업 수준에서 국가경쟁력이 논의되기도 한다. 이렇게 국가경쟁력은 기업과 산업의 경쟁력을 생산성, 비교우위 또는 절대우위 등 경제학적 경쟁우위의 측면에서 접근하고 있는 것이다.

여기에서 경쟁의 주체는 국가 내의 산업 또는 기업이라고 할 수 있다. 국가경쟁력에서도 정부나 법제도 등의 관점을 수용하고 있기는 하지만, 국가경쟁력 개념 하에서 정부와 법제도는 산업 또는 기업 입장에서 일종의 환경 또는 영향요인의 하나 정도이며, 정부가 경쟁을 한다고 생각하더라도 자국내 기업의 경쟁력을 개선하거나 해외기업을 유치하는 정도에서 경쟁하는 것으로 바라보고 있다.

반면, 본 연구에서 개념화하고 있는 정부경쟁력은 단순히 자국에서 활동하는 기업의 경쟁력을 개선하거나 해외기업을 유치하는 정도의 의미에 국한되어 있는 것이 아니다. 정부경쟁력은 궁극적으로 한 국가의 시민들이 행복하고 만족스러운 생활을 하게 하는 측면에서 경쟁력을 바라보고 있으므로 산업에서의 경쟁우위나 생산성의 차원보다 더 포괄적인 개념이라고 할 수 있다.

'경쟁력'이라고 하는 표현을 쓰는 이유는 본 연구에서의 정부경쟁력 개념이 각 국 정부가 자국 시민들의 웰빙을 개선하는 데에 있어 경쟁관계에 있다고 가정하고 있기 때문이다. 즉, 한 국가의 정부가 주어진 제약을 바탕으로 국내외 자원을 동원하여 사회적, 경제적, 문화적 조건들을 향상시킴으로써 궁극적으로는 자국의 시민들을 만족시키고, 현재 정부의 관할 하에 계속 속하여 있게끔 하게 하는 경쟁이라는 시각에서 정부성과를 바라보고 있는 것이다.

과거 지방정부 수준에서는 Tiebout(1956)이 발로 하는 투표(voting with feet)라는 표현으로 지방정부 간 경쟁을 설명한 적이 있다. 본서에서의 정부경쟁력 개념도 지방 및 중앙정부, 그리고 거버넌스 등을 포괄하는 의미의 정부가 다른 국가의 정부와 경쟁을 한다는 측면에서 발로 하는 투표와 유사한 측면이 있다. 특히 발로 하는 투표 모형에서 "사람들이 자신이 살기 소망하는 정치적 단위(또는 정권)를 선택하는(people to choose the political regime under which they wish to live)" 상황을 묘사하였는데(Somin, 2011), 이것이 본서에서 말하는 정부경쟁력 개념이 가정하는 경쟁 상황과 유사하다. 단, 발로 하는 투표가 정치적 자유와 공공재의 공급 측면에 초점을 맞춘 반면, 정부경쟁력은 이 외에도 다양한 측면을 다룬다.

그런데 소위 이 티부 모형(Tiebout model)도 사람들의 지역 간 이동이 자유로운 상태(fully mobile)를 가정한다는 측면에서 많은 비판을 받고 있는 것이 사실이다. 정부경쟁력은 한 국가를 기본 단위로 설정하기 때문에 각 국의 정부가 이동(또는 이민)이 자유로운 시민들을 유치하기 위해 경쟁하고 있다는 가정은 티부 모형에서의 가정보다 더 비현실적일 수 있다. 그러나 제약 상 현재의 정부에 속하는 것을 떠나 이민 등의 선택을 하지 않더라도 이민 의도(immigration intention)나, 현재 정부에 대한 불만과 불신을 다양한 방식으로 표출하는 행위 등을 분석의 대상으로 삼는다면 각 국 정부가 경쟁관계에 있다는 가정이 그리 비현실적이지는 않다. 뿐만 아니라, 정부가 경쟁력이 낮다고 할 때에는 크림반도의 러시아 합병 관련 사례처럼 이민 외에도 다른 국가로의 편입을 추진하거나 분리독립을 원하는 것이 국제관계에서 종종 발생하는 일이기 때문에 각 국의 정부가 경쟁관계에 있다는 가정은 이러한 측면까지 포괄할 경우 더 설득력을 가진다. 이론적인 측면으로 환원하여 보면, 본서에서 제시하는 정부경쟁력이라는 개념은 경제학적 관점의 경쟁을 포괄할 뿐만 아니라, 사회적 자본론, 제도주의, 시민참여론 및 시민만족도 관련 이론 등 다양한 이론적 분석시각을 아우르는 경쟁관계를 설정하고 있다고 할 수 있다.

국가의 정부 간 경쟁이라는 의미에서 볼 때, 정부경쟁력 수준에 대한 가장 직접적이면서 극단적인 표현 중의 하나가 이민이라고 할 수 있는데, 외국으로의 이주나 외국인의 국내 거주 비율이 비교적 낮은 우리나라의 상황에서는 각 국

의 정부가 경쟁한다는 것이 다소 생소할 수 있다. 그러나 전세계적으로 볼 때는 더 경쟁력 있는 정부에 속하고 싶은 사람들의 해외 이주의 규모는 굉장히 크기 때문에 정부의 경쟁력을 확보하는 것은 각국 정부에게 매우 중요한 이슈이다. 심지어 우리나라에서도 아래의 그림에서 나타나는 것처럼 해마다 꾸준히 2만명 이상의 시민들이 해외로 이주하고 있으며 이것은 무시할 수 없는 규모이다. 이 중에서 대표적인 선진국 중 하나인 미국으로의 이주가 1만5천명에 이르고 있다. 물론 이민이라고 하는 것은 이민법 등의 제도나 경제상황 등에 영향을 받는 측면도 있지만, 이민이 본서에서 개념화하는 정부경쟁력과 밀접한 관련이 있는 것은 사실이다.

그림 17 국내에 거주하는 해외 이주자 총계

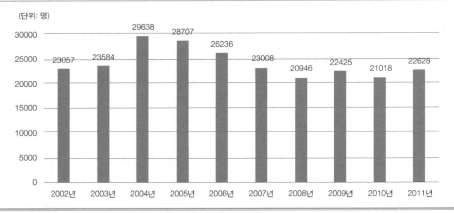

(단위: 명)

※ 해외 이주 신고자(외교통상부)와 현지 이주 신고자(재외공관)을 합한 수.
출처: 외교통상부

표 17 한국인 이민국가 통계

연도	미국	캐나다	호주	뉴질랜드	기타	계(명)
1998	8,734	4,774	322	96	48	13,974
1999	5,360	6,783	302	174	36	12,655
2000	5,244	9,295	392	348	28	15,307

연도	미국	캐나다	호주	뉴질랜드	기타	계(명)
2001	4,565	5,696	476	817	30	11,584
2002	11,758	6,937	673	1,541	2,238	23,147
2003	12,412	5,658	948	1,182	3,384	23,584
2004	16,291	5,858	1,333	1,160	4,220	28,862
2005	17,393	3,898	1,761	1,422	2,990	27,464
2006	16,605	2,792	1,940	1,574	3,325	26,236
2007	14,032	2,778	1,835	942	3,421	23,008
계	112,394	54,469	9,982	9,256	19,720	205,821

출처: 외교통상부

또한 국내 거주 외국인의 경우 안전행정부의 통계에 따르면 외국인 주민이 144만 5631명으로 주민등록인구 대비 2.8%가 되었다. 이 숫자는 국내에 90일 이상 거주하는 등록외국인, 거소신고한 외국국적동포, 귀화자, 외국인주민자녀로 구성된다. 현재도 무시할 수 없는 규모이며 앞으로 증가할 것으로 예상된다.

한편, 국가 간 이주가 더 두드러지는 국가들이 많은데, 가장 대표적인 이민국가 중 하나인 미국의 경우에는 아래 표와 같이 1년에 100만명 이상이 미국영주권을 획득하고 있다.

표 18   미국의 연령별 영주권 취득자 현황

	2012		2011		2010	
	인원수	비율	인원수	비율	인원수	비율
총계	1,031,631	100.0	1,062,040	100.0	1,042,625	100.0
5세 이하	37,495	3.6	38,378	3.6	37,592	3.6
5~14세	115,986	11.2	123,123	11.6	118,987	11.4
15~24세	180,698	18.4	199,114	18.7	191,328	18.4
25~34세	249,111	24.1	252,917	23.8	253,188	24.3
35~44세	187,101	18.1	197,377	18.6	195,209	18.7
45~54세	117,397	11.4	120,797	11.4	118,070	11.3

	2012		2011		2010	
	인원수	비율	인원수	비율	인원수	비율
55~64세	79,206	7.7	77,198	7.3	75,817	7.3
65세 이상	55,628	5.4	53,126	5.0	52,425	5.0
나이 미상	9	0.0	10	0.0	9	0.0
중간 나이	31	–	31	–	31	–

출처: 미국 국토안보부

미국 내에서 전체 인구 중 미국이 아닌 다른 나라에서 출생하여 이민을 온 인구는 거의 4천만명에 이르고 있다. 이민자 누계가 남한의 인구에 가까울 정도인 것이다. 이 중에서 한국에서 출생한 뒤 미국으로 이민하여 거주하고 있는 인구는 100만명 이상으로 미국 내 이민자 중 그 비율에 있어서 7위이다.

표 19 미국 내 한인 이민자 추세

연도	전체 해외 출생 이민자수	한국출생		
		순위	해외출생 분포도	인구수
1960	9,738,091명	44위	0.1%	11,171명
1970	9,619,302명	37위	0.4%	38,711명
1980	14,079,906명	10위	2.1%	289,885명
1990	19,797,316명	8위	2.9%	568,397명
2000	31,107,889명	7위	2.8%	864,125명
2007	38,059,555명	7위	2.7%	1,042,580명

출처: 미국 국토안보부

유럽에서는 독일과 영국이 대표적인 이민 국가라고 할 수 있는데, 독일은 2011년 영국을 제치고 다른 EU 국가에서 제일 많이 이민 오는 유럽 국가 1위가 되었다. 독일에는 2010년을 기준으로 1600만명의 이민자가 살고 있는데, 이는 전체인구의 약 20%가량에 해당된다. 또한 이민자 중에서는 터키에서 온 이민자가 250만여명으로 가장 많다. 독일 정부에 따르면 한 해 독일로 이민 오는 사람들은 최근 들어 매년 100만명 이상이 된다.

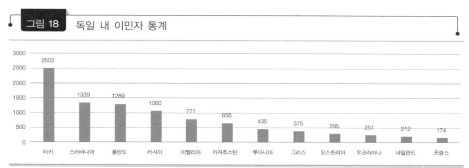

그림 18   독일 내 이민자 통계

출처: 독일통계청 인구조사(Mikrozensus)

최근에는 유럽의 갑부들이 세금을 회피하기 위한 목적을 가지고 해외로 이민
하거나 국적을 옮기는 일이 많은데, 예를 들어 프랑스 최고 갑부인 베르나르 아
르노 루이비통모에헤네시(LVMH) 회장은 올랑드 프랑스 대통령이 부자들에 대한
세금 인상 방안을 확정해 발표한 바로 다음날 벨기에 시민권을 신청한 사실이
공개되면서 이슈가 되기도 했다. 아래 표와 같이 벨기에에는 2011년 기준으로
전체 1,095만여명의 인구 중 111만명이 외국인 이민자이다.

표 20   벨기에 거주 외국인 통계

	벨기에	EU-27	기타	총 외국인 수	정치적 난민	미상	총계
벨기에	9,832,010	746,972	372,284	119,256	2,801	2,456	10,951,266
브뤼셀 수도 지역	766,744	221,482	130,862	352,344	616	1,135	1,119,088
플랜더스	5,878,652	268,848	159,138	427,986	1,522	970	6,306,638
왈로니아	3,186,614	256,642	82,284	338,926	663	351	3,525,540

출처: 벨기에 통계청

즉, 이민이라는 측면에서만 보더라도, 정부경쟁력의 차이를 이야기할 수 있
다. 결국 여러 가지 제약상 실제 이민 결정까지는 가지 않더라도 자신이 속한

정부의 낮은 경쟁력으로 인해 높은 수준의 이민의도를 가지고 있다면 이것도 통계수치에 포함되지 않더라도 경쟁력에 대하여 생각해 볼 필요가 있다는 것을 시사한다.

이런 시각에서 볼 때, 정부에 대한 신뢰 또는 불신이라고 하는 요소 등도 정부경쟁력의 중요한 요소가 될 수밖에 없을 것이다. 2013년 OECD의 조사에 따르면, 자국정부를 얼마나 신뢰하는지에 대한 질문에 스위스가 가장 높은 수준의 정부 신뢰도를 보였고, 우리나라는 OECD 평균에도 한참 미치지 못하는 최하위권이었다. 물론 조사 당시 번역이나 문화 상의 차이로 인한 방법론적인 문제들이 있기 때문에 이 결과를 그대로 수용하는 것은 문제가 있다. 그러나 정부 신뢰 측면에서 다른 국가들의 정부에 비하여 우리의 정부경쟁력이 문제가 있는 것은 아닌지 의문이 드는 것은 사실이다.

그림 19 OECD 주요국가 정부신뢰도

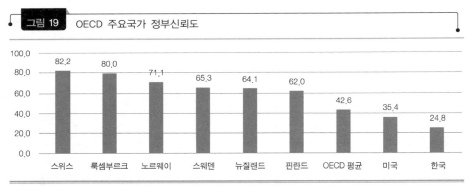

각 국 국민들 중 자국 정부를 신뢰한다고 답변한 비율(2013년 조사)
출처: 경제협력개발기구(OECD) 갤럽

본 연구에서 정부경쟁력은 국가를 기본단위로 하고 정부의 역할을 중심으로 타국가의 정부와 비교할 수 있는 것으로 개념화하고 있다. 즉, 국가 간 횡단면적인(cross-sectional) 비교를 전제로 하는 개념이라고 할 수 있다. 그렇지만 본 연구에서의 정부경쟁력 개념은 시계열적인(time-series) 측면도 고려하여, 현재의 정부와 과거의 정부도 경쟁관계로 바라볼 수 있음을 시사하고 있다. 정권교체 시마다, 새로운 정권은 과거의 정권에 대해 비판하고 새로운 개혁을 시도하는 것만 봐도 현재의 정부은 과거의 정부 및 미래의 정부와 경쟁관계에 있다는 것은 직관적으로 이해할 수 있다. 그러나 과거와 현재 정부의 경쟁은 현재까지는 정치적 수사 내지는 정부개혁론자들의 반복되는 주장으로 인해 객관적 의미에서의 비교가 가능하지 않았던 측면이 있다. 일부에서는 국가경쟁력 지수 등의 등락을 기초로 하여 과거 정권 내지는 과거 정부에 비해 현재가 어떻다고 하는 평가를 내린 적이 있으나, 본서에서 지적하는 바와 같이 국가경쟁력은 산업적, 경제적 측면에 한정되어 있는 개념 및 지표이기 때문에 이러한 목적에 적합하지 않다. 본서에서 제시하는 정부경쟁력 개념은 과거 정부에 비하여 현재의 정부를 타당도 있게 평가할 수 있는 분석틀 및 측정체계를 제시할 수 있는 기초가 된다.

3) 정부의 범위

이제 다시 "정부"라는 표현으로 돌아가서 어디까지를 정부경쟁력의 범위와 차원으로 볼 것인가 하는 것에 대해 설명하고자 한다. 사회현상에서는 다양한 요소들이 상호간에 영향을 주고 받고 있기 때문에 정부가 시민들의 생활에 영향을 미치는 영역을 완전히 구분하여 파악하는 것은 거의 불가능에 가까울 것이다. 더구나 현대 사회와 같이 다양화, 복잡화된 환경 하에서는 더욱 그러하다. 그럼에도 불구하고 본서에서는 체제론적인 관점에서 정부경쟁력의 범위를 한정하는 작업을 하였고, 다음의 〈그림 20〉과 같이 도식화 하였다.

우선 정부경쟁력의 차원을 크게 정부영역, 환경, 그리고 이 둘 간의 상호작용이라는 세 가지 차원으로 구분하였다. 우선 정부영역은 정부목표에 따라 투입, 전환, 산출이 이루어지고 최종적으로 정부목표가 달성되며 이것이 다시 정부목표로 환류되는 과정으로 설정하고 있다. 더 세부적으로는 전환에서 인적 역량과 제도적 역량이 분석의 대상이다. 기존의 협의의 정부효과성이나 정부성과에 대한 논의는 주로 이 정부영역의 범위에서 이야기되는 경우가 많았다.

정부경쟁력에서 환경 영역은 사회기술 환경과 자연환경으로 나누어진다. 사회기술 환경에는 입법부, 사법부, 언론 등 제도적 환경이 있고, 국민들의 욕구, 시장, 기술발전 등과 같은 환경도 있다. 자연환경은 자연자원과 자연환경으로

나눌 수 있다. 사회기술 환경은 비교적 가변적인데 반해, 자연환경은 변화가 전혀 없는 것은 아니나 지리적 요인에 의하여 주어진(given) 조건이라고 할 수 있다. 정부경쟁력 이론에 있어서 시간 개념과 공간 개념이 중요한 이유 중 하나도 시간에 따라 가변적인 요소들과 함께 지리적 공간위치에 따라 상이한 요소들을 고려하기 위해서이다. 물론 정부영역에 있어서도 시간, 공간 개념은 유용하다.

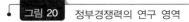
그림 20   정부경쟁력의 연구 영역

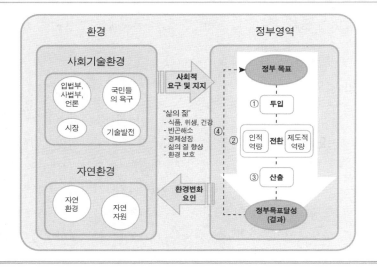

마지막으로 정부영역과 환경영역의 상호작용 영역이 있는데 이것은 환경영역에서 정부영역으로 전달되는 요구 및 지지, 그리고 정부영역으로부터 환경영역으로 전달되는 환경변화요인으로 나눌 수 있다. 본서에서 제시하는 정부경쟁력 개념에서는 정부영역이 제 기능을 효율적으로 담당할 뿐만 아니라 변화하는 환경에 대한 적절한 대응과 시민들의 요구에 대한 대처가 잘 이루어지는 상태를 정부경쟁력이 높은 것으로 설정하고 있다. 기존에는 자원이나 자연환경 또는 문화적 맥락과 같은 것들이 정부영역의 성과와는 동떨어져 있는 경우가 많았으나, 정부경쟁력 개념에서는 이것을 같이 이론화하여 주어진 조건을 고려하고 있다는 특징이 있다.

정부경쟁력은 그 차원이 시간과 공간에 따라 변화할 수 있는 것으로 개념화된다. 즉, 아래의 그림에서 도식화한 것처럼 t1시점에서는 정부경쟁력의 차원이 d1이었지만, t2시점에서는 차원이 d2로 변화할 수 있는 것이다. 이것이 의미하는 바는, 동일한 국가에서도 정부경쟁력의 차원이 변화할 수 있기 때문에 그에 따른 평가가 이루어질 수 있다는 것을 위미한다. 또한 같은 시간상에 존재하는 국가들도 만약 발전단계를 시간의 흐름에 따라 구분해 본다면 실제로는 다른 시간적 차원에 존재하기 때문에 그에 따른 평가가 각각 이루어질 수 있다는 것이다. 아울러 공간적 특성에 따라서 환경이나 주어진 조건이 다를 수 있기 때문에 이러한 차이점을 정부경쟁력 개념에 포함시켜 파악하였다. 일률적인 기준과 지표들로 모든 국가 또는 정부를 평가하던 기존의 개념에 비하여 차별성을 가질 수 있는 부분이다.

그림 21 시간에 따른 정부경쟁력 차원변화

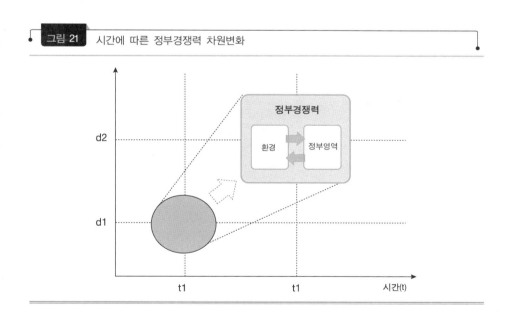

한편, '경쟁력'이라고 하는 단어 자체도 절대적인 기준이 아니라 상대적인 관계에서 정의되는 것이기 때문에 명시적이지는 않지만 암묵적으로는 경쟁의 조

건이나 환경 변화에 맞는 전략의 필요성을 내포하고 있다고 볼 수 있다. 그럼에도 불구하고 기존의 국가경쟁력 개념 등은 특수한 조건이나 환경의 중요성을 간과하고 비현실적인 이론적 가정 하에 그 논의를 펼쳐온 측면도 존재한다. 이러한 문제의식 하에 Onsel et al.(2008)의 연구 등에서는 국가별 특성에 따른 클러스터 기법을 도입해 국가경쟁력을 수정해야 한다는 주장을 펼치기도 한다. 본서에서 제시하는 정부경쟁력 개념도 시간과 공간에 따라 다른 상황에 처해 있는 국가들에 대해 다른 기준 및 차원으로 경쟁력을 파악해야 함을 고려하고 있다.

제Ⅲ장 경쟁력 관련 측정지표

　　많은 기관에서 일정한 기준을 세워 국가에 대한 평가를 하고, 점수를 매기며, 순위를 세우고 있다. 전술한 바와 같이 대부분의 경쟁력 관련 개념이 그 개념정의도 애매한 경우가 많지만, 이를 구체적으로 측정하는 과정에서 의미가 왜곡될 수도 있다. 즉, 측정지표가 일종의 조작적 정의(operational definition)라고 한다면, 과연 그 조작적 정의가 어떻게 이뤄져 있는가를 살펴볼 필요가 있다. 본장에서는 국제 평가 지표를 활용 시 맞닥뜨리는 혼란을 줄이고자 기존 각 평가지표들이 어떠한 기관에서 발표되고, 하위 구성요소가 어떻게 구성되어 있으며, 그 방법론은 어떠한 내용으로 구성되는지를 검토하고자 한다. 상술한 정부경쟁력 유사개념이 모두 지표를 개발하여 평가하는 것은 아니기 때문에 본 연구의 시사점을 얻을 수 있는 것만 선별하여 분석하고자 한다.

제1절 국제지수

　　많은 국제비교 지표들은 외국에서부터 출발하였다. 중립성과 공정성을 확보하기 위하여 각 나라의 정부기관보다는 국제기구나 연구기관 등에서 이런 지표를 생산하고 있다. 주요 지표들을 대상으로 살펴보면 다음과 같다.

1. 국가경쟁력 지수(WGI: World Competitiveness Index)

1) 목적과 주요 개념

IMD(International Institute for Management Development, 국제경영개발대학원)는 스위스 로잔에 위치한 경영대학원으로 MBA(경영학석사)양성과 경영자 재교육을 해오고 있다. 이외에 국가경쟁력 보고서를 발표하는 곳으로 유명하다. 1989년부터 1995년까지는 WEF와 함께 국가경쟁력에 대한 보고서를 발표하였으나, 1996년 부터는 WEF와 다른 방식으로 경쟁력을 평가·발표하고 있다.

IMD는 개별 국가의 경쟁력을 '수출성과'나 '노동에 기반한 생산성' 개념에서 탈피하여, "자국 내 기업이 더 많은 부가가치를 창조하고 국민들이 더 나은 경제적 번영을 지속할 수 있는 환경을 조성·유지하는 국가의 능력"으로 정의하고 있다(국가경쟁력강화위원회, 2011 재인용; IMD, 2013: 50-506). 즉, 국가의 경쟁력은 단순히 GDP나 생산성을 통해 측정할 수 있는 것이 아니라, 산업의 경쟁력을 향상시켜 줄 수 있는 가장 효율적인 구조나 제도, 정책 등과 같은 경쟁하는 환경을 제공해 주는 것이라 보고 있다(IMD, 2013: 492). 따라서 IMD의 국가경쟁력은 기업부문에 주안점을 둔다고 볼 수 있다(최영출, 2009). IMD는 자신들의 보고서를 통해 개별 국가경쟁력의 수준을 제시해주고 향후 기업과 정부 등 의사결정자에게 다양하고 폭넓은 정보를 제공해줄 수 있을 것이라 예측하고 있다(IMD, 2013: 3).

표 21 IMD 국가경쟁력 지수 개요

시작년도	1989년	작성주기	매년
조사대상 국가	2013년 60 개국	조사지표수	2013년 333개
		경성 : 연성	217 : 116
데이터베이스 제공 여부	제공하지 않음	설문조사 대상	기업 고위임원
보고서 발간 여부 (인터넷 제공 여부)	보고서 발간(O)	방법론 제공 여부	제공함

생산기관: 국제경영개발원(IMD: International Institute for Management Development)
웹페이지: http://www.imd.org/wcc/

2) 특 징

IMD는 WEF에 비해 조사대상 국가가 적다. 설문자료를 많이 사용하는 경우 각종 문제의 소지가 있으므로 설문자료의 비율을 제한하고 있는데, 이에 따라 통계자료가 차지하는 비중이 WEF에 비해 높다. 따라서 안정된 통계치를 수집할 수 있는 국가만을 대상으로 하여 조사대상국가를 제한하고 있어 WEF에 비하여 적은 국가를 대상으로 경쟁력을 평가하고 있다(IMD, 2013: 499).

그리고 국가별 전체 순위뿐만 아니라 국가별 특성을 고려하기 위하여, ① 인구 2천만 명 기준으로 두 그룹으로, ② 1인당 국민소득 2만 달러를 기준으로 두 개의 그룹으로, ③ 유럽·중동·아프리카, 아시아·태평양, 남·북 아메리카의 세 개 지역으로 구분하여 각각 순위를 제시하고 있다.

IMD는 설문에 대한 데이터베이스는 제공하지 않고 있다. 설문대상도 각 조사대상국에서 일하는 주요 외국기업의 CEO, 그 나라의 CEO 등을 대상으로 한다고 알려져 있으나, 구체적으로 누구를 대상으로 하였는지는 비밀로 하고 있다. 설문결과를 통계처리한 후 결과만을 제공하고 있어, IMD설문 활용을 통한 2차 연구의 생산은 이뤄지지 않고 있다.

3) 세부지표

표 22   IMD 국가경쟁력 지수 세부지표

기관 및 지표		구성요소	
IMD(World Competitiveness Index)	경제성과(79)	국내경제(25)	
		국제무역(25)	
		국제투자(17)	
		고용(8)	
		물가(4)	
	정부효율성(70)	공공재정(12)	
		재정정책(13)	
		제도적 틀(13)	
		기업관련 입법(20)	
		사회적 틀(12)	

기관 및 지표		구성요소
	경제효율성(71)	생산성(12)
		노동시장(24)
		금융(19)
		경영(9)
		태도와 가치(7)
	인프라(113)	기본 인프라(25)
		기술 인프라(23)
		과학 인프라(23)
		보건 환경(26)
		교육(16)
	총 지표수	333개

   WCI는 경제성과, 정부효율성, 기업효율성, 인프라로 지수를 구성하고 있다 (IMD, 2013: 492). 먼저, 경제성과는 79개 세부지표를 활용하여 국내 경제의 거시경제 환경을 평가한다. 둘째, 정부효율성은 70개 세부지표를 활용하여 정부정책이 경쟁력에 얼마나 기여하는지를 분석한다. 셋째, 기업효율성은 71개 세부지표를 활용하여 기업경영의 성과를 향상시키기 위한 혁신능력, 수익성, 경영책임성 기준을 평가한다. 마지막으로, 인프라는 113개 지표를 활용하여 경영을 위해 필요한 기술적, 인적 자원을 비롯한 각종 자원을 평가한다.

4) 연구방법

   앞서 보았듯이 WCI는 4개의 부문으로 나뉘어 있다. 그리고 각 부문은 다시 5개의 세부부문으로 나뉜다. 여기서 각 부문을 측정하기 위한 지표의 개수가 달라서 이를 그대로 합산할 시에는 문제가 발생할 수 있다. 이를 방지하기 위해 WCI는 각 세부부문에 대해 5%의 가중치를 부여해 전체 점수를 계산하고 있다. 이는 매해 참고하는 지표의 숫자가 달라져도 각 년도의 국가경쟁력 지수를 비교할 수 있는 근거가 되고 있다(IMD, 2013: 493).

   총 333개의 자료를 활용하는 WCI는 2/3가량이 경성지표이고, 1/3가량은 설

III

문자료로 구성된다. 경성지표(hard data)들은 전 세계 55개 파트너 기관으로부터 받고 있다. 총 217개로 그 중 130개는 전체 점수 합산에 사용되지만 87개는 단지 배경지식을 제공해주는 차원에서 활용되고 있다.

설문조사는 각 국가의 기업고위임원을 대상으로 총 116개의 질문에 대한 답변을 받게 된다. 통계적 대표성을 확보하기 위해 해당 국가가 차지하는 GDP비율로 국가별 설문대상자 수를 할당하고 있다. 이런 방식으로 60개국에서 총 4,200명이 설문을 수집하고 있다. 설문조사를 통해 통계로는 분석이 불가능한 문화, 제도, 정책에 대한 분석이 이뤄질 수 있으며, 통계조사가 이미 과거의 모습을 보여주는데 반해 설문조사는 현재나 미래의 모습을 보여줄 수 있다는 점에서 보충적으로 활용하고 있다(IMD, 2013: 493)

위와 같이 구해진 각 자료들은 전체 점수를 도출하기 위해 변환과정을 거치게 된다. 먼저 모든 자료를 정규값으로 고친 후 통계치에는 1의 가중치를, 설문자료에는 0.5의 가중치[22]를 주어 합산하게 된다(IMD, 2013: 495). 그리고 각 20개 세부분야에 대해서 5%의 가중치를 주어 만점의 총합점수를 계산하게 된다.

2. 국가경쟁력 지수(GCI : Global Competitiveness Index)

1) 목적과 주요 개념

세계 경제 포럼(WEF, World Econimic Forum)은 스위스 제네바에 위치한 독립 비영리 단체로서, 세계 각 국의 정상과 장관을 비롯하여 국제기구의 수장, 재계 및 금융계의 최고경영자들이 회원으로 있으며, 총회에서 세계경제의 발전방안 등을 논의한다. 흔히 다보스포럼이라고 불린다. WEF는 자체적으로 다양한 보고서를 발간하고 있는데 그 중 하나가 세계경쟁력 보고서(The Global Competitiveness Report)이다.

WEF는 1996년부터 The Global Competitiveness Report를 통해 세계 주요

---

22) 설문자료의 가중치는 경성자료와 연성자료가 전체 평가항목에서 차지하고 있는 비중에 따라 각각 2/3과 1/3의 가중치를 주게 된다. 이러한 경우 연성자료는 0.5에서 일부 수정되어 반영된다.

국가들의 경쟁력을 평가하고 있다. 이들은 1976년부터 관련 연구를 해왔으며, 1987년부터 1995년 까지는 IMD를 발표하는 팀과 함께 공동으로 World Competitiveness Yearbook을 발표해왔다. 그러나 1996년부터 IMD팀과 결별하고 독자적으로 평가방법을 개발해 독립적인 평가를 하고 있다.

초기에는 국가의 거시적 경쟁력을 측정하는 GCI(Growth Competitiveness Index)와 미시적 경영경쟁력을 측정하는 BCI(Business Competitiveness Index)로 구분하여 발표했었다. 그러나 2006-07보고서부터는 GCI(Global Competitiveness Index)를 사용해 일원화하였다.

WEF는 국가경쟁력을 '특정 국가의 생산성 수준을 결정하는 데 영향을 미치는 제도, 정책 및 다양한 요소들의 집합체'로 정의한다. 여기서 생산성은 경제가 벌어들일 수 있는 번영의 수준이며, 한 경제에 투자했을 때 얻을 수 있는 수익률을 결정하는 요인이다. 즉, 더욱 경쟁적인 경제는 지속적인 성장이 가능하다고 본다.

IMD와 차별화를 시도하면서, 이들은 인구수준이나 경제수준이 유사한 국가들 간의 비교를 시도하고 있다. 그러나 IMD와 마찬가지로 경제적 측면에 중점을 두고 있기 때문에, 각 국의 경제성장의 중요한 요소가 무엇인가에 대한 정보를 제공해 줄 것이라 예상된다. 또한 정책결정자나 기업경영자의 경제정책과 제도 개혁에 있어 유용한 도구가 되어줄 것이라 기대하고 있다.

표 23 WEF 국가경쟁력 지수 개요

시작년도	1979년	작성주기	매년
조사대상 국가	2013년 144 개국	조사지표수	2013년 110개
		경성 : 연성	36 : 74
데이터베이스 제공 여부	제공하지 않음	설문조사 대상	기업 고위임원
보고서 발간 여부 (인터넷 제공 여부)	보고서 발간(O)	방법론 제공 여부	제공함

생산기관: 세계경제포럼(WEF: World Economic Forum)
웹페이지: http://www.weforum.org/issues/global-competitiveness

2) 특 징

IMD의 경쟁력 지표는 선진국과 일부 개도국이 포함되나 분석대상의 범위가 좁다는 한계가 있는데 반해, WEF는 이보다 훨씬 많은 국가를 대상으로 한다는 장점이 있다. 하지만 많은 국가를 대상으로 한다는 점에서 선진국과 미개발국이 직접 비교가 된다는 문제점이 발생할 수 있다. GCI는 이러한 문제를 반영하여, 개발단계에 따라 가중치를 조정하는 것으로 해결하고 있다. 하지만 이러한 가중치가 임의적이라는 비판을 받고 있기도 하다.

그리고 특히 개발도상국에 대해서는 경성데이터의 획득이 쉽지 않고, 그나마 이들 나라에서 생산되는 기본적인 경성데이터의 신뢰성이 떨어진다는 문제의식 하에 주관적 의식을 측정하는 연성데이터에 의존하고 있다. 즉, 2/3가량의 지표를 설문조사를 통해 수집하고 있어 타당성 내지 안정성에서 문제점을 지적받고 있다(고길곤 외, 2012; 최영출, 2009; 차용진 외, 2006).

WEF 역시 IMD와 마찬가지로 수집한 설문자료에 대한 데이터베이스를 공개하지는 않고 있다. 설문대상이 기업인이라고만 알려져 있고, 어느 기업인지 밝히지 않는 것도 마찬가지이다. 따라서 데이터를 가지고 좀 더 심층적인 2차 분석을 하기에는 어려움이 있다.

3) 세부지표

표 24   WEF 국가경쟁력 세부지표

기관 및 지표	구성요소			지표수
WEF(Global Competitiveness Index)	기본 요건	제도(25%)	공적제도(75%)	17개
			사적제도(25%)	5개
		인프라(25%)	교통인프라(50%)	6개
			전기통신인프라(50%)	3개
		거시경제환경(25%)		5개
		보건과 초등교육(25%)	건강(50%)	8개
			초등교육(50%)	2개
		지표 개수		46개

기관 및 지표	구성요소			지표수
WEF(Global Competitiveness Index)	효율성 증진	고등교육과 직업훈련(17%)	교육의 양(33%)	2개
			교육의 질(33%)	4개
			직업훈련(33%)	2개
		상품시장효율성(17%)	경쟁(67%)	14개
			수요환경의 질(33%)	2개
		노동시장효율성(17%)	유연성(50%)	4개
			재능의 효율적 활용(50%)	4개
		금융시장발전(17%)	효율성(50%)	5개
			신뢰와 믿음(50%)	3개
		기술적 준비(17%)	기술적 적용(50%)	3개
			ICT 활용(50%)	6개
		시장규모(17%)	국내시장규모(75%)	1개
			국외시장규모(25%)	1개
		지표 개수		51개
	혁신과 성숙	기업 성숙(50%)		10개
		혁신(50%)		8개
		지표 개수		18개
총 지표 개수				총115개[23]

    표에서 보는 바와 같이 GCI는 '기본요건', '효율성 증진', '혁신과 성숙'로 구성되어 있다. '기본요건'은 다시 '제도', '인프라', '거시경제환경', '보건과 초등교육'으로 구성되며 46개의 지표로 평가한다. '효율성 증진'은 '고등교육 및 직업훈련', '금융시장 발전', '노동시장 효율성', '상품시장 효율성', '기술적 준비', '시장규모'로 구성되며, 51개의 자료를 통해 분석한다. '혁신과 성숙'은 '기업 성숙'과 '혁신'으로 구성되며, 18개의 지표로 평가한다. 세 가지 부분항목의 지표를 모두 합하면 총 115개 지표이나, 5개 지표가 2개 항목에서 중복되어 총 110개 지표를 통해 GCI를 분석한다.

---

23) 5개 지표가 2번씩 사용되고 있다. 따라서 이중계산을 방지하기 위해 이들 지표는 0.5를 곱하여 사용하고 있다.

4) 연구방법

총 110개의 자료를 활용하는 WEF는 자체 설문조사인 The Executive Survey 를 통해 2/3인 74개 지표를 수집해 활용하고 있다. 나머지 1/3가량인 36개 지표는 각 국가들의 통계자료이거나, 다른 기관에서 생산한 자료를 활용하고 있다. 그리고 각 나라별 인구, GDP, 1인당 GDP, GDP 점유율을 조사해 해당 국가의 거시경제 정보를 제시하고 있다.

설문조사는 160여 개의 파트너 기관들에서 WEF에서 정한 기준에 따라 추려진 각 국의 기업 임원을 대상으로 한다. 예컨대, 2012년에는 약 150개국에서, 총 14,509명의 설문을 수집하여 활용하고 있다. 한 나라에서 평균 약 100명의 설문에 의존한다는 한계가 있다. 이러한 자료는 GCI 뿐만 아니라 WEF의 다양한 보고서에 활용되고 있다(WEF, 2013: 67-71).

총괄점수를 산정하는 방식도 단순하다. 개별적으로 수집된 자료는 1~7점 척도로 변환된 뒤 가장 낮은 수준인 세부부문의 점수부터 산술평균으로 합산된다. 그 후 다시 할당된 가중치에 따라 상위부문으로 합산된다. 즉, 상향식으로 순차적인 합산을 통해 종합점수를 산출하게 된다. 예를 들어 '거시경제환경' 안에는 5개의 지표로 구성되어, 개별지표 점수를 합한 후 5로 나눈 뒤, 이 점수에 0.25의 가중치를 고려해 기본요건에 합산되는 것이다.

그리고 GCI는 국가의 성장단계별로 평가를 달리한다. 즉, 1인당 GDP 기준을 통해 미개발국, 개도국, 선진국 3단계로 국가를 분류한 후 각 단계별로 가중치를 다르게 부여하는 방식으로 평가가 이뤄진다. 이는 개발단계에 따라 경쟁여건이 다르고 경쟁력을 향상시킬 수 있는 방안들에서 차이가 나기 때문에, 서로 유사한 나라까지 묶어서 비교하는 것이다(WEF, 2013: 8-9). 모든 국가를 동일기준으로 평가하는 IMD보다는 진일보한 방법이라 평가할 수 있다. 구체적으로 중범위별 가중치를 다르게 하는데, 표에서 볼 수 있는 바와 같이 미개발국의 경우 '기본요건'에, 개도국의 경우 '효율성 증진'에, 선진국의 경우 '혁신과 성숙'에 상대적으로 중점을 두어 경쟁력을 평가하게 된다.

표 25 GCI 국가 성장단계별 평가기준

	성장단계				
	1단계 : 기본요건 주도형	2단계로의 이행단계	2단계 : 효율성주도형	3단계로의 이행단계	3단계 : 혁신 주도형
1인당 GDP 기준	⟨2000	2,000 ~2,999	3,000 ~8,999	9,000 ~17,000	⟩17,000
'기본요건' 가중치	60%	40~60%	40%	20~40%	20%
'효율성 증진' 가중치	35%	35~50%	50%	50%	50%
'혁신과 성숙' 가중치	5%	5~10%	10%	10~30%	30%

3. OECD 더 나은 삶 지수(BLI : Better Life Index)

1) 목적과 주요개념

경제개발협력기구(OECD, Organisation for Economic Cooperation and Development)에서 만든 더 나은 삶 지표(BLI, Better Life Index)는 웰빙(well-being)과 부(富) 뿐만 아니라 일과 삶의 균형문제까지 포함하고 있다. 또한 시민들의 사회에 대한 참여와 의견개진 정도도 포함하고 있다. 즉, 더 나은 삶을 위해 필요한 구성요소들을 포괄하고 있다. 기존의 국가경쟁력 지표들이 경제지표에 초점을 맞췄다면 이 지표는 그 이후의 삶의 질에 대한 문제를 고민하는 것이라고 할 수 있다.

표 26 OECD BLI 개요

시작년도	2011년도	작성주기	매년
조사대상 국가	2012년 36 개국	조사지표수	25개
		경성 : 연성	19 : 6
데이터베이스 제공 여부	제공하고 있음	설문조사 대상	자체 설문조사 없음
보고서 발간 여부 (인터넷 제공 여부)	보고서 발간하지 않음(O)	방법론 제공 여부	제공함

Ⅲ

OECD가 설립된 1961년 이후부터 OECD는 각 국 정부가 시민들의 보다 나은 삶을 위한 정책을 실시하는 것을 돕고 있다. 그러나 경제성장만으로는 진정한 진보(progress)라고 보기 어렵다. 단순히 경제성장보다는 좀더 나은 삶을 나타내는 지표가 필요하다. 최근에 OECD에서 이뤄진 논의가 바로 웰빙을 측정하는 것에 대한 문제였다. 이러한 결과물이 BLI라 할 수 있다.

2) 특 징

이 지표의 대상국가는 OECD(Organisation for Economic Cooperation and Development)의 34개 회원국[24]과 주요 파트너 국가인 브라질과 러시아이다. OECD는 중국, 인도, 인도네시아, 남아프리카를 포함하여 분석하는 것을 고려하고 있는 상황이다.

3) 세부지표

이 지표에서 사용한 11개의 주제는 웰빙을 위한 필수적인 요소인 생활문제(주거, 소득, 직업)과 삶의 질(거버넌스, 커뮤니티, 교육, 환경, 건강, 안전, 삶의 만족도, 일과 생활의 균형)을 고려하였다. OECD는 웰빙의 측정에 대한 축적된 논의를 통해 11개의 주제를 선정하였다. 각각의 주제는 1개 내지 4개의 세부지표로 측정되고 있다.

데이터는 자체생산하는 것도 있지만 기존 데이터를 사용하기도 한다. OECD 국가들이 자체생산한 데이터(calculations based on OECD National Accounts Database)에 더하여, 유럽연합자료(European Union Statistics on Income and Living Conditions, EU-SILC), 서베이 회사 갤럽자료(Gallup World Poll), 유엔데이터(UNODC Homicides statistics), 월드뱅크(World Bank database) 등에서 추출하였다.

---

24) OECD 가입을 위한 기본자격요건은 ① 다원적 민주주의국가로서, ② 시장경제체제를 보유하고, ③ 인권을 존중하는 국가여야 한다(외교부 홈페이지 참조). 세부적으로는 가입신청을 한 후 국가의 제반요건에 대한 회원국의 심사와 동의가 있어야 가입이 가능하다.

| 표 27 | OECD 더 나은 삶 지수 세부지표 |

지표	하위지표	세부하위지표	지표수
OECD BETTER LIFE INDEX	주거(Housing)	가내수세식화장실 설치율	3개
		주거비 지출비율	
		1인당 방 수	
	소득(Income)	가구당 조정된 순 가처분 소득	2개
		가구당 순 재산가치	
	직업(Jobs)	고용률	4개
		직업 안정성(6개월 미만 고용 비율)	
		장기실업률(1년 이상 실업)	
		상근직 고용자 평균 연봉	
	커뮤니티(Community)	필요할 때 의지할 수 있는 친구나 친척이 있는 사람의 비율	1개
	교육(Education)	성인 고졸자 비율	3개
		PISA[25] 점수	
		정규교육기간	
	환경(Environment)	도시들의 평균 미세먼지량	3개
		지역 수질 만족률	
	시민참여 (Civic Engagement)	규제입안시 정부투명성 정도	2개
		투표율	
	건강(Health)	기대수명	2개
		주관적인 건강인식 비율	
	삶 만족도 (Life Satisfaction)	주관적인 삶의 만족도	1개
	안전(Safety)	폭행피해 발생률	2개
		살인범죄 발생률	
	일과 생활 균형도 (Work-Life Balance)	주당 50시간 이상 근로자 비율	2개
		하루 중 평균여가시간	

---

25) PISA(Programme for International Student Assessment) : 만 15세 학생들의 읽기, 수학, 과학 소양 수준 파악 및 소양 수준에 영향을 주는 배경 변인과의 연계 분석을 통해 각 국 교육 정책 수립의 기초 자료 제공하기 위해 OECD에서 주관하는 학업성취도 평가.

4) 연구방법

여기에서 사용된 지표들은 11개 상위지표를 중심으로 하위지표들이 합쳐진 것이다. OECD BETTER LIFE INDEX 홈페이지에는 이 지표들을 어떻게 계산하고, 합치고, 가중치를 부여했는지를 소개하고 있다.

먼저 어떻게 가중치를 부여했는가에 대한 문제이다. 우선 모든 주제에 대해서 동일하게 1점을 부여하였다. 하지만 사용자 즉, 자신이 더 중요하다고 생각하는 영역에 대해서 가중치를 부여하여 최종 점수를 확인할 수 있도록 하였다. 즉, 각각의 주제에 대해서 0점 "전혀 중요하지 않음"에서 5점 "매우 중요함"까지 점수를 매길 수 있게 한 것이다. 중요도에 따라서 전체점수에서 해당하는 비율이 달라진다. 예를 들어서 건강분야 분야에는 5점, 교육분야에는 3점을 매겼다면 전체점수에서 건강분야는 5/37(13.5%)가 되고, 교육분야는 3/37(8.1%)가 되는 것이다.

두 번째는 지표들의 합산이다. 지표의 합산은 각각의 하위지표들을 동등하게 합하여 사용하였다. 예를 들어서 교육은 교육목표달성도(educational attainment), 기술습득(Student skills), 독서능력(reading skills)의 세 가지 지표가 합산된 것이다.

세 번째는 각각의 단위가 다른 지표들을 어떻게 표준화하였는가의 문제이다. 예를 들어 단위가 돈(달러), 년 등으로 다른 경우의 문제이다. 이 경우 0(최악)과 1(최고) 사이에서 표준화하였다.

4. WORLD BANK 두잉 비즈니스(DOING BUSINESS) 지표

1) 목적과 주요개념

WORLD BANK에서 만든 DOING BUSINESS지표는 정부의 사적부분에 대한 규제와 연관되어 있다. 주로 자유주의적 경제학자들로 구성된 WORLD BANK는 시장활성화와 규제완화 등에 많은 강조를 하고 있다. 사적경제부분의 발전에 있어서 정부의 규제는 매우 중요한 요소라고 본다. 개발도상국에서 사적부분에 고용된 노동자가 전체의 90%에 해당할 만큼 매우 높은 큰 비중을 차지하고 있

다고 보기 때문에 더욱 중요한 문제로 본다(WORLD BANK, 2014). DOING BUSINESS 지표는 이러한 사적부분의 중요성에 초점을 두고 데이터 수집을 바탕으로 하여, 국제단위의 비교를 하는 보고서를 생산하고 있는 중이다.

DOING BUSINESS 지표는 2003년을 시작으로 매해 결과가 보고되고 있으며, 현재 2014년 리포트가 공개된 상태이다. World Bank에서는 1980년대와 1990년대에 개념화와 지표의 구성에 대해 많은 학자들의 논쟁을 거친 결과, 당시에는 서베이를 바탕으로 한 인식지표에 초점을 뒀었다. 또한 초기의 각 나라의 경제분야 전문가에 대한 서베이를 통해 보고서가 작성되었다. 이것은 이들이 자신의 경험을 바탕으로 한 그 나라의 사업환경을 잘 평가하고 있다는 전제하에서 된 것이다.

표 28 World Bank의 Doing Business 개요

시작년도	2003년도	작성주기	매년
조사대상 국가	2014년 189 개국	조사지표수	36개
		경성 : 연성	모두 설문
데이터베이스 제공 여부	제공하고 있음	설문조사 대상	지역전문가
보고서 발간 여부 (인터넷 제공 여부)	보고서 발간(O)	방법론 제공 여부	제공함

생산기관: 세계은행(World Bank)
웹페이지: http://www.doingbusiness.org/

2) 특 징

DOING BUSINESS 지표는 각각의 지역에 속해있는 사(私)기업체들에 대한 규제를 중심으로 지표가 수집되어 있다. 각 경제주체들이 어떻게 공정하게 경쟁하며 경제행위를 할 수 있는가에 대한 문제에 관심을 집중하고 있다. 즉 규제완화(deregulation)가 곧 바람직한 경제행위라고 보고, 정부의 과도한 규제를 부정적으로 본다는 특징을 가지고 있다.

지표의 구성은 크게 두 가지 차원으로 되어 있다. 첫째는 규제와 법에 관한 데이터이고, 둘째는 규제절차의 비용과 복잡함을 측정한 데이터이다. 이와 같

이 DOING BUSINESS 지표의 구성내용은 사기업에 대한 정부의 규제정책이 효과적으로 설계되어야 한다는 가치인식에 기초하고 있음을 알 수 있다. 11년 동안 189개국에서 25,000명의 지역전문가가 데이터를 수집하는 데 기여를 하였다. 다만, 한 나라에 평균 100명에 못 미치는 전문가들의 의견에 의존하고 있기 때문에 대표성에도 문제가 있을 수 있을 것이다.

3) 세부지표

이 지표는 10개의 하위지표로 구성되며, 각각의 지표는 특정한 가정과 이론을 바탕으로 하여 표준화된 지표(indicator)를 사용하였다. 분야는 사업을 하는 사람들이 흔히 겪는 민원분야를 포착하는데 중점을 두고 있다. 구체적으로는 사업시작, 건축허가, 전기공급, 재산등기, 신용, 투자자보호, 세금, 무역, 계약이행, 파산처리로 구성되어 있다.

표 29   Word Bank의 Doing Business 세부지표

지표	하위지표	세부하위지표	지표수
Word Bank Doing Business	사업시작 (Starting a Business)	법적 절차(수)	4개
		절차 완료 시간(일)	
		절차 완료 비용(1인당 소득에서의 비율)	
		최소필요자본[26](1인당 소득에서의 비율)	
	건축허가 (Dealing with Construction Permits)	법적 절차(수)	3개
		절차 완료 시간(일)	
		절차 완료 비용(1인당 소득에서의 비율)	
	전기공급 (Getting Electricity)	법적 절차(수)	3개
		절차 완료 시간(일)	
		절차 완료 비용(1인당 소득에서의 비율)	
	재산 등기 (Registering Property)	법적 절차(수)	3개
		절차 완료 시간(일)	
		절차 완료 비용(1인당 소득에서의 비율)	

---

26) 사업시작 후 3개월까지 은행이나 공증 등을 통해 요구되어지는 보증금.

지표	하위지표	세부하위지표	지표수
Word Bank Doing Business	융자 (Getting Credit)	채권채무자 권리보호 정도(0-10)	4개
		신용정보의 접근가능성(0-6)	
		공공신용등록된 개인과 기업(성인인구 중 비율)	
		최대사설신용기관에 등록된 개인과 기업(성인인구 중 비율)	
	투자자보호 (Protecting Investors)	공시투명성의 정도(0-10)	4개
		소액주주 보호정도(0-10)	
		주주소송의 용이함(0-10)	
		투자자 보호 정도(0-10)	
	세금 (Paying Taxes)	기업의 세금납부 횟수(년간)	3개
		세금납부절차에 필요한 시간(년간)	
		총조세율(수익 대비 비율)	
	무역 (Trading Across Borders)	수출에 필요한 서류(수)	6개
		수출에 필요한 시간(일)	
		수출에 드는 비용(컨테이너 당 US$)	
		수입에 필요한 서류(개수)	
		수입에 필요한 시간(일)	
		수입에 드는 비용(컨테이너 당 US$)	
	계약이행 (Enforcing Contracts)	법원을 통한 계약 강제이행 절차(수)	3개
		절차에 필요한 시간(일)	
		절차에 필요한 비용(1인당 소득에서 비율)	
	파산 회복 (Resolving Insolvency)	파산 회복 절차(수)	3개
		절차에 필요한 시간(일)	
		절차에 필요한 비용(1인당 소득에서 비율)	

4) 연구방법

DOING BUSINESS의 지표는 기본적으로 189개 국가에 대해서 각각의 하위지표에 대해서 〈표 30〉의 구성항목을 측정한다. 지난 11년간 25,000명 이상이 응답에 응했다. 전문가(정부공무원, 각각의 주제에 대한 법률 분야 전문가 및 규제분야 전문가)의 의견이 취합되어 데이터가 생산된다. 데이터의 구성은 기본적으로 표준화하여 합산하는 방식을 선택하였다.

2014년 결과의 경우에 설문지는 10,200명의 각 국가 전문가들이 응답한 것으로 보고하였다. 법조인, 비즈니스 컨설턴트, 회계사, 정부공무원, 기타 다른 분야 전문가들이 설문에 응하였다. 각각의 주제에 대해 응답한 응답자는 다음의 표와 같다.

추가적으로 근로자 고용에 대한 설문자료를 수집하고 있으나 아직 지표체계에는 반영하지 않고 있다.

표 30 각 주제에 대한 응답상황

세부지표	응답자수	한 국가의 응답자 수(%)		
		1-2명	3-5명	5명 이상
사업시작	1831	5	28	67
건축허가	956	25	37	38
전기공급	811	25	50	24
재산등기	1189	17	35	47
신용	1453	7	33	50
투자자보호	1110	24	37	40
세금	1186	8	39	52
무역	1040	20	49	31
계약이행	1248	18	39	43
파산처리	1047	23	37	40
근로자 고용	1155	19	40	42
total	13026	17	39	44

5. FREEDOM HOUSE 세계자유지수(FREEDOM IN THE WORLD)

1) 목적과 주요개념

Freedom House[27]에서 실시하는 The Freedom in the World Survey는 정

---

27) 1941년 프랭클린 루즈벨트의 영부인 엘라노어 등 유명인사들이 만든 비영리 단체로, UN 세계 인권선언을 주도하였다. 오늘날에는 세계의 자유 확장을 위해 각 나라의 정부를 감시하고 있다.

치분야의 경쟁력을 비교할 수 있는 자료를 발표하고 있다. 구체적으로 195개 국가에 대해서 매해 데이터를 수집하고 분석을 실시하고 있다. 오늘날의 민주주의가 더 이상 하나의 국가에 한정되지 않으며, 전 세계에 공통적으로 적용될 수 있는 가치라고 전제한다. 이를 전제로 모든 국가의 시민들이 정치적 권리와 시민의 자유를 가지고 있는가를 파악하고 비교하기 위해서 FREEDOM IN THE WORLD지표를 만들었다.

데이터는 크게 두 가지 범주로 분류된다. 첫째, 정치적 권리(Political Rights), 둘째, 시민의 자유(Civil Liberties)이다. 이것은 각 나라의 민주화정도(political democratization)을 나타내는 자료로 비교적 잘 활용되는 지수이다.

표 31　　FREEDOM IN THE WORLD 개요

시작년도	1973년도	작성주기	매년
조사대상 국가	2014년 195 개국	조사지표수	25개
		경성 : 연성	모두 설문
데이터베이스 제공 여부	제공하고 있음	설문조사 대상	시민
보고서 발간 여부 (인터넷 제공 여부)	보고서 발간(O)	방법론 제공 여부	제공함

생산기관: Freedom House
웹페이지: http://www.freedomhouse.org/report-types/freedom-world#.U2IBH_I_tNc

2) 특 징

각 국가의 설문결과를 7점 척도로 변환하여 1점이 가장 자유로운 것이며, 7점이 가장 자유롭지 못한 것으로 평가한다. 이를 카테고리화 하면 자유로움(Free, 1.0~2.5.), 부분적으로 자유로움(Partly Free, 3.0~5.0.), 혹은 자유롭지 않음(Not Free, 5.5~7.0점)로 구분한다. 이를 바탕으로 그 나라의 정치민주화 정도를 평가하여, 긍정적 혹은 부정적 경향을 예측하고 있는 것이다. Freedom House 는 정부성과에 대해서 직접 측정하기 보다는, '국민이 정치활동을 어느 정도 자유롭게 할 수 있는가?'와 같은 정치적 성과 혹은 정치적 경쟁력을 나타내는 지

표라고 하겠다. 이 서베이 데이터는 특히 정치후진국을 연구하는 각 국의 지역 전문가와 학자들에 의해서 분석되어 보고되고 있다. 1972년 이후로 지속적인 보고서를 작성하여 공표하고 있으며, 이 자료들은 비교연구에 기여를 하고 있다. 아프리카, 아시아, 남미 등 국민들이 정치적으로 억압을 받고 있는 나라에 대한 중요한 계량적 데이터로서, 각 국의 전문가, 정책형성자, 학자, 언론에서 자료를 활용하고 있다.

3) 세부지표

정치적 권리는 하위 3개 구성요인을 가지고 있다. 선거과정(electoral process), 정치적 다원주의와 참여(political pluralism and participation), 정부의 기능(functioning of government)이다. 시민자유는 4가지 하위구성요인이 있다. 표현과 믿음의 자유 (freedom of expression and belief), 결사와 조직의 권리(associational and organizational rights), 법치주의(rule of law), 개인적 자유와 개인적 권리(personal autonomy and individual rights)이다.

표 32   Freedom House 세부지표

지표	하위지표	세부하위지표	지표수
FREEDOM HOUSE	정치적권리 (Political Right)	선거과정(ELECTORAL PROCESS) 1. 국가수장은 자유롭고 공정한 선거로 선출되었는가? (Is the head of government or other chief national authority elected through free and fair elections?) 2. 국회의원은 자유롭고 공정하게 선출되었는가? (Are the national legislative representatives elected through free and fair elections?) 3. 선거법 및 선거체계가 공정한가? (Are the electoral laws and framework fair?)	3개
		정치적 다원주의 및 참여(POLITICAL PLURALISM AND PARTICIPATION) 1. 결사의 자유가 보장되고 있는가? (Do the people have the right to organize in different political parties or other competitive political groupings of their choice, and is the system open to the rise and fall of these competing parties or groupings?) 2. 선거에서 반대투표를 통하여 지지를 얻거나 권력을 증대하는 혹은 이런 상황이 나타날 현실적 가능성이 있는가?	

지표	하위지표	세부하위지표	지표수
		(Is there a significant opposition vote and a realistic possibility for the opposition to increase its support or gain power through elections?) 3. 국민들의 정치적 선택은 군사통제, 외국세력, 전체주의정당, 종교계급, 경제과두 및 기타 권력조직의 영향을 받는가? (Are the people's political choices free from domination by the military, foreign powers, totalitarian parties, religious hierarchies, economic oligarchies, or any other powerful group?) 4. 다양한 문화, 종족, 종교, 민족 단체들은 동등한 정치권리 및 선거권을 가지고 있는가? (Do cultural, ethnic, religious, or other minority groups have full political rights and electoral opportunities?)	4개
		정부기능(FUNCTIONING OF GOVERNMENT) 1. 선출된 정부 수장 및 국회의원들이 정부정책을 결정하는가? (Do the freely elected head of government and national legislative representatives determine the policies of the government?) 2. 정부에 부패가 만연해 있는가? (Is the government free from pervasive corruption?) 3. 정부가 유권자에 대하여 책임을 지고 있는가? 정부운영이 개방적이고 투명한가? (Is the government accountable to the electorate between elections, and does it operate with openness and transparency?)	3개
	시민자유 (Civil Liverty)	언론 및 신앙자유(FREEDOM OF EXPRESSION AND BELIEF) 1. 자유롭고 독립적인 매체 혹은 기타 문화적 표현 형식이 있는가? (Are there free and independent media and other forms of cultural expression? (Note: In cases where the media are state-controlled but offer pluralistic points of view, the survey gives the system credit.) 2. 종교기관 및 단체들은 공개적으로 혹은 사적으로 신념을 실천하고 표현할 수 있는가? (Are religious institutions and communities free to practice their faith and express themselves in public and private?) 3. 학문의 자유가 보장되는가? 교육체제에 정치적 세뇌교육이 없는가? (Is there academic freedom, and is the educational system free of extensive political indoctrination?) 4. 개방되고 자유로운 사적 토론이 이루어지는가? (Is there open and free private discussion?)	4개
		연합 및 조직 권리 ASSOCIATIONAL AND ORGANIZATIONAL RIGHTS 1. 집회, 시위, 공공토론의 자유를 가지고 있는가? (Is there freedom of assembly, demonstration, and open public discussion?)	

지표	하위지표	세부하위지표	지표수
		2. 시민조직, 이익 단체, 재단 등. 비정부조직을 자유롭게 만들 수 있는가? (Is there freedom for nongovernmental organizations?) (Note: This includes civic organizations, interest groups, foundations, etc.) 3. 자유노동조합, 노동조직 등 유사조직이 있는가? 효과적인 단체교섭을 형성하고 있는가? 자유로운 전문 및 사조직들이 있는가? (Are there free trade unions and peasant organizations or equivalents, and is there effective collective bargaining? Are there free professional and other private organizations?)	3개
		법치주의(RULE OF LAW) 1. 사법부가 독립되어 있는가? (Is there an independent judiciary?) 2. 시민과 범죄자에 대하여 법률이 작용하고 있는가? 경찰에 대한 민간통제가 형성되어 있는가? (Does the rule of law prevail in civil and criminal matters? Are police under direct civilian control?) 3. 체제의 지지와 반대를 불문하고 정치 테러, 부당한 구금, 추방, 고문을 당하지 않게끔 보호하고 있는가? 전쟁과 반란의 위험이 없는가? (Is there protection from political terror, unjustified imprisonment, exile, or torture, whether by groups that support or oppose the system? Is there freedom from war and insurgencies?) 4. 법률, 정책, 관행이 다양한 소수자를 평등하게 대하고 있는가? (Do laws, policies, and practices guarantee equal treatment of various segments of the population?)	4개
		개인 자율성 및 개인 권리 (PERSONAL AUTONOMY AND INDIVIDUAL RIGHTS) 1. 시민들은 여행, 거주지, 일자리, 고등교육을 선택하는 자유를 가지고 있는가? (Do citizens enjoy freedom of travel or choice of residence, employment, or institution of higher education?) 2. 시민은 재산소유와 자영업의 권리를 가지고 있는가? 자영업 행위는 정부관원, 치안부대, 정당, 조직 범죄의 영향을 크게 받는가? (Do citizens have the right to own property and establish private businesses? Is private business activity unduly influenced by government officials, the security forces, political parties/organizations, or organized crime?) 3. 양성평등, 혼인자유, 가족크기 결정 등 사회적 자유가 형성되어 있는가? (Are there personal social freedoms, including gender equality, choice of marriage partners, and size of family?) 4. 기회의 평등이 형성되고 경제적 착취가 없는가? (Is there equality of opportunity and the absence of economic exploitation?)	4개

4) 연구방법

Freedom House는 비교적 간단한 총 25개의 설문문항을 사용하고 있다. 객관적 응답을 하지 않을 것을 예상되는 정부 관료를 제외한, 개인들에게 자기나라의 실제 정치적 권리와 자유를 평가하도록 질문을 한다. 정치적 자유와 같은 추상적 개념은 객관적으로 측정할 수 없기 때문에 개인이 피부로 느끼는 인식을 측정하는 것이다.

표 33 설문종합점수의 변환: Freedom House

정치적 자유도		시민 자유도	
총합	변환점수	총합	변환점수
36~40	1	53~60	1
30~35	2	44~52	2
24~29	3	35~43	3
18~23	4	26~34	4
12~17	5	17~25	5
6~11	6	8~16	6
0~5	7	0~7	7

점수의 계산은 각각 설문문항에 대하여 0~4점으로 응답하도록 하여, 정치적 권리에 대한 10개의 문항 40점, 시민의 자유에 관한 15개 문항 60점이 되도록 합산을 한다. 이렇게 합산된 점수는 다시 정치적 권리와 시민자유도에 따라 아래 표와 같이 7점 척도로 변환된다. 이렇게 변환된 점수의 평균값을 통해 자유(1.0~2.5), 부분적 자유(3.0~5.0), 비자유(5.5~7.0)를 평가한다.

2014년 평가 결과, 자유국은 88개국으로 전체의 45%, 부분적 자유국은 59개국으로 전체의 30%, 비 자유국은 48개국으로 전체의 25%에 해당한다.

6. Institute for Economics and Peace(IEP)의 국제평화지표(Global Peace Index)

1) 목적과 주요개념

단순히 경제성장을 지표화하는 것보다는 인간의 기본 권리로서 평화로운 삶을 누리는 정도를 지표화하는 것도 시도되고 있다. 아직도 내전과 같은 심각한 분쟁을 겪고 있는 아프리카 등 일부 지역에서는 이 지표가 더욱 적실성이 있을 것이다. 그렇다고 하여, 이 지표가 전쟁부재와 같이 좁은 의미의 평화만을 포함하고 있는 것이 아니고, 건전한 경제환경(a sound business environment) 등 다양한 차원을 포함하고 있다. 즉, 본 연구의 관심 대상인 한 나라의 경쟁력을 포괄적으로 나타내고 있는 것이라고 해도 과언이 아니다.

경제평화연구소(Institute for Economics and Peace,IEP)에서 만든 국제평화지표(Global Peace Index (GPI))가 그런 지표이다. 이는 국가와 지역의 상대적인 평화상황정도를 수치화하여 측정하는 것이다. 22개의 양적, 질적 자료로 구성되며, 총 162개의 국가를 대상으로 한다.

지표의 구성은 Institute for Economics and Peace(IEP)가 주관하며, 평화관련기구의 평화분야 전문가들을 패널로 구성하여 데이터를 형성하고 Economist Intelligence Unit을 통해 수집된다.

이들이 구성한 평화의 개념은 8개의 주요개념으로 구성된다. 정부가 잘 기능하는가, 이웃국가와 좋은 관계에 있는가, 부패수준은 낮은가, 타인의 인권에 대한 수용도, 높은 인적자원 수준, 적절한 사업 환경, 정보의 자유로운 흐름, 자원의 평등한 분배이다.

2) 특 징

처음으로 데이터를 만들기 시작한 시기는 2007년 5월이며, 처음엔 121개국을 대상으로 하였다. 계속 국가가 추가되어 현재는 162개국에 달한다. 이 연구는 호주 출신 Steve Killelea, Kofi Annan, the Dalai Lama, Desmond Tutu, Martti Ahtisaari, Muhammad Yunus, Jeffrey Sachs, Mary Robinson, Jan

Eliasson, US president Jimmy Carter 등의 후원으로 진행되었다. 이 연구는 매해 런던과 워싱턴, 뉴욕의 UN에서 발표된다.

표 34 Global Peace Index 개요

시작년도	2007년도	작성주기	매년
조사대상 국가	2013년 162개국	조사지표수	22개
		경성 : 연성	13 : 9
데이터베이스 제공 여부	제공하고 있음	설문조사 대상	설문조사 없음
보고서 발간 여부 (인터넷 제공 여부)	보고서 발간(O)	방법론 제공 여부	제공함

생산기관: Institute for Economics and Peace(IEP)
웹페이지: http://economicsandpeace.org/research/iep-indices-data/global-peace-index

GPI 지표를 통한 연구는 단순히 이 지표의 발표에만 국한되지 않는다. 예컨대, 평화와 관련이 있는 국제지표(민주주의, 투명성, 교육, 웰빙)와의 관계를 조사하고 연구한다. GPI 지표를 통해 밝혀진 주요 이론적 함의점은 다음과 같다.

첫째, 평화는 소득, 학교교육, 지역적 통합 정도와 상관관계가 있다. 소득이 낮거나, 교육수준이 낮고, 그리고 지역간 갈등이 높을수록 평화지수는 낮다.

둘째, 평화로운 국가는 높은 수준의 정부투명성과 낮은 부패수준과 관련이 있다. 인과관계는 분명히 알 수 없겠지만, 평화수준이 정부의 역량과 관계가 있는 것으로 보인다.

셋째, 안정적인 국가는 지역적 블록과 관련이 있으며, 대체로 평화지수가 높았다. 국제평화는 동일한 지역 내의 협력적 관계에 좌우된다는 것이다.

3) 세부지표

국제평화지수는 총 22개의 지표로 구성되어 있다. 이를 위해 사용하는 원자료는 UCDP(Uppsala Conflict Data Program), EIU(Economist Intelligence Unit analysts), UNHCR(the United Nations High Commissioner for Refugees), UNCTS(the United Nations Survey of Crime

Trends and Operations of Criminal Justice Systems), SIPRI(Stockholm International Peace Research Institute) 등의 공신력 있는 기존 데이터를 활용한다. 사용하는 데이터는 반드시 양적인 것에 국한되지 않고 질적자료를 총합하여 사용한다.

표 35　Global Peace Index 세부지표

지표	하위지표
Global Peace Index	외부 및 내부 충돌 수 (Number of external and internal conflicts fought)
	외부 조직적 충돌로 인한 사망자 수 (Number of deaths from organised conflict-external)
	내부 조직적 충돌로 인한 사망자 수 (Number of deaths from organised conflict-internal)
	내부 조직적 충돌 수준 (Level of organised conflict-internal)
	인접국가와의 관계 (Relations with neighbouring countries)
	잠재적 범죄 수준 (Level of perceived criminality in society)
	인구대비 난민 비중 (Number of refugees and displaced persons as percentage of population)
	정치적 불안정 (Political instability)
	테러 활동 (Terrorist activity)
	정치적 테러 규모 (Political Terror Scale)
	인구 십만명당 살인자 수 (Number of homicides per 100,000 people)
	폭력 범죄 수준 (Level of violent crime)
	폭력 시위 가능성 (Likelihood of violent demonstrations)
	인구 십만명당 수감자 수 (Number of jailed persons per 100,000 people)
	인구 십만명당 청원경찰 및 경찰 수 (Number of internal security officers and police per 100,000 people)

지표	하위지표
	GDP 대비 군비지출 비중 (Military expenditure as a percentage of GDP)
	군인 수 (Number of armed-services personnel)
	인구 십만명당 주요 재래식무기 수입량 (Volume of transfers of major conventional weapons as recipient(imports) per 100,000 people)
	인구 십만명당 주요 재래식 무기 수출량 (Volume of transfers of major conventional weapons as supplier(exports) per 100,000 people)
	국제 연합 평화유지미션에 대한 재정기여 (Financial contribution to UN peacekeeping missions)
	원자력 및 중화기 역량 (Nuclear and Heavy Weapons capability)
	소화기 및 경화기의 접근 용의성 (Ease of access to small arms and light weapons)

4) 연구방법

개별항목 수준에서 다른 데이터소스에서 취합한 지표(indicator)를 단순 합산하는 것이 아니고, 전문가 패널의 판단과 중요도에 따라서 가중치를 부여한다. 구체적으로 점수는 두 가지 측면을 고려하여 가중치가 부여된다. 첫째는 내부적 평화이다. 이 내부적 평화를 나타내는 지표에는 각 국가의 최종점수의 60% 가중치가 부여된다. 둘째는 외부적 평화로서 각 국의 최종점수의 40% 가중치가 부여된다.

각 지표점수는 1~5점 척도로 변환하여 사용된다. 즉, 원자료에서 얻은 것은 처음부터 1~5점의 척도를 가지는 것은 아니었다. 따라서 다음과 같은 척도의 변환과정을 거친다. 그 공식은 x=(x-Min(x))/(Max(x)-Min(x))이다. 여기서 Max(x), Min(x)은 각각 최대값과 최소값을 의미한다.

7. Worldwide Governance Indicator(WGI)

1) 목적과 주요 개념

World Bank에서 측정하고 있는 Worldwide Governance Indicator(이하 WGI)
는 31개의 기관으로부터의 약 8,500개의 데이터를 합산하여 측정되고 있으며,
측정된 값을 바탕으로 1996년부터 2013년까지 매년 200여 개 국가들의 순위를
산정해내고 있다. 또한 WGI는 지수를 개발한 경제학자 Daniel Kaufmann과
Aart Kraay의 이름의 앞 글자를 따서 'KK지수'라고 불리기도 한다.

표 36 Worldwide Governance Indicator 지수 개요

시작년도	1996년	작성주기	매년
조사대상 국가	2013년 215개국	조사지표수	2013년 6개
자료제공 기관 수	31개 기관	경성 : 연성	–
데이터베이스 제공 여부	제공	설문조사 대상	개인, 기업, 전문가들
보고서 발간 여부 (인터넷 제공 여부)	보고서 발간(O)	방법론 제공 여부	제공함

생산기관: World Bank
웹페이지: http://info.worldbank.org/governance/wgi/index.aspx#home

미국과 같은 선진국의 경제학적 시각에서 많은 연구가 진행되는 World Bank
는 각종 지표에도 이런 시각을 암묵적으로 내포하고 있다. World Bank 등과
같은 국제기구에서 국가 혹은 기업의 지배 및 관리구조라고 할 수 있는 거버넌
스가 주요 관심사 중 하나로 떠오르게 된 것은 동아시아 지역을 중심으로 발생
했던 1997년 외환위기 이후이다. 외환위기 당시 특정 국가 및 기업이 위기를
맞게 된 데에는 거버넌스 자체에 문제가 있기 때문이라고 본 것이다. 따라서 여
러 국가들의 다양한 거버넌스 상황과 그 변화를 지속적으로 관찰하여 문제가
발생할 수 있는 가능성을 미리 예측할 수 있다면 사전적으로 예방하거나 개선
할 수 있다고 본다. 이러한 시각에서 지표를 산출한 것이 WGI이다.

2) 특징 및 세부지표

WGI는 다른 지표에 비하여 다음과 같은 특징을 가진다. 가장 두드러진 특징은 WGI 지수 산출에 투입되는 기초자료가 상당히 광범위하다는 것이다. 전술한 바와 같이 다른 경쟁력 지표에서 보통 사용되는 원 자료 지표는 수십 개에서 많게는 2~300개 정도이다. 이에 반해 WGI는 국제적인 민·관 기관 31곳에서 생산하는 33개의 자료를 대상으로 한다. 실제로 사용되는 데이터의 총 개수는 약 8,500개로 다른 데이터의 추종을 불허한다. 이러한 원 자료를 생산하는 민·관 기관들은 각 국가별로 다양한 개인, 기업 및 관련 분야의 전문가를 대상으로 설문조사를 실시하여 그 결과를 발표하는데, WGI는 이러한 원 자료를 광범위하게 이용한다. 예컨대, IMD에서 발표하는 국가경쟁력 지수도 경성데이터와 연성데이터를 사용하면서 이런 과정을 거쳐 산출된 것인데 이 역시 WGI 지표 산출에 사용되는 33개의 원 자료에 포함되어 있다. 따라서 WGI는 세계 각지의 여러 기관 및 국제기구들에 의해 산출되고 있는 다양한 지표들을 모두 모았다는 점에서 큰 의의가 있으며, 데이터베이스 기능 측면에서도 그 의미가 있다.

31개의 데이터 출처 기관은 크게 4가지 정도로 분류할 수 있다. ① 설문조사 기관(9곳), ② 기업 정보 제공기관(4곳), ③ 비정부기구(NGOs)(10곳), ④ 공공데이터 제공자(8곳)로부터 각종 데이터를 합산하고 있다. 대표적인 데이터 출처 기관으로는 IMD(스위스 국제경영원), WEF(세계경제포럼), TI(국제투명성기구), EIU(Economist Intelligence Unit) 등을 꼽을 수 있다.

둘째, WGI는 조사 대상 국가별 현황을 다음의 6개 분야로 나누어 평가하고 있다.

- 국민의 정치적 권리 및 목소리 반영 정도와 함께 언론의 자유를 측정하는 '목소리와 책임성(Voice and Accountability)',
- 평화적 정권교체 가능성의 척도가 되는 '정치적 안정성과 폭력(테러)의 부재(Political Stability and Absence of Violence)',
- 정부 및 공무원의 자질·서비스·정치적 중립성 등이 측정되는 '정부효과성(Government Effectiveness)',

- 민간부문의 발전에 도움이 되는 규제의 정도를 측정하는 '규제의 질(Regulatory Quality)',
- 사회의 다양한 분야에서의 준법 수준을 측정하는 '법의 지배(Rule of Law)',
- 공공부문에서 발생할 수 있는 다양한 종류의 부정행위, 비리 및 부패 방지 척도 등을 측정하는 '부패통제(Control of Corruption)' 분야로 이루어져 있다.

표 37 WGI의 평가 체계 및 내용

구성요소		내용
정부가 선택되고 감시되고 교환되는 과정 (The process by which governments are selected, monitored and replaced)	목소리와 책임성 (Voice and Accountability)	시민들이 정부에 참여할 수 있는 한계, 표현의 자유, 단체결사의 자유, 언론의 자유 등을 측정함
	정치적 안정성과 폭력(테러)의 부재 (Political Stability and Absence of Violence/Terrorism)	소요 사태나 테러를 포함한 반국가단체 및 폭력에 의하여 국가가 불안정하게 될 가능성에 대한 인지정도를 측정함
정부의 효율적으로 수립하고 집행하는 능력 (The capacity of the government to effectively formulate and implement sound policies)	정부 효과성 (Government Effectiveness)	공공서비스의 질, 민간서비스의 질과 정치적 압력으로부터의 독립성, 정책수립에 있어서의 효율성 등을 측정함
	규제의 질 (Regulatory Quality)	민간 부문의 개발을 위한 정부의 강력한 정책이나 규제를 제정할 수 있는 능력을 측정
경제와 사회적 상호관계를 관리하는 기관에 대한 국가와 시민의 존중 (The respect of citizens and the state for the institutions that govern economic and social interactions among them)	법치주의 (Rule of Law)	경찰, 법, 범죄, 폭력 등을 제어할 수 있는 능력의 정도
	부패 통제 (Control of Corruption)	개인의 이익 등을 위해 행해진 대규모 부패에 대해 이를 제어하는 공권력의 정도를 측정

출처: 산업연구원. 2010. 2010년도 국제평가기관의 국가경쟁력 보고서 분석 및 평가. p.161

3) 연구방법

World Bank의 World Governance Indicator는 특수한 별도의 방법론이 있다고 보기는 어렵다. 기존의 전문가조사 자료, 시민들을 대상으로 한 설문조사 자료 그리고 각 국제기구의 국가에 대한 평가자료 등을 총합하여 WGI 거버넌

스 지수를 산출하고 있다. 예를 들어, 31개의 원자료(underlying data source)에는 기존의 선행연구가 사용하던 ICRG, BERI 조사도 포함되어 있으며 Freedom house의 정치적 자유와 권리 등에 관한 지표도 포함되어 있다. 또한 여러 국제 금융기구(ADB, AfDB, IDA) 등의 국가별 거버넌스 평가 자료를 활용하고 있다.

특히, World Bank가 2008년 이후 일반대중에게 공개하기 시작한 국가별 정책 및 제도평가지수(CPIA, Country Policy and Institutional Assessment)도 원 자료에 포함된다(Kaufmann, Kraay, & Mastruzzi, 2010). 예를 들어, 정치참여와 책임성을 나타내는 Voice and Accountability 지표의 경우, 20개의 조사 자료로부터 총 53개의 관련 문항을 추출한 뒤 이를 하나의 변수 값으로 도출하였다. 정치적 안정성 변수의 경우 8개의 조사 자료로부터 총 22개 문항을 하나의 집합으로 구성하여 최종적으로 정치적 안정성 지표에 해당하는 변수 값으로 추정하였다.

표 38 WGI의 31개의 데이터 출처 기관 및 지표

기관 및 지표	지표 유형
African Development Bank / Country Policy and Institutional Assessments(CPIA)	전문가 조사(공공 데이터 제공자)
Afrobarometer	설문조사
Asian Development Bank / Country Policy and Institutional Assessments(CPIA)	전문가 조사(공공 데이터 제공자)
Business Enterprise Environment Survey	설문조사
Bertelsmann Transformation Index(BTI)	전문가 조사(비정부기구)
Freedom House Countries at the Crossroads	전문가 조사(비정부기구)
European Intelligence Unit / Riskwire & Democracy Survey	전문가 조사(공공 데이터 제공자)
Economist Intelligence Unit / Riskwire & Democracy Index	전문가 조사(기업 정보 제공자)
Freedom House	전문가 조사(비정부기구)
Transparency International / Global Corruption Barometer Survey	설문조사
World Economic Forum(WEF) / Global Competitiveness Report	설문조사
Global Integrity Index	전문가 조사(비정부기구)
Gallup World Poll	설문조사

기관 및 지표	지표 유형
Heritage Foundation / Index of Economic Freedom	전문가 조사(비정부기구)
Cingranelli Richards / Human Rights Database and Political Terror Scale	전문가 조사(공공 데이터 제공자)
IFAD / Rural Sector Performance Assessments	전문가 조사(공공 데이터 제공자)
IJET / Country Security Risk Ratings	전문가 조사(기업 정보 제공자)
Institutional Profiles Database	전문가 조사(공공 데이터 제공자)
IREEP African Electoral Index	전문가 조사(비정부기구)
Latinobarometro	설문조사
International Research and Exchanges Board Media Sustainability Index	전문가 조사(비정부기구)
International Budget Project Open Budget Index	전문가 조사(비정부기구)
World Bank / Country Policy and Institutional Assessments(CPIA)	전문가 조사(공공 데이터 제공자)
Political Economic Risk Consultancy Corruption in Asia Survey	설문조사
Political Risk Services International Country Risk Guide	전문가 조사(기업 정보 제공자)
Reporters Without Borders / Press Freedom Index	전문가 조사(비정부기구)
US State Department Trafficking in People report	전문가 조사(공공 데이터 제공자)
Vanderbilt University Americas Barometer	설문조사
Institute for Management and Development(IMD) / World Competitiveness Yearbook	설문조사
World Justice Project / Rule of Law Index	전문가 조사(비정부기구)+설문조사
Global Insight Business Conditions and Risk Indicators	전문가 조사(기업 정보 제공자)

출처: World Bank. http://info.worldbank.org/governance/wgi/table1.pdf

　　수치로 계량화하기 어려운 추상적인 개념인 거버넌스를 측정하기 위해서 World Bank에서는 비관측요인모형(unobserved components model, UCM)을 활용한다. 비관측요인모형의 기본 논리는 각각의 데이터가 측정 불가능한 추상적인 개념을 드러내는 불완전한 신호(signal)를 제공한다고 가정한다. 또한 관측 불가능한 거버넌스라는 개념을 관측 가능한 거버넌스 값으로 산출하기 위해서 기본적으로 회귀식을 통한 추정방법을 활용하였다.

　　먼저 거버넌스의 개념을 6개의 구성개념으로 구분하고 측정하고자 하는 거버

넌스 변수와 관련된 설문조사 문항을 선별하여 6개 거버넌스 개념에 따라 분류한다. 그런데 각 원 자료가 조사 및 평가에서 사용한 점수의 범위가 다르기 때문에 이를 모두 0~1 사이 값으로 재조정한다. 그리고 난 뒤 비관측요인모형의 가정에 의거하여 각각의 값들이 거버넌스와 선형관계가 있다고 가정하고 다음과 같은 회귀식을 이용하여 거버넌스 지표를 산출해 낸다. 이 때 원 자료별로 다른 가중치를 부여하는 데 신뢰성이 높고 상호간의 상관관계가 높은 원 자료에 더 많은 가중치를 부여하여 계산한다. 이와 같은 과정을 거쳐 탄생한 WGI 지표 값은 −2.5~+2.5 의 값을 가지며, 평균이 0, 표준편차가 1이 되도록 표준화되어 있다.

8. 국가 정책 및 제도 평가(Country Policy and Institutional Assessment)

1) 목적과 주요 개념

World Bank 산하 국제개발협회(International Development Association, 이하 IDA)에서는 개발도상국에게 무·유상원조를 제공하는 문제를 다룬다. 이들은 그동안 제공된 원조가 실제로 집행과정에서 충분한 효과가 나타나지 않는 것으로 보고, 이에 대한 근본적 해결책을 찾기 시작한 것이다. 그것은 각 나라의 정책체제와 행정이 어떻게 되어 있는가를 객관적으로 평가하는 작업이 필수적이라는 문제의식에서 비롯된 것이다. 그 결과, 한 국가의 현재 정책 및 제도적 구조의 전반적인 질(quality)를 평가하여 공적개발원조(ODA) 수원국들을 대상으로 한 자금배분에 관한 결정을 지원하기 위해 Country Policy and Institutional Asse ssments(이하 CPIA)을 개발하여 측정하고 있다. 여기서 말하는 '질(quality)'은 "정책 및 제도적 구조가 빈곤 감소, 지속가능한 성장, 그리고 개발 원조의 효과적인 활용을 얼마나 잘 이끌어내고 있는지를 의미한다"(World Bank, 2010: 1).

표 39　국가 정책 및 제도 평가 개요

시작년도	1970년	작성주기	매년
조사대상 국가	2013년 82개국	조사지표수	2013년 15개
		경성 : 연성	정보 미제공
데이터베이스 제공 여부	제공	설문조사 대상	전문가
보고서 발간 여부 (인터넷 제공 여부)	보고서 발간(O)	방법론 제공 여부	미제공

생산기관: 국제개발협회(International Development Association)
웹페이지: http://web.worldbank.org/WBSITE/EXTERNAL/EXTABOUTUS/IDA/0,,contentMDK:21378540~menuPK:
2626968~pagePK:51236175~piPK:437394~theSitePK:73154,00.html

2) 특징 및 세부지표

CPIA를 측정하고 있는 IDA는 저소득 국가들을 대상으로 재정적 지원 업무를
담당하고 있다. CPIA 평가를 바탕으로 국가별 예산 배정 및 기타 이와 관련된
여러 활동을 전개하고 있다. 따라서 처음에는 효과적인 빈곤 감축, 성장 전략
등과 같이 원조효과성과 관련된 기준으로 비교적 단순하게 이루어져 있었다.
2004년부터는 CPIA 평가결과에 따른 등급 산정 및 방법론의 정교화를 위하여
외부전문가를 대상으로 패널조사를 시작하는 한편, 평가지표 체계를 새롭게 통
합하거나 간소화였다. 그 결과 CPIA의 평가척도는 5점에서 6점으로, 평가지표
는 16개로 개편되어 현재까지 이어지고 있다. 자세한 세부지표 항목과 구조는
대한 설명은 아래와 같다.

표 40　CPIA의 평가 기준 및 구조

상위 카테고리	하위 측정 지표	지표 설명
경제 운영 정책	1. 통화 및 환율 정책	일관된 거시경제 정책 구조와 통화 및 환율 정책의 질
	2. 재정 정책	재정 정책의 안정화 및 배분 기능의 질
	3. 부채 정책 및 관리	국가의 부채 관리 전략이 예산상의 위험을 최소화하고, 지속가능성이란 관점에서 부채 건전성(debt sustainability)을 유지하고 있는지 여부

상위 카테고리	하위 측정 지표	지표 설명
경제 구조적 정책	4. 무역	무역 정책의 구조가 얼마나 재화 및 서비스의 글로벌 통합을 조성하고 있는지 여부
	5. 금융 부문	금융 부문의 발전에 영향을 미칠 수 있는 금융 정책과 규제를 평가
	6. 기업 규제 환경	해당 국가의 법 체계 및 규제, 정책 환경이 민간 투자, 일자리 창조, 생산력 향상을 잘 유도하고 있는지 여부
사회적 형평성을 위한 정책	7. 양성 평등	국가의 제도와 정책, 법이 양성 평등한 인적자원개발과 생산적·경제적 활동을 증진하고 있는지 여부
	8. 공공재원 활용의 형평성	빈곤층에게 돌아가는 공공 지출이 국가의 빈곤 퇴치 우선순위에 맞는지 그 일관성의 정도
	9. 인적자원의 형성	국가 정책과 공공 및 민간 서비스가 얼마나 국민들을 보건, 영양, 교육, 질병 등으로부터 보호하여 인적자원을 확보하는지 정도
	10. 사회적 보호 및 노동	사회 보험을 통한 생명 보호와 위기 예방, 사회적인 재분배 안전망을 통한 빈곤의 구제, 노동 시장 프로그램을 포함하는 인적자본개발 및 소득창출 촉진 등을 평가
	11. 환경지속성을 위한 정책 및 제도	환경 정책이 환경보호와 천연자원의 지속가능한 사용, 오염 관리 등을 잘 수행하고 있는지 여부
공공관리 및 제도	12. 재산권 및 합법적 거버넌스	재산권 및 계약권에 있어 효과적인 법적 체계와 합법적 거버넌스 구조를 통해 경제적 활성화가 촉진되고 있는지 여부
	13. 예산 및 재정 관리의 질	정책 우선순위에 연계된 예산 체계, 계획대로 집행되는 효과적인 재정관리 체계, 사후 보고 체계가 잘 갖추어져 있는지 여부
	14. 정부 수입 창출의 효율성	정부의 세입 동원을 통해 수입을 창출해내는 종합적 패턴을 평가
	15. 공공행정의 질	교사, 보건사, 경찰 등을 포함하는 모든 중앙정부 직원들이 정부 정책을 설계하고 집행하는 체계가 얼마나 잘 이루어지고 있고, 그들이 제공하는 서비스가 얼마나 효과적으로 전달되는지 여부
	16. 공공 부문에서의 투명성, 책임성, 부패	행정부가 그들의 자금의 활용, 행동의 결과에 대해 책임을 지고 있는 정도를 비롯해 행정부에 소속된 공직자들이 재원, 행정적 결정, 그에 따른 결과에 대해 책임을 지도록 요구받고 있는지를 평가

출처: World Bank. 2011. CPIA 2011 Criteria.

3) 연구방법

표에서 살펴볼 수 있듯이 16개의 CPIA 평가지표는 4개의 클러스터로 묶여져 있으며, 각각의 클러스터는 동일한 비중으로 25%의 가중치가 부여되어 종합점수가 산출된다. 먼저 한 나라에 대하여 경제운영, 경제구조, 사회형평, 공공제도라는 4개의 각 클러스터별로 평균점수를 산출한 뒤, 이들 클러스터 평균점수를 다시 평균하여 그 나라의 종합점수를 계산한다. 이렇게 산출된 여러 국가들의 CPIA 점수를 바탕으로 IDA에서는 등급평가를 실시한다. 이 등급을 기준으로 IDA 자원지수(IRAI)도 산출하고 있다. 등급평가의 과정에서는 모든 지역에서 대표적인 국가들을 선정하여 해당 대표 국가의 점수를 하나의 표본으로 놓고 평가한다. 그리고 이어서 이를 기준으로 삼아 나머지 국가들을 등급 평가하는 방법이 활용된다. World Bank에서는 CPIA 점수와 IDA 자원지수(IRAI)를 바탕으로, 부여된 역할을 스스로 수행할 수 있는 의지와 능력을 결여한 취약국가(fragile state)를 분류한다. 이들 국가야말로 외부의 지원이 필요하다고 판단하여, 이들의 역량발전을 위한 개발 지원에 집중하는 전략을 사용하고 있다.

9. 베텔스만 변혁 지수(Bertelsmann Transformation Index)

1) 목적과 주요 개념

독일의 기업 및 정책 싱크탱크로써 가장 큰 영향력을 지니고 있다고 평가되는 베텔스만 재단(Bertelsmann Stiftung)에서는 개발도상국과 체제전환기에 있는 국가들이 민주주의와 시장 경제 체제로의 사회 변화를 이끌고 있는지와 어떻게 이끌 것인지를 분석하고 있다. 영국, 프랑스에 비해서 해외식민경영 경험이 부족한 독일은 개발도상국에 대한 원조를 중요한 외교정책의 일환으로 삼고 있다. 이러한 목적하에서 개발도상국의 혁신가능성을 평가하기 위하여 2003년부터 베텔스만 변혁 지수(Bertelsmann Transformation Index, 이하 BTI) 개발 및 측정해오고 있다. 베텔스만 재단(Bertelsmann Stiftung)은 63개국에 9만명 이상의 직원을 두고 있는 다국적 재단으로서, "사회적 변화를 추구"한다는 사명 하에 사회의

정부경쟁력

장기적 생명력에 결정적 영향을 미치는 사업에 활동을 집중시키고 있다.

표 41	베텔스만 변혁지수 개요		
시작년도	2003년	작성주기	2년
조사대상 국가	2014년 129개국	조사지표수	2014년 150개 항목
		경성 : 연성	90개 : 60개
데이터베이스 제공 여부	제공	설문조사 대상	전문가
보고서 발간 여부 (인터넷 제공 여부)	보고서 발간(O)	방법론 제공 여부	제공

생산기관: 베텔스만 재단(Bertelsmann Stiftung)
웹페이지: http://www.bti-project.de/

2) 특징 및 세부지표

BTI는 전 세계 129개국에 대하여 총 17개의 기준에 대한 평가를 실시하며, 평가 결과는 점수로 합산되어 국가별로 비교 및 순위가 매겨진다. BTI는 크게 2가지 차원, 상태지수(Status Index)와 관리지수(Management Index)로 구성되며, 상태지수(Status Index)는 정치적 측면, 경제적 측면, 그리고 관리적 측면을 동시에 고려하여 산출된다. 우선, 해당 국가가 법의 지배 하에서 민주주의로의 정치적 변화를 이끌어가고 있는지를 평가하는 ① 정치적 변화(Political Transformation)와, 사회적 정의 원칙을 바탕으로 시장 경제 체제로 변화해 나가고 있는지를 평가하는 ② 경제적 변화(Economic Transformation)로 구성된다.

이에 비하여 관리지수(Management Index)는 국가의 주요 의사결정자들과 리더들이 정치·경제 전 분야에 걸쳐 발휘하는 거버넌스 및 관리 역량을 측정하고 있다. 즉, BTI의 2가지 차원 중 상태지수(Status Index)가 정치적·경제적 변화 정도를 측정하고 있다면, 관리지수(Management Index)는 이러한 변화를 이끌어내고 유지시킬 수 있는 관리 역량 및 거버넌스 수준을 측정하고 있다.

표 42   BTI의 지표 구성

상위 카테고리	하위 지표	지표 설명
정치적 변화 (Political Transformation)	① 국가화의 정도 (Stateness)	국가로써 갖추어야 할 적절하고 차별화된 권한 구조를 갖추고 있는지 여부
	② 정치적 참여 (Political participation)	국민들이 그들의 대표자를 결정할 수 있고, 정치적 자유를 가지고 있는지 여부
	③ 법치주의 (Rule of law)	국가 권력이 견제와 균형 원리에 의해 조정되고 시민권을 확보하고 있는지 여부
	④ 민주주의 제도의 안정성 (Stability of democratic institutions)	민주주의 제도나 기관들이 업무를 수행할 수 있는 역량을 갖추고, 국가 내에서 적절하게 그 지위를 인정받고 있는지 여부.
	⑤ 정치·사회적 통합 (Political and social integration)	사회와 국가 사이에서 조정할 수 있는 안정적인 구조를 갖추고 있으며, 일치된 시민 문화가 존재하는지 여부
경제적 변화 (Economic Transformation)	① 사회·경제적 발전 수준 (Level of socioeconomic development)	국가의 발전 수준이 모든 시민들의 선택의 자유를 허용할 정도로 발전해 있는지 여부
	② 경쟁 시장의 형성 (Organization of the market and competition)	시장원리를 바탕으로 한 안정적인 경쟁 규칙이 존재하는지 여부
	③ 통화 및 가격의 안정성 (Currency and price stability)	적절한 통화 및 재정 정책을 통해 인플레이션을 지속적으로 통제할 수 있는 제도적·정치적 예방 장치가 있는지 여부
	④ 재산권의 보장 (Private property)	민간 부문의 순기능을 지원할 수 있는 여건이 조성되어 있는지 여부
	⑤ 사회복지 체계 (Welfare regime)	사회적 위험에 대한 보상체계가 확실하게 정립되어 있는지 여부
	⑥ 경제적 성과 (Economic performance)	객관적인 양적 지표에 대한 평가
	⑦ 지속가능성 (Sustainability)	환경과 미래를 고려한 지속가능하고 균형 잡힌 경제성장 여부
관리지수 (Management Index)	① 선도 역량 (Steering capability)	정부 관료들이 효과적인 개혁을 실시하고, 정책 우선순위를 달성하고 있는지 여부
	② 자원 효율성 (Resource efficiency)	정부가 가용한 자원을 최소의 비용으로 활용하고 있는지 여부
	③ 합의 형성 (Consensus-building)	정치적 지도자들이 개혁에 있어 목표를 희생하지 않고 사회의 다른 행위자들과 광범위한 합의를 이끌어 내는지 여부
	④ 국제협력 (International cooperation)	정치적 지도자들이 외부 지원자 및 조직들과 협력할 의지와 역량이 있는지 여부

출처: Bertelsmann Transformation Index. 2012. Methodology.

3) 연구방법

BTI는 기본적으로 질적인 데이터(qualitative data)에 의존하여 지표를 산출한다. 우선 각 국가와 지역의 전문가를 대상으로 질적인 설문조사를 실시한다. 다음으로, 또 다른 전문가가 이들 설문조사와 인터뷰 자료를 검토하여 국가 간, 그리고 지역 간 비교가 가능하도록 수치화한 점수로 변환하는 방식을 택하고 있다. 설문조사에는 각 국가별로 2명의 전문가가 동원되며, 한명은 국내의 지역 전문가로, 다른 한명은 외국인 전문가로 구성하여 한 국가에 대해 내외부적 시각을 모두 반영할 수 있도록 한다.

각 국가별로 선정된 2명의 전문가는 표준화된 양식의 보고서를 작성한다. 가급적 다른 나라와 유사한 항목과 차원에서 보고서가 작성되도록 하기 위한 것이다. 만약 두 전문가의 의견이 상이할 경우에는 지역 코디네이터가 이견을 조정하도록 한다. 지역 코디네이터들은 또한 지역 내, 지역 간 점수를 비교하는 역할을 하며, 이를 바탕으로 발전(development) 및 전환(Transition) 관련 전문가들로 구성된 BTI 이사회에서 최종 점수를 산출하게 된다. 소수 전문가들의 주관적인 의견을 기초로 데이터를 산출하기 때문에, 전문가 혼자서 한 것을 그대로 받아들이기 보다는 전문가간 소통을 통하여 가급적 이들이 합의할 수 있는 수준의 점수를 만들어내는 데 장점이 있다.

10. 삶의 질 지수(Quality of Life Index)

1) 목적과 주요 개념

영국에서 발행되는 국제정치 및 경제, 문화 주간지인 이코노미스트(The Economist)의 계열사인 EIU(Economist Intelligence Unit)에서는 2005년 전 세계 111개국을 대상으로 삶의 질 지수(Quality of Life Index)를 측정 및 순위를 산정하였다. 삶의 질 지수는 주관적인 삶의 만족도를 설문조사한 결과와 삶의 질에 영향을 미칠 만한 객관적인 지표들을 함께 고려하여 측정되었다.

표 43 삶의 질 지수 개요

시작년도	2005년	작성주기	일회성
조사대상 국가	2005년 111개국	조사지표수	2005년 9개 항목
		경성 : 연성	혼합
데이터베이스 제공 여부	미제공	설문조사 대상	정보 미제공
보고서 발간 여부 (인터넷 제공 여부)	보고서 발간(O)	방법론 제공 여부	미제공

생산기관: Economist Intelligence Unit, EIU
웹페이지: http://www.economist.com/topics/economist-intelligence-unit

2) 특징 및 세부지표

EIU의 삶의 질 지수는 기존의 GDP 중심으로 측정되던 물질적 웰빙(well-being)의 개념에서 벗어나 주관적인 요소와 다양한 기준을 동원한 새로운 개념의 삶의 질 측정 방법의 필요성을 제기하고 있다. 아래의 표에서 보는 바와 같이 1인당 구매력지수(PPP)순위와 비교하면 차이가 있다. 카타르 같은 나라의 경우, 1인당 GDP 순위보다 삶의 질 순위가 35계단이나 떨어진다. 우리 나라의 경우는 4위가 상승한다. 그 이유는 이 지수가 여러 가지 비시장 행위들이나 환경오염과 같은 사회적 질병 등에 대한 고려를 통해 보다 광의적인 삶의 질을 측정하기 때문일 것이다.

보다 구체적으로 보면, 구매력 기준 1인당 GDP, 평균생존년수 및 평균기대수명, 인구 1,000명당 이혼율, 실업률, 남녀 평균 소득 비율, 위도 및 온도, 정치적 안정성 및 안전 순위에 대한 설문, 정치 및 시민 자유도, 교회 및 노동조합 참석 여부 등으로 평가를 실시하였다. 평가 결과, 아일랜드, 스위스, 룩셈부르크, 노르웨이, 스웨덴 등이 상위권을 기록하였으며, 미국은 13위, 일본은 17위, 우리나라는 30위로 나타났다. 하위권에는 중동과 아프리카 국가들이 대다수 포진하고 있다.

표 44   EIU의 삶의 질 지수 순위

	삶의 질 순위	1인당 GDP (PPP기준)	순위 변화
아일랜드	1	4	3
스위스	2	7	5
노르웨이	3	3	0
룩셈부르크	4	1	−3
스웨덴	5	19	14
호주	6	14	8
아이슬랜드	7	8	1
이탈리아	8	23	15
덴마크	9	10	1
스페인	10	24	14
싱가포르	11	9	−2
핀란드	12	20	8
미국	13	2	−11
캐나다	14	5	−9
뉴질랜드	15	25	10
네덜란드	16	15	−1
일본	17	16	−1
홍콩	18	11	−7
포르투갈	19	31	12
오스트리아	20	12	−8
대만	21	22	1
그리스	22	27	5
키프러스	23	30	7
벨기에	24	17	−7
프랑스	25	18	−7
독일	26	21	−5
슬로베니아	27	28	1
몰타	28	32	4

	삶의 질 순위	1인당 GDP (PPP기준)	순위 변화
영국	29	13	-16
대한민국	30	26	-4
칠레	31	44	13
멕시코	32	54	22
바베이도스	33	36	3
체코	34	35	1
코스타리카	35	56	21
말래이시아	36	51	15
헝가리	37	37	0
이스라엘	38	29	-9
브라질	39	58	19
아르헨티나	40	42	2
카타르	41	6	-35
타이	42	62	20
스리랑카	43	91	48
필리핀	44	82	38
슬로바키아	45	38	-7
우루과이	46	57	11
파나마	47	71	24
폴란드	48	43	-5
크로아티아	49	46	-3
터키	50	61	11
트리니다드 토바고	51	48	-3
에콰도르	52	86	34
페루	53	77	24
콜롬비아	54	67	13
쿠웨이트	55	40	-15

출처: EIU, 2005, The Economist Intelligence Unit's quality-of-life index, p.4.

3) 연구방법

그러나 EIU의 삶의 질 지수를 구성하고 있는 9가지의 지표들을 자세히 살펴보면, 각각의 지표를 측정하는 데이터가 매우 협소한 것을 알 수 있다. 보건 분야는 평균생존년수 및 평균기대수명 만을 측정하고 있으며, 다른 분야의 지표들도 1개 내지 2-3개 정도의 측정지표만이 활용되고 있다. 또한 지수를 산출해내기 위한 설문조사 역시 EIU 내부에서 조사한 결과들에 한정되어 있어 어떠한 문항이 몇 개나 사용되었는지 알 수 없다는 점에서 한계가 있다. 그러나 국민행복이나 웰빙, 삶의 질 측면이 집중 조명되기 이전인 2005년에 등장하여 향후 연구에 여러 가지 시사점을 제공하였다는 점에서 EIU의 삶의 질 지수는 그 의의가 있다고 할 수 있다.

11. 글로벌 도시 지수(Global Cities Index)

1) 목적과 특징

글로벌 도시 지수(Global Cities Index, GCI)는 도시들의 경쟁력을 측정하는 지표로써 글로벌 경영컨설팅 전문업체인 A.T. Kearney에 의해 수행된다. 2008년부터 2년 주기로 66개의 주요 도시를 대상으로 평가하고 있으며, 2010년, 2012년, 2014년에도 평가 결과와 순위를 발표하였다.

GCI는 기존의 다른 도시경쟁력 지표들이 지나치게 경제와 산업 측면에만 치중하였던 한계를 비판하면서, 도시들의 글로벌 영향력에 초점을 맞춘 지표로 개발하였다. 2012년에 발표된 GCI에 따르면 도시의 글로벌 영향력이 가장 높은 도시는 뉴욕과 런던, 파리, 도쿄, 홍콩 순이었다. 서울은 2010년보다 2계단 상승한 8위를 차지하였다. 서울을 GCI가 처음 발표된 2008년 이후 실시된 세 번의 조사에서 모두 Top10에 속하는 것으로 나타났으며, Top10 국가 중 상대적으로 경제활동 지표에서 높은 점수를 기록하였다.

표 45 글로벌 도시 지수 개요

시작년도	2008년	작성주기	2년
조사대상 국가	2012년 66개 도시	조사지표수	2014년 25개 항목
		경성 : 연성	경성 100%
데이터베이스 제공 여부	미제공	설문조사 대상	정보 미제공
보고서 발간 여부 (인터넷 제공 여부)	보고서 발간(O)	방법론 제공 여부	제공

생산기관: A.T. Kearney
웹페이지: http://www.atkearney.com/research-studies/global-cities-index

2) 세부지표 및 방법론

GCI를 구성하고 있는 요소는 크게 5가지로 구성되어 있다. 이들은 각각 5개의 하부지표로 나뉘어져서 총 25개의 측정단위로 이루어져 있다. 가장 먼저, 도시의 산업경쟁력과 기업 활동 및 시장경제 활성화 정도를 측정하는 경제활동(Business Activity) 지표는 기존의 경제분야 경쟁력 지표와 유사하다. 실제로 주요 다국적 기업의 본사 수, 기업을 대상으로 서비스하는 기업들의 입주 여부, 도시의 자본 시장 가치, 국제 컨퍼런스 개최 수, 공항·항만을 통한 재화의 흐름이 활용되었으며, 이들 범주에는 30%의 가중치를 부여된다.

표 46 GCI의 구성요소 및 가중치

기관	구성요소 및 가중치		가중치
A.T. Kearney	글로벌 도시 지수 (Global Cities Index)	경제 활동(Business Activity)	30%
		인적 자본(Human Capital)	30%
		정보 교류(Information Exchange)	15%
		문화적 경험(Cultural Experience)	16%
		정치적 참여(Political Engagement)	10%

두 번째 지표는 글로벌 노동 시장에서 유능한 인재를 얼마나 끌어들이고 있

는지를 평가하는 인적자본(Human Capital) 지표이다. 구체적으로 외국인 수, 대학의 수준, 국제 학교의 수, 국제 학생의 수, 학사학위 소지자의 수가 포함되어 있다. 경제활동 지표와 마찬가지로 30%의 가중치가 부여되었다.

또한 지식정보화 사회로의 가속화 흐름에 맞춰, 2012년 GCI에 2가지의 새로운 지표가 추가되었다. 구체적으로 정보교류(Information Exchange) 항목은 최신의 정보가 도시 내외부에 얼마나 잘 소통되고 있는지를 평가한다. 하위측정 지표는 주요 TV 뉴스 채널에의 접근성, 인터넷 보급률, 국제 언론사의 수, 언론 감시의 정도, 브로드밴드 보급률이 포함되어 있다. 이 항목에는 15%의 가중치를 준다.

정보교류 지표와 마찬가지로 15%의 가중치를 부여받은 문화적 경험(Cultural Experience) 지표는 도시의 관광·문화 수준을 평가하고 있다. 이를 측정하기 위해 주요 국제 스포츠 경기 개최 수, 박물관 수, 공연 예술장 수, 음식 문화의 다양성, 관광객 수, 자매결연 도시의 수가 활용되고 있다.

마지막으로 해당 도시가 얼마나 국제적 정책 논의에 영향력을 행사하는지를 평가하는 정치적 참여(Political Engagement) 지표에는 대사관 및 영사관 수, 주요 씽크탱크 기관 수, 국제 기구 및 국제 문제를 다루는 지역 기관 수, 국제 정치 컨퍼런스 개최 수가 활용되고 있으며, 10%의 가중치가 부여되었다.

12. 경제자유지수(Index of Economics Freedom)

1) 목적과 특징

1994년부터 매년 발표되고 있는 경제자유지수는 학계를 비롯해 정책입안자, 언론인, 학생, 기업인 등에게 유용한 정보를 제공하기 위한 목적에서 탄생하였다. 미국의 헤리티지 재단과 월스트리트 저널에서 매년 공동으로 정보를 획득하고 조사하여 발표하고 있다. 경제자유지수(Index of Economics Freedom)는 해당 국가나 정부가 기업 활동에 필요한 환경을 얼마나 잘 갖추고 있는지를 평가하는 지표이다. 평가의 초점은 주로 정부가 기업의 경제적 자유를 보장하고 있는지, 적절한 수준의 규제가 존재하는지 등에 맞추어져 있다.

이에 따라 전 세계 186개 국가에 대한 객관적이고 분석적인 정보를 제공하고 있다.[28] 또한 약 20년간 축적된 일종의 패널 데이터로서 기능하기 때문에 매년 시행되는 각 국가별 정치적·경제적 발전 수준에 대한 심층적인 분석이 해당 국가의 장기적인 시각에 시사점을 제공한다는 장점이 있다. 그러나 IMD나 WEF 의 국가경쟁력 지표와 마찬가지로 경제자유지수는 시장경제 및 국가 전반에 영향을 미치는 정부의 역할 측면을 간과하고 있다는 한계가 존재하며, 지나치게 시장과 기업 환경에 치우친 지표라는 점에서 한 국가 및 정부의 경쟁력을 판단하기에는 한계가 따를 수밖에 없다.

표 47   경제자유지수 개요

시작년도	1994	작성주기	매년
조사대상 국가	2013년 186개국	조사지표수	2014년 10개 지표
		경성 : 연성	혼합
데이터베이스 제공 여부	미제공	설문조사 대상	정보 미제공
보고서 발간 여부 (인터넷 제공 여부)	보고서 발간(O)	방법론 제공 여부	제공

생산기관: Heritage Foundation & Wall-street Journal
웹페이지: http://wdi.worldbank.org/tables

2) 세부지표 및 연구방법

경제자유지수는 미국식 시장 경제를 기준으로 여기는 관점이 강하게 반영되어 있다. 이의 가장 근본이 되는 측면으로서 재산권이 법적으로 잘 보호되고 있고, 자유로운 경제활동에 부정적인 영향을 미치는 부패로부터는 어느 정도 자유로운지를 평가한다. 아울러, 정부의 재정이나 규모 측면에서 적절한 수준을 유지하고 있는지, 정부 규제는 기업과 노동시장, 통화·화폐 체계가 효율적으로 운영되는데 기여하고 있는지, 무역과 투자, 금융 시장에 얼마나 자유가 보장되고 있는지 등을 측정하는 총 10개의 지표로 구성되어 있다.

---

28) 헤리티지 재단 홈페이지(http://www.heritage.org/index/about) 검색일자: 2014년 1월 14일.

점수 체계는 각각의 지표별로 0점부터 100점까지의 범위에서 평가되며, 국제투명성기구(TI)의 부패인식지수(CPI)를 비롯해 GDP, GNI 대비 세금 및 정부지출 비율, World Bank의 WDI(World Development Indicators), World Bank의 Doing Business 설문 데이터 등 각종 정성자료와 정량자료를 혼합하여 산출한다. 그리고, 이들 10개 지표 간 가중치는 동일하다.

표 48 경제자유지수의 구성요소

기관	구성요소	
Heritage Foundation & Wall-street Journal	법의 지배 (Rule of Law)	재산권(property rights)
		부패로부터의 자유(freedom from corruption)
	제한된 정부 (Limited Government)	재정적 자유도(fiscal freedom)
		정부 지출(government spending)
	규제 효율성 (Regulatory Efficiency)	기업 자유도(business freedom)
		노동 자유도(labor freedom)
		통화·화폐 자유도(monetary freedom)
	자유 시장 (Open Markets)	무역 자유도(trade freedom)
		투자 자유도(investment freedom)
		금융 자유도(financial freedom)

제2절 국내의 경쟁력 관련 지수

국내에서도 경쟁력 지수를 개발하여 발표하고 있다. 정부기관이 간헐적으로, 몇 나라를 대상으로 하는 것이 대부분이다. 정부기관이 내부관리용을 사용하는 것은 국무총리실에서 주관하는 정부정책평가와 기획재정부에서 주관하는 공공기관 경영평가이다. 이것들은 각 기관을 평가하기는 하지만 인센티브 등이 주어지는 근거이기 때문에 상대적인 경쟁력 측정이라고 할 수 있다. 그러나 이는 실무계에서 사용하는 관리기법의 일환이어서 본 연구에서 관심을 가지고 있는 학술적인 것과는 좀 거리가 있다. 그러나 국내 언론이나 학계에서는 국내의 자료를 외국의 자료보다는 덜 중요하게 취급하는 것 같다. 여기서는 비교적 지속적으로 이뤄지고 있는 경쟁력 관련 지표 2개를 살펴보고자 한다. 하나는 국제 비교이고, 하나는 국내 자치단체의 비교이다.

1. 국가경쟁력연구(NCR : National Competitiveness Research)

1) 목적과 주요 개념

산업정책연구원(IPS)은 1993년 지식경제부 산하 연구기관으로서 산하에 35개 연구센터를 두고 있다. 그 중 국제경쟁력연구원(The Institute for Policy & Strategy on National Competitiveness: IPS-NaC)에서 2001년부터 IPS 국가경쟁력연구를 발간하여 세계 주요국가들의 경쟁력을 평가하고 있다.

표 49 NCR 국가경쟁력연구 개요

시작년도	2001년	작성주기	매년
조사대상 국가	2012년 62개 국	조사지표수	2012년 106개
		경성 : 연성	50 : 50
데이터베이스 제공 여부	제공하지 않음	설문조사 대상	교수, 기업가 등
보고서 발간 여부 (인터넷 제공 여부)	보고서 발간(X)	방법론 제공 여부	제공함

생산기관: 산업정책연구원(IPS: The Institute for Industrial Policy Studies)
웹페이지: http://www.ips.or.kr/

IPS는 국가경쟁력을 "한 국가가 다른 국가들과 경제적 측면에서 경쟁하여 이길 수 있는 능력"으로 보고 있다(삼성경제연구소, 2008). 기본적으로 IMD나 WEF와 유사하게 경제성을 생산성 측면에서 바라보고 있지만, 다른 경쟁력 보고서들의 이론적 기반이 없는 것을 비판하면서 자체적으로 IPS 모델을 개발하여 국가들의 경쟁력을 평가하고 있다. 그리고 국가경쟁력을 단순히 측정하는 데 그치는

것이 아니라 '측정—분석—시뮬레이션—실행'이라는 일련의 과정분석을 통해 정책적 함의를 제시하고 있다.

2) 특 징

산업연구원의 지표는 IMD나 WEF의 이론적 기반이 부실함을 지적하면서 자체적인 모델 개발을 통해 국가경쟁력을 측정하려고 한다는 특징이 있다. 또한 시뮬레이션을 통해 정책적 함의를 제시하고 있다. 경쟁 환경과 경쟁 전략에 따라 각 부문의 가중치를 달리해 경쟁력 순위의 다른 결과들을 제시함으로써 분석결과를 다양하게 활용하려는 시도도 하고 있다. 그리고 IMD나 WEF의 경우 다양한 기관에서 설문조사가 실시되어 설문 표본수집에서 일관되지 않을 수 있다는 비판을 고려하여, 단일 기관인 KOTRA를 통해서 설문을 수집하고 있다. 2001년 이후 매년 영문판으로 보고서를 발간해오고 있었으나, 2013년에는 보고서가 발간되지 않았다.

3) 세부지표

NCR은 IPS모델에 따라 물적요건, 인적요건으로 구분되며, 이는 다시 4개의 하위부문으로 구성되어 있다.

먼저 물적 요건 측면에서, 생산조건은 투입요소로 활용될 수 있는 천연자원, 토지 등을 의미하며, 이를 측정하기 위해 11가지 자료를 활용한다.

둘째, 수요조건은 수요의 양과 질을 측정하기 위해 11개의 자료로 측정한다.

셋째, 관련 및 지원산업은 기업활동을 지원할 수 있는 물적 인프라와 교육과 연구 등 질적 인프라를 측정하며 25개의 자료를 활용한다.

넷째, 경영여건은 시장구조와 시장문화를 반영하며 15가지 자료를 통해 측정한다.

다음으로 인적요건 측면에서는 다음과 같은 평가를 한다.

첫째, 근로자는 노동생산성에 영향을 미칠 수 있는 요인으로 9개 자료를 통해 평가한다.

표 50 NCR 국가경쟁력 지수 세부지표

기관 및 지표	구성요소		
IPS(National Competitiveness Research)	물적요건(70)	생산조건(11)	에너지(6)
			기타 에너지(5)
		수요조건(19)	시장의 크기(10)
			시장의 질(9)
		관련 지원산업(25)	산업 인프라(12)
			합동과 시너지(13)
		경영여건(15)	구조(7)
			전략(8)
	인적요건 (36)	근로자(9)	양적규모(5)
			질적규모(4)
		정치가 및 행정관료(8)	정치가(4)
			행정관료(4)
		기업가(10)	개인역량(5)
			사회여건(5)
		전문가(9)	개인역량(5)
			사회여건(4)
	총 지표수		총 106개

둘째, 정치가 및 행정관료는 청렴도 및, 시스템의 효율성 등을 측정하며 8개 자료를 활용한다.

셋째, 기업가는 창업가(entrepreneur)로서의 역량을 평가하며 10개 자료를 통해 측정한다.

마지막으로 전문가는 전문경영가 뿐만 아니라 과학자, 예술가, 변호사 등의 역량을 측정하며 9개 자료를 활용한다.

4) 방 법

NCR은 총 106개 세부지표를 활용하고 있다. 106개중 56개 지표는 경성자료로서 국내외 정부기관 및 국제기구의 통계자료를 활용하고, 나머지 50개는 설

문자료로 KOTRA(대한무역투자진흥공사)의 100여 개 해외 무역관과 국제경영학회 (Academy of International Business, AIB)에 속한 국가경쟁력연구에 관심을 가진 학자 및 전문가를 통한 수집을 병행하고 있다.

개별 수집된 자료는 먼저 표준화 작업을 실시한 후 하위분류부터 산술평균을 통해 지수를 산출하게 된다. 8개 부문에 대해서는 국가경쟁력에 모두 중요한 단위이기 때문에 가중치를 반영하지 않고 산술평균하여 지수를 산출한다. 설문조사의 경우, 측정오류를 최소화하기 위해 23개의 하위부문 지수 산출에는 3년 이동평균 방법을 적용한다. 즉, 설문조사를 한 해의 자료와 그 이전 2년분 자료의 산술평균으로 산출된 결과를 활용하고 있다.

그리고 국가 간 비교를 위해 국가를 9개 그룹으로 분류하고 있다. 국가의 규모에 따라 3개 군으로, 이를 다시 경쟁력을 통해 3개 군으로 분류한다. 이를 통해 경쟁 산업이나 비교우위 등이 유사하여 실질적 경쟁 관계에 있다고 판단되는 국가들을 한 그룹으로 묶고, 나아가 해당 그룹 내에서 개별국가의 위치를 분석한다.

2. 한국지방자치경쟁력(KLCI: Korea Local-autonomy Competitiveness Indices)

1) 목적과 주요 개념

한국지방자치경쟁력조사를 시행하고 있는 한국공공자치연구원은 공공행정 분야에 민간경영기법을 도입하여 지방의 발전전략 모색과 지방정부의 인사 및 조직구조를 진단, 여러 가지 교육프로그램의 제공 등을 수행하고 있는 민간전문기관이다.

1996년부터 230개에 달하는 전국의 지방자치단체들을 대상으로 측정되고 있는 KLCI는 지방자치 경영지표의 개발과 정확한 지방의 경쟁력 측정 및 활용이라는 두 가지 목적를 지니고 있다.[29] KLCI의 조사결과는 매년 연차보고서 형태로 발간되고 있으며, 지방자치단체에서는 정부운영과 정책에 필요한 자료로, 기업에서는 지역투자와 입지계획 결정을 위한 참고 자료로 활용되고 있다.

---

29) 한국공공자치연구원 홈페이지에 명시.

2003년부터는 보다 세부적인 진단을 요구하는 지방자치단체를 상대로 경영컨설팅이나 미래정책방향 제시하는 등의 활동을 수행하고 있다.

2) 특징 및 세부지표

KLCI는 지방정부의 경쟁력을 경영 및 민간기법의 시각을 적용하여 평가한다는 점에서 흥미롭다. KLCI의 지표 구성체계는 크게 경영자원부문, 경영활동부문, 경영성과부문의 세 가지로 이루어져 있으며 각각 23개, 19개, 28개, 총 70개의 지표가 활용되고 있다. 즉, 지방정부의 경쟁력을 경영활동을 통한 자원의 활용과 그에 따른 성과로 인식하고 있는 것이다. 각각의 하위지표를 살펴보면 경영자원 부문은 토지자원, 인프라자원, 인적자원, 경제자원, 재정자원, 무형자원 등 6가지로 이루어져 있으며, 경영활동부문은 재정운용효율, 산업경영운용효율, 행정운용효율, 세계화 및 국제화 등 4가지로, 경영성과부문은 경제생활, 보건복지, 공공안전, 교육문화 등 4가지로 구성되어 있다. 모든 지표가 hard-data로 이루어졌다는 점에서 특징이 있으나 설문조사 등을 통한 보다 상세한 측정지표가 없다는 점은 한계로 남는다.

표 51 KLCI의 지표체계와 측정지표(경영자원부문)

항목	관심영역		지표
	1차	2차	
인적자원 (3개)	인적자원	총인구	인구비율
		경제활동인구	경제활동인구비율
		고령화	65세 이상 고령자비율
토지자원 (7개)	토지	행정구역용지	행정구역용지비율
	수자원	하천용지	하천용지면적비율
	경제활동	상업용지	상업지역면적비율
	생산자원	공장용지	공장용지면적비율
		임야용지	임야용지비율
	생활자원	공원용지	공원면적비율
		체육용지	체육용지면적비율

항목	관심영역		지표
	1차	2차	
인프라자원 (7개)	상하수도	상수도보급률	상수도보급률
		하수도보급률	하수도보급률
	도로	도로	도로면적비율
		고속도로	1일평균 통행량
			전년대비 이용차량 증감률
	철도	철도시설	일반철도 이용객 수
			고속철도 이용객 수
경제자원 (3개)	금융	금융기관수	인구 1,000명당 금융기관 수
	연구	연구개발력	인구 1,000명당 전문, 과학 및 기술서비스업체 수
	정보력	정보화능력	인구 1,000명당 출판, 영상, 방송통신 및 정보서비스업체 수
재정자원 (2개)	재정	재정규모	세입합계
		행정자산	총예산 대비 공유재산비율
무형자원 (1개)	관광자원	문화재	등록 문화재 수

출처: 한국공공자치연구원. (2014). 2013년 KLCI 보도자료

표 52　KLCI의 지표체계와 측정지표(경영활동부문)

항목	관심영역		지표
	1차	2차	
행정운용효율 (4개)	행정서비스	효율성	공무원 1명당 인구 수
		다양성	인구 1,000명당 관공서 및 주요기관 수
		수요대응력	공무원 1명당 민원서류처리 수
	행정인력	전문성	일반직 6급 이상 공무원비율
재정운용효율 (6개)	재정규모	규모적정성	인구 1명당 세출액
		규모독립성	재정자주도
	재정구조	구조건전성	지방채 수입비율
		구조안정성	재정자립도
	재정운용	운영탄력성	투자적 경비 비율
		운영노력성	세수증가율

항목	관심영역		지표
	1차	2차	
산업경영효율 (6개)	고용	고용기회	사업체 1개소당 취업자 수
			500명 이상 사업체 취업자 수 비율
	산업효율	자본장비율	대기업비율(500명 이상)
		공장생산액	광공업사업체 1개소당 생산액
	국제경쟁력	산업수출	인구 1명당 수출액(천불)
	제조업	제조업	제조업종사자비율
세계화/국제화 (3개)	교류활동	통상교류	인구 10,000명당 관광호텔 수
		외국인	외국인 거주 비율
	문화관광	서비스	관광사업체 등록건수

출처: 한국공공자치연구원. (2014). 2013년 KLCI 보도자료

표 53 KLCI의 지표체계와 측정지표(경영성과부문)

항목	관심영역		지표
	1차	2차	
경제생활 (9개)	인구	인구성장	전년대비 인구성장률
		출생률	출생률
	주택·주거	주택	주택보급률
	교통	자동차보급	가구당 자동차 등록대수
		주차장시설	등록자동차당 주차면수 비율
	주민소득	주민소득	1명당 지방세 납부세액(원)
			1명당 지역내 총생산
	소비생활	소비자서비스업	인구 1,000명당 유통매장면적(시장포함)
	지역개발	건축 인·허가	인구 1,000명당 건축허가면적
보건복지 (6개)	보건의료	의료인력	인구 1,000인당 의료인력 수
		보건예방	인구 1,000명당 예방접종인원
		건강관리사업	인구 1,000명당 모자보건사업실적
			인구 1,000명당 방문건강관리실적
	복지서비스	복지시설	인구 1,000명당 노인,아동,여성,장애인복지시설 수
		자원봉사	인구 1,000명당 자원봉사자 수

항목	관심영역		지표
	1차	2차	
교육문화 (7개)	교육	교육기관	인구 1,000명당 사설학원 수
			인구 1,000명당 청소년수련시설 수
		교원수	초중고학생 100명당 교원 수
		진학률	대학진학률
		교육예산	주민 1명당 교육비 예산
	문화	문화시설	인구 1,000명당 문화시설 수
	체육	체육시설	인구 1,000명당 체육시설 수
공공안전 (6개)	환경	환경오염물질배출시설	인구 1,000명당 환경오염물질 배출업체 수
		쓰레기수거	폐기물 재활용률(%)
		급수량	1명당 급수량
		환경예산	환경보호 세출 비율
	공공안전	공공안전	인구 1,000명당 풍수해 손해액
		공공안전예산	공공질서 및 안전 세출 비율

출처: 한국공공자치연구원. (2014). 2013년 KLCI 보도자료

3) 방 법 론

KLCI 조사는 매년 11월 초에서 12월 말까지 진행되며 2013년에는 전국 229개 시군구를 대상으로 실시되었다. 측정지표로 활용되는 각종 통계자료 및 데이터는 정부에서 발표하는 여러 가지 보고서로부터 추출되고 있다. 대표적인 기관 및 보고서로는 ① 전국통계연감, ② 지방재정연감, ③ 사업체기초통계조사보고서, ④ 철도통계연보, ⑤ 고속도로교통량통계, ⑦ 관세청 수출입 통계, ⑧ 각 시·도 및 시·군·구의 통계자료, ⑨ 안전행정부 자체 통계자료 등이 있다.

측정 방법에 있어서는 서로 상이한 성격의 통계자료와 지표 간 비교가 가능하도록 Z-Score를 산출하는 표준화작업을 거치도록 하였고, 지표별 가중치를 달리 적용하여 종합 평점을 산출한다. 점수체계는 총 1,000점 만점에서 경영자원부문과 경영활동부문은 각각 300점씩, 경영성과부문은 400점의 비중을 가지고 있다.

제3절 경쟁력 지수의 방법론적 비판[30)]

이번 절에서는 이 중에서 IMD와 WEF를 방법론적으로 비판하려고 한다. 다른 지표들에 대해서도 비슷한 비판이 가능할 것이라고 본다. 그러나 자료의 제약 상 잘 알려지고 역사가 오래된 이 둘을 비판하고자 한다. 과연 이들 지표들이 타당성이 있는가에 대한 의문으로부터 시작한다. 특히 특정연도의 국가경쟁력 지수를 분석하던 선행연구를 넘어 2000년부터 2010년까지의 국가경쟁력 지수를 종합적으로 살펴볼 것이다. 이것은 국가경쟁력 지수가 사용한 측정요소와 항목이 지속적으로 변화해왔다는 점을 고려할 때 이러한 지속적인 변화를 통해 국가경쟁력 지수의 타당성이 개선되었는지 여부를 판단하는데 유용할 것으로 기대된다.

1. 국제지수의 양산과 문제점

앞에서 검토한 바와 같이 국가 간 비교를 위한 경쟁력 관련 개념들이 우후죽순으로 생기고 그를 수치로 표현하는 지수도 많이 생기고 있다. 세계화로 국가 간 경쟁이 심화됨에 따라 국가 간 비교를 하고 싶은 유혹이 많이 있기 때문이라고 본다. 예를 들어 UN은 '새천년 개발 목표(Millenium Development Goals) 프로그램'의 효과성을 평가하기 위해 국제기구 PARIS21(Partnership in Statistics for Development in the 21st Century)을 설립하고 국제 비교를 위해 쓰일 지표 생산에 노력을 기울이고 있다. 또 Price waterhouse Coopers(PwC)같은 컨설팅 회사는 다국적 기업이 투자 의사를 결정할 때 활용할 수 있도록 불투명성 지수(Opacity Index) 지수를 만들기도 하였다(Lipsey, 2001).

이밖에도 국제기구의 원조 전략 수립, 학술목적, 다국적기업의 해외투자 의

---

30) 이 절의 내용은 다음 논문의 내용을 중심으로 구성하여 정부경쟁력 연구센터의 연구 내용을 포함하여 작성됨.
 - 고길곤·박세나(2012). "국가경쟁력 지수에 대한 비판적 검토: IMD와 WEF의 국가경쟁력 지수를 중심으로". 「행정논총」, 50(3): 35-66.

사결정을 위한 국제지수 수요가 증가하고 있다. 그 결과 앞에서 다른 지수들은 물론이고, 부패지수(Corruption Perception Index), 세계화지수(Globalization Index), 민주화지수(Democracy Index), 전자정부화지수(Global e-government Index), 행복지수(Happiness Index) 등 다양한 분야를 다루는 지수들이 양산되고 있다. 그리고 이런 범주의 자료를 다시 원자료로 하여 2차적으로 생산하는 지수도 날로 증가하고 있다. 많은 국제기구나 연구소에서 생산된 이런 자료들은 언론매체와 인터넷, 그리고 때로는 학술연구를 통해 신속히 확산되고 있다.

이번 절에서 다루고자 하는 것은 본 연구가 개발하고자 하는 정부경쟁력과 가장 유사한 개념으로, 우리나라 행정학 분야에서 많이 다루는 '국가경쟁력 지수'이다(차용진·이홍재, 2006). 여러 국가경쟁력 지수가 측정되어 발표되고 있지만, 그중에서도 스위스의 International Institute for Management Development(IMD)와 World Economy Forum(WEF)에서 발표하는 국가경쟁력 지수가 가장 잘 알려진 것이다. 2000년에 출간된 WEF의 국가경쟁력 지수 보고서는 431회 이상 국제학술논문에서 인용되고 있으며 우리나라에서도 지방분권과 국가경쟁력의 관계(최영출·최외출, 2008), 국가경쟁력 강화방안(김박수 외, 1999; 조현승·김대욱, 2005; 정병걸·염재호, 2007) 등의 여러 학술연구에 사용되거나 인용되고 있다.

우리나라 정부는 이런 외국의 지표에 더욱 민감한 편이다. 2004년 4월에는 "국가경쟁력의 결정요인과 국제평가지수를 분석하여 그 제고방안을 마련"하기 위해 국무총리훈령(제452호)으로 '국가경쟁력 분석 및 국제평가지수 제고에 관한 규정'을 만들었다. 특히 이명박 정부에서는 2008년 국가경쟁력위원회를 출범, 10년 후 국가경쟁력 7대 강국이 되는 것을 목표로 제시하면서 국가경쟁력 지수를 정책결정의 중요한 지표로 활용하고 있다. 국내 언론에서도 WEF와 IMD의 국가경쟁력 지수를 자주 언급하고 있어 그 사회적 파급력도 커지고 있는 실정이다.

그러나 국가경쟁력이 구체적으로 무엇을 의미하는지 이론적으로 논란이 되고 있다. 산업이나 기업 수준에서 논의되던 경쟁력을 국가 수준으로 확장하는 것이 바람직한지(Krugman, 1994), 선진국과는 다른 환경에 처해있는 국가들을 국가경쟁력 지수라는 동일한 잣대를 가지고 분석하는 것이 바람직한지(Lall, 2001)에 대한 논란 등이 그것이다. 또한 국가경쟁력 지수의 측정에 있어서의 구성타당도에 대한 비판도 제기되고 있다(차용진·이용진, 2006; 최영출, 2009). 극단적으로 국가경쟁력을 "위험한 망상(dangerous obsession)"으로 보고, 국가경쟁력 지수는 "쓰레기통에 버리고 무시"할 수 있는 것(Amsden, 1996)이라고 평하기도 한다.

이처럼 국가경쟁력 지수의 영향력 및 제기되는 비판을 고려할 때, 국가경쟁력 지수에 대한 보다 종합적인 논의가 필요한 시점이다. 여러 연구들에서도 국가경쟁력 지수의 문제점들을 지적해왔지만, 기존 연구들은 특정연도에 한정된 국가경쟁력 지수의 문제점이나 구성타당도 혹은 예측타당도의 한 측면에만 초점을 맞추고 있다. 더욱이 선행연구들의 비판에도 불구하고 국가경쟁력 지수가 여전히 활발하게 사용되고 있기 때문에 국가경쟁력 지수의 타당성을 심층적으로 분석할 필요가 있다.

2. 지수의 타당성 분석

측정 대상을 정확히 측정하고(타당성), 동일대상을 반복적으로 측정할 때 유사한 값을 얻는(신뢰성) 측정도구가 바람직한 측정도구라고 할 수 있다. 국가경쟁력 지수가 많은 학술연구에 사용되고 정부정책의 결정과 평가에 반영된다는 점을 고려한다면 측정도구의 타당성 분석은 매우 중요하다. 이하에서는 국가경쟁력 지수 산출에 활용되는 연성자료(soft data)의 타당성, 측정지표의 안정성, 측정의 타당도(구성타당도, 예측타당도, 개발도상국에 적용가능성), 순위부여의 타당성 등을 종합적으로 검토하고자 한다.

1) 표본추출 및 설문조사의 타당성

2011년 WEF와 IMD는 각각 111개와 332개의 지표를 이용하여 국가경쟁력을 측정하였다. 각 국의 통계 및 여러 국제기구들이 수집한 자료를 바탕으로 한 경성자료(hard data)와 최고 및 중간 경영자들을 대상으로 한 설문조사 결과를 통해 얻어진 연성자료(soft data)를 활용하여 측정되었다.

IMD는 사용하는 332개의 지표 중 248개만을 가지고 전체 국가경쟁력 순위

를 산정하며 이중 약 47% 정도가 연성자료이다. 이 연성자료는 2011년의 경우 59개국 4,935명의 설문조사 결과를 통해 얻어졌다. 국가별 GDP 규모를 반영하여 표본크기를 정하고, 1차 산업, 제조업, 서비스등 산업별로 표본을 추출하고 있다(한국과학기술기획평가원, 2011). 설문조사를 위해 협조한 한국의 파트너는 1993~2004년은 경쟁력평가원(주)이, 2005~2006년에는 산업연구원이었고, 그리고 2007년에는 한국 측 파트너 없이 설문조사가 진행되었다. 최근에는 삼성경제연구소가 IMD의 한국 측 파트너로 설문조사를 주관하고 있다. 그러나 설문조사의 표본추출방식이나 구체적인 설문내용 및 분석의 내용은 비공개를 원칙으로 하고 있어 표본설계의 타당성이나 대표성에 대한 분석이 공개적으로 이루어지지 않고 있다.

WEF 역시 전체 111개 세부평가지표 중 79개(71%)가 설문을 통해 측정될 만큼 설문에 대한 의존도가 높다. WEF의 설문도 IMD처럼 최고경영자를 대상으로 하고 있는데 142개국에서 13,395명의 응답결과를 국가경쟁력 지수 산정에 사용하였다. 문제는 WEF 역시 표본설계의 타당성이나 대표성이 확보되지 않았다는 것이다. 한국의 경우 KAIST 최고경영자과정 재학생 및 동문(2000명)과 한국신용평가에 등록된 기업의 최고경영자 중 무작위로 선정한 80명으로 구성되어 있어 확률추출이라고 보기 어렵고, 응답률도 10%밖에 되지 않아 그 대표성을 인정하기 어렵다.

요컨대 IMD와 WEF 모두 설문대상자 표본설계의 타당성과 대표성이 확보되었다고 보기 어렵다. 이러한 상태에서 연성자료를 이용하여 국가경쟁력 지수를 평가하는 것은 측정의 타당성 측면에서 문제가 있는 것으로 볼 수 있다.

2) 측정지표의 안정성 문제

WEF는 초기에는 경쟁력지수(Competitiveness index: CI)라는 이름의 단일 종합순위를 발표하다가 1998년부터는 미시경쟁력지수(Micro industrial CI)와 경쟁력지수(CI)로 구분하여 발표하기 시작했다. 전자는 미시적인 생산 측면을, 후자는 거시적인 성장 측면을 측정하였다.

2000년에는 CI를 성장경쟁력(growth CI)으로 바꾸면서 중장기적 안정적 성장 측면을, 미시경쟁력지수는 경상경쟁력지수(current CI)로 바뀌면서 현 시점에서의 경제 성장력을 평가하였다. 2003년에는 경상경쟁력지수를 다시 기업경쟁력지수(business CI)로 바꾸어 측정하기 시작하였다(차용진·이홍재, 2007:117). 2005년 WEF는 대대적으로 측정방식을 바꾸어 기본요소(Key for factor-driven economies), 효율성 증진요소(Key for efficiency-driven economies), 혁신과 정교화 요소(key for innovation-driven economies)의 3요소를 중심으로 9개의 축(pillar)을 구성하여 국가경쟁력 측정의 세부평가항목으로 사용하였다. 이후 2007년 이 3요소를 다시 12개로 구분하여 국가경쟁력을 측정하기 시작하였다. 이 3요소는 국가경쟁력의 하위지수로 사용될 뿐 아니라 국가의 발전단계를 이해하는데도 사용된다. 즉 국가경쟁력이 높은 국가는 점차 기본요소에서 혁신과 정교화 요소가 높은 국가로 발전한다고 가정하는 것이다. 다음의 〈표 54〉는 WEF 국가경쟁력의 세부평가항목이다.

표 54 WEF 국가경쟁력의 하위지수와 세부평가항목(2011년 기준)

하위지수	세부평가항목	하위지수	세부평가항목	하위지수	세부평가항목
기본 요소	제도	효율성 증진 요소	고등교육과 훈련	혁신과 정교화 요소	비즈니스 정교화
	인프라		상품시장효율성		
	거시경제환경		노동시장효율성		혁신
			금융시장발전도		
	건강과 초등교육		기술적 준비		
			시장규모		

출처: WEF, 세계경쟁력보고서(Global Competitiveness Report), 2012

　12개의 세부평가항목의 측정을 위해 2011년 111개의 세부평가지표들이 사용되었다. 이 지표들은 매년 변화해 왔는데 2000~2010년까지 WEF가 국가경쟁력 측정에 사용한 지표를 분석한 결과, 해당 기간 동안 총 285개의 지표가 사용되었다. 지표는 2003년, 2005년, 2007년에 특히 크게 변동하였는데, 2003년에는 총 49개의 지표가, 2005년에는 총 45개의 지표가 삭제되었다. 2007년

에는 27개의 지표가 추가되기도 하였다.

이러한 측정지표의 변동은 국가경쟁력 지수의 측정 결과에도 영향을 미치게 된다. 연도 간 국가경쟁력 지수의 변동에는 측정에 사용된 지표의 변동이 함께 반영되어 나타나는 것이다. 따라서 국가경쟁력 자료를 시계열로 비교·분석하는 경우 측정지표의 변동에 따른 영향을 충분히 통제하지 못하면 내적타당성의 확보가 어렵게 된다.

IMD는 국가경쟁력을 경제운영성과, 정부행정효율, 기업경영효율, 발전인프라의 4개 하위지수로 구분하고, 이를 5개의 세부평가항목으로 구성하여 측정하고 있다. IMD의 국가경쟁력 지수(WCI)에서 주목해야 할 부분은 경제운영성과이다. 일반적으로 국가경쟁력을 경제성장을 달성할 수 있는 원인 변수로 간주하는 것과 달리 IMD 국가경쟁력 지수의 경제운영성과 하위지수는 결과 변수인 경제성장을 국가경쟁력의 구성요소로 포함하고 있다. 이와 관련해 자칫 국가경쟁력과 경제성장의 관계를 순환논리적인 구조에서 이해하게 될 위험성이 크다는 비판을 제기할 수 있다.

표 55   IMD 국가경쟁력의 하위지수와 세부평가항목

하위지수	내용	세부평가항목
경제운영성과 (78개 세부평가항목)	거시경제의 성과를 측정	국내경제(25), 국제무역(24), 국제투자(17), 고용(8), 물가(4)
정부효율성 (71개 세부평가항목)	정부정책이 경쟁력 증진에 기여하는 정도	재정(12), 조세정책(13), 제도틀(13), 비즈니스관련입법(21), 사회환경(12)
경영효율성 (69개 세부평가항목)	기업이 혁신적이고 이윤을 창출하고 책임있는 경영을 할 수 있는 환경	생산성과 효율성(11), 노동시장(23), 금융(18), 경영활동(9), 태도와 가치(8)
인프라스트럭처 (114개 세부평가항목	기업에 필요한 기초적, 기술적, 과학적, 인적 자원들	기초인프라(25), 기술인프라(23), 과학인프라(23), 건강과 환경(27), 교육(16)

출처: IMD, 2011 국가경쟁력보고서(World Competitiveness Yearbook).

3) 측정의 타당성 문제

먼저, 구성타당도(construct validity)의 관점에서 측정 타당성을 평가하는 방법이 있다. 두 기관의 국가경쟁력 지수가 구성타당도를 갖기 위해서는 국가경쟁력

지수를 구성하는 하위지수와 국가경쟁력 지수 개발자들이 제시한 잠재적 요인 간의 상관관계가 있어야 한다. 이러한 구성타당도는 확인적 요인분석(confirmatory factor analysis)을 통한 평가가 가능하다. 그러나 확인적 요인분석에서는 측정오차의 문제가 발생한다. 차용진·이홍재(2007)와 최영출(2009)의 연구에서 국가경쟁력 지수의 구성타당도가 낮은 것으로 나타난 결과는 측정오차가 큰 것에서 기인한 것일 수도 있다. 따라서 이를 통제하기 위해 우선 각 연도별 IMD와 WEF 국가경쟁력 지수의 구성타당도를 비교하여 그 결과를 도출하고, 측정오차를 줄이기 위해 t개 연도의 결과 값을 합친 IMD와 WEF의 국가경쟁력 지수 자료를 이용하여 구성타당도를 평가할 것이다.

다음으로 국가경쟁력 지수를 예측타당도(predict validity)의 관점에서 평가해 볼 수 있다. WEF와 IMD는 국가경쟁력 개념을 경제성장의 설명변수로 이해하여 접근하고 있다. 그렇다면 각각의 국가경쟁력 지수가 경제성장률을 예측할 수 있도록 측정이 되어야 하므로 국가경쟁력 지수와 경제성장률 두 변수 간에 양의 상관관계를 가져야 국가경쟁력 지수의 예측타당도가 높다고 판단할 수 있다.

한편 이러한 구성타당도와 예측타당도의 문제는 상대적으로 국가경쟁력이 높은 그룹과 낮은 그룹으로 나누어 평가할 필요가 있다. 일반적으로 선진국에 비해 저개발국의 국제지수가 불안정한 경우가 많기 때문에(Ko & Samajdar, 2010; Lall, 2010) 저개발국 국제지수의 타당도를 좀 더 구체적으로 살펴볼 필요가 있다.

마지막으로 국가경쟁력 순위에 관해 살펴볼 것이다. 실제 국가경쟁력 지수를 인용할 때 개별 지표나 지수의 값보다는 국가 순위가 더 많이 활용된다는 점에서 이에 대한 논의가 필요하다.

IMD는 국가경쟁력을 크게 경제운영성과(EP), 정부행정효율(GE), 기업경영효율(BE), 발전인프라효율(INF)의 4개 하위지수로 구분하여 측정하고 있다. 이들은 앞의 〈표 55〉와 같이 여러 개의 세부평가항목으로 구성되어 있다. 최영출(2009: 56)의 연구에 따르면 각각의 하위지수는 낮은 구성타당도를 나타나고 있다. 따라서 4개의 하위지수 점수가 국가경쟁력이라는 잠재요인에 의해 설명되는지를 확인적 요인분석(confirmatory factor analysis)을 통해 살펴보았다. 이를 위해 연도

별로 구성타당도의 변화를 살펴보고자 2000년부터 2010년까지의 구성타당도를 분석하였다. 현실적으로 국가경쟁력과 위 4개의 하위지수간의 강도와 오차분산이 서로 다르다고 보고 동속측도(congeneric scale)를 가정하였다.

IMD 국가경쟁력 지수에서 제시된 국가경쟁력 모형은 아래와 같으므로 확인적 요인분석은 다음과 같은 추정식으로 표현할 수 있다.

$$
\begin{bmatrix} BE \\ EP \\ GE \\ INF \end{bmatrix} = \begin{bmatrix} \lambda_1 \\ \lambda_2 \\ \lambda_3 \\ \lambda_4 \end{bmatrix} \xi_1 + \begin{bmatrix} \delta_1 \\ \delta_2 \\ \delta_3 \\ \delta_4 \end{bmatrix},
$$

단, ξ는 국가경쟁력 지수의 잠재변수

모형적합도(model fit) 판단에는 AGFI, CFI, NFI, RMSEA 등의 지표가 널리 사용된다(홍세희, 2000; 조현철, 1999). 이중 RMSEA값은 0.05 이하, CFI, NFI의 경우에는 0.9 이상, AGFI는 0.85 이상이면 모형적합도가 좋은 것으로 판단할 수 있다.

뒤의 〈그림 22〉에서처럼 WCI 측정을 위해 사용하는 4가지 하위지수들의 구성타당도는 2000년 이후 계속 나빠지다가 2007년 이후로 나빠지지는 않았다고 이야기 할 수 있다. 그러나 RMSEA 값은 기준값인 0.05보다 훨씬 큰 것으로 나타나고 있고 AGFI 값도 기준값인 0.85보다 작은 것으로 나타나, 이 두 통계량만을 가지고 본다면 국제경쟁력 측정에 사용된 4개 하위지수의 구성타당도는 낮다고 할 수 있다. 하지만 CFI나 NFI는 기준값인 0.9보다 대체적으로 큰 것으로 나타나고 있다. 개념변수의 측정에 사용되는 변수의 수가 작으면 RMSEA 값은 일반적으로 큰 값을 갖는다는 것을 고려할 때 4개 하위지수의 구성타당도가 반드시 작다고 결론을 내리기는 어렵다. 다만 2000년 이후 구성타당도가 낮아지다가 2007년 이후 점차 개선이 되어 2010년의 경우에는 RMSEA 값을 제외하고는 모형적합도 지수들이 기준값을 대부분 만족시키고 있음을 알 수 있다.

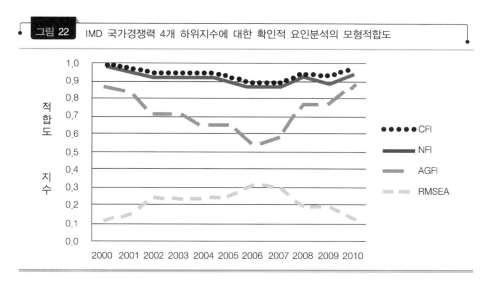

그림 22 IMD 국가경쟁력 4개 하위지수에 대한 확인적 요인분석의 모형적합도

한편 경제운영성과(EP), 정부행정효율(GE), 기업경영효율(BE), 발전인프라효율(INF)에 대해 국가경쟁력이라는 잠재변수가 미치는 영향의 크기를 표준화된 회귀계수 추정값을 이용하여 추정할 수 있다. 회귀계수값은 각 연도별로 뒤의 〈그림 23〉과 같이 변화하고 있다. 주목할 만한 것은 발전인프라효율(INF)과 경제운영성과(EP)의 회귀계수값이 계속 떨어지고 있다는 점이다. 단순회귀분석에서 표준화된 회귀계수 추정치의 제곱은 신뢰성계수와 같기 때문에, 회귀계수값이 작을수록 국가경쟁력을 추정하는 데 신뢰성이 작다고 할 수 있다. 따라서 국가경쟁력 측정에 있어서 정부행정효율(GE)과 기업경영효율(BE)의 하위지수가 더적합하며 발전인프라효율(INF)와 경제운영성과(EP)의 적합성은 상대적으로 떨어진다고 볼 수 있다.

이처럼 IMD의 국가경쟁력 지수는 연도에 따라 구성타당도가 일정하지 않기 때문에, 어느 해의 국가경쟁력 지수를 이용하는지에 따라 실증분석 결과의 타당도가 달라질 수 있다는 문제가 있다.

WEF의 국가경쟁력 지수는 2007년 이전에는 하위지수와 세부평가항목의 변동이 크게 나타나기 때문에 2007년 이후의 국가경쟁력 지수의 구성타당도를 살펴보았다. 뒤의 〈표 56〉에서 나타나듯 WEF의 국가경쟁력 지수는 기본요소, 효

율성 증진요소, 혁신과 정교화 요소로 구성되어 있다.

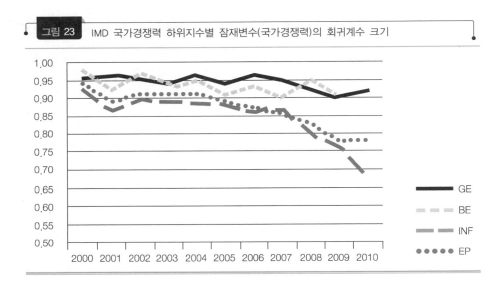

그림 23　IMD 국가경쟁력 하위지수별 잠재변수(국가경쟁력)의 회귀계수 크기

이 세 개의 하위지수가 국가경쟁력 개념에 의해 설명되는지를 확인적 요인분석을 이용하여 살펴본 결과, 모든 연도의 효율성 증진 요소에서 헤이우드 케이스(Heywood case)가 발생하여 오차항 분산이 0보다 작은 문제가 나타났다. 이는 WEF의 국가경쟁력 측정의 구성타당도가 매우 낮다는 것을 의미한다. 12개의 세부평가항목과 3개의 하위지수를 모두 포함하여 고차원 요인분석을 수행한 결과 또한 헤이우드 케이스가 발생할 뿐 아니라 모형적합도지수 분석에서도 적합하지 않은 것으로 나타났다.

WEF는 1인당 국민소득 수준에 따라 3개의 하위지수에 대한 가중치를 아래와 같이 달리 부여하고 있다. 이런 가중치를 고려하여 국가경쟁력 지수를 계산할 경우의 구성타당도를 분석해보았으나, 이 경우에도 낮은 모형적합도가 나타났을 뿐만 아니라(RMSEA=0.99) 잠재변수의 분산이 음(-)으로 계산되는 등 여전히 구성타당도가 낮은 것으로 나타났다.

| 표 56 | WEF 국가경쟁력 지수 1인당 GDP에 따른 하위지수 가중치 부여 방식 |

	성장단계				
	1단계 : 기본요소 중심	2단계로의 이행기	2단계 : 효율성 중심	3단계로의 이행기	3단계 : 혁신 중심
1인당 GDP(USD)	2,000 미만	2,000 ~2,999	3,000 ~8,999	9,000 ~17,000	17,000 초과
기본요소 가중치	60%	40~60%	40%	20~40%	20%
효율성 증진요소 가중치	35%	35~50%	50%	50%	50%
혁신과 정교화 요소 가중치	5%	5~10%	10%	10~30%	30%

출처: WEF, 세계경쟁력보고서(Global Competitiveness Report) 2012

이러한 결과를 종합해 볼 때 WEF 국가경쟁력 지수는 구성타당도에 심각한 문제가 있는 것으로 판단할 수 있으며, 이는 최영출(2009)의 연구결과와 일치한다. WEF 국가경쟁력 지수의 구성타당도 문제가 심각하기 때문에 이하에서는 IMD 국가경쟁력 지수의 예측타당도에 초점을 맞추어 분석을 수행하고자 한다.

앞서 언급한 바와 같이 국가경쟁력은 경제성장을 예측할 수 있는 설명변수로 여겨지고 있다. 따라서 국가경쟁력 지수의 예측타당도가 높다면 현재의 국가경쟁력 지수는 미래의 경제성장과 높은 상관관계를 가질 것이다.

IMD는 국가경쟁력을 크게 경제운영성과(EP), 정부행정효율(GE), 기업경영효율(BE), 발전인프라효율(INF)로 구분하여 측정하고 있다. IMD 국가경쟁력 지수에는 이미 경제운영성과 부분이 포함되어 있기 때문에 국가경쟁력의 개념과 측정에 혼란이 존재한다. 그러나 개념상으로는 국가경쟁력이 경제운영성과에 영향을 미치는 것으로 가정되고 있기 때문에 정부행정효율, 기업경영효율, 발전인프라효율이 경제운영성과를 예측하는 데 타당한지 여부를 분석할 필요가 있다.

국가경쟁력 개념은 국가경쟁력 지수가 경제성과에 선행한다고 보기 때문에 t년도의 경제운영성과와 정부행정효율, 기업경영효율, 발전인프라효율 변수를 시차를 두어 회귀분석을 수행할 필요가 있다. 본 논문에서는 3년치 독립변수를 평균한 값(BEA, INFA, GEA)과 각 독립변수의 t-1, t-2, t-3기의 값을 사용하여 다양한 모형을 구성해 보았다.

| 표 57 | 국가경쟁력 지수가 경제성과를 설명하는 예측타당도 회귀분석(기준년도: t=2010) |

	Model 1 회귀계수 (SE)	Model 2 회귀계수 (SE)	Model 3 회귀계수 (SE)	Model 4 회귀계수 (SE)	Model 5 회귀계수 (SE)	Model 6 회귀계수 (SE)	Model 7 회귀계수 (SE)	Model 8 회귀계수 (SE)	Model 9 회귀계수 (SE)	Model 10 회귀계수 (SE)	Model 11 회귀계수 (SE)
EP(t-1)	1.28 (0.14)***		1.21 (0.14)***			1.26 (0.14)***			1.23 (0.14)***		1.21 (0.14)***
EP(t-2)	−0.31 (0.17)*		−0.35 (0.16)**			−0.34 (0.17)*			−0.36 (0.16)**		−0.35 (0.16)**
EP(t-3)	0.11 (0.12)		0.02 (0.12)			0.06 (0.13)			0.06 (0.12)		0.04 (0.13)
BEA		0.63 (0.11)***	0.24 (0.08)***								0.20 (0.15)
BE(t-1)				0.57 (0.22)**							
BE(t-2)				0.08 (0.26)							
BE(t-3)				0.00 (0.15)							
INFA					0.46 (0.10)***	0.08 (0.08)					−0.06 (0.09)
INF(t-1)							0.78 (0.34)**				
INF(t-2)							−0.15 (0.41)				
INF(t-3)							−0.12 (0.24)				
GEA								0.67 (0.12)***	0.23 (0.09)**		0.08 (0.15)
GE(t-1)									0.71 (0.20)***		
GE(t-2)										−0.13 (0.28)	
GE(t-3)										0.10 (0.20)	
N	59	59	59	59	59	59	59	59	59	59	59
결정계수	0.78	0.37	0.81	0.37	0.26	0.78	0.32	0.34	0.80	0.37	0.81

출처: 고길곤·박세나(2012)

먼저 〈표 57〉의 모형 1은 t기(2010년)의 경제운영성과가 t-1, t-2, t-3기의 경제운영성과변수에 의해 설명되는 정도를 살펴본 결과이다. 이 모형은 종속변수인 경제운영성과가 그 추세 정보에 의해 설명되는 정도를 추정하는 것으로, 새로운 독립변수 추가에 따른 설명력 증가의 기준점으로 활용할 수 있다. 모형

1의 결과에 따르면 전 3기의 변동은 현재의 경재운영성과 변동을 약 78% 정도 설명하는 것으로 나타나고 있다.

모형 2는 t-1, t-2, t-3기의 기업경영효율지표의 평균값(BEA)이 t기의 경제운영성과를 얼마나 설명하는지를 살펴보는 분석결과로, 약 37% 정도가 설명되는 것으로 나타나고 있다. 그러나 모형 3에서처럼 전 3기의 경제운영 성과변수와 전 3기의 기업경영효율변수의 평균값을 독립변수로 이용하여 회귀분석을 수행한 결과 모형 1에 비해 설명력은 약 3% 정도만 증가하는 것으로 나타났다. 이것은 기업경영효율변수가 경제운영성과를 예측하는 데 큰 기여를 하고 있지 못한다는 것을 의미한다.

한편 모형 2와 달리 전 3기의 기업경영효율변수를 평균하지 않고 전 3기의 값을 각각 모형에 포함시키면 모형 4의 결과처럼 결정계수가 거의 변하지 않음을 알 수 있다. 일반적으로 측정오차가 큰 변수의 경우 여러 시점의 평균값을 사용하는 것이 측정오차를 줄일 수 있다는 점을 고려한다면 기업경영효율변수가 경제성과를 설명하지 못하는 이유가 단순히 연도 간 측정오차에 있다고 보기는 어렵다. 이 결과는 정부행정효율과 발전인프라효율에서도 모두 유사하게 나타나고 있다.

모형 11에서 경제운영성과의 3기의 시차변수값과 3개의 국가경쟁력 하위지수값을 모두 포함한 경우를 살펴보면 기업경영효율, 발전인프라, 정부행정효율 등의 회귀계수값은 통계적으로 유의미하지 않고 설명력도 모형 1에 비해 3%밖에 증가하지 않음을 알 수 있다. 하지만 다중공선성의 문제를 고려하면 개별 회귀계수의 통계적 유의미성을 직접 해석하기는 어렵다. 따라서 아래 같이 F-검정통계량을 이용하여 모형 1에 3개의 독립변수를 추가하는 것이 통계적으로 유의미한지를 분석하였다. 그 결과 3개의 독립변수의 회귀계수가 모두 0이라는 귀무가설을 기각하고 있다. 하지만 F-통계량 값이 크지 않고 결정계수의 증가부분도 크지 않는 것을 고려한다면 IMD의 기업경영효율, 발전인프라, 정부행정효율은 경제성과를 예측하는 데 어느 정도 기여는 하지만 전체적인 예측타당도는 높다고 보기 어렵다고 할 것이다.

$$F(3,52) = \frac{(SSE_{Red}/SSE_{Full})/(df_{SSE_{red}} - df_{SSE_{Full}})}{SSE_{Full}/df_{SSE_{Full}}} = 2.85\,(p-value = 0.046)$$

단, Red는 축소모형으로 모형 1을 Full은 완전모형으로 모형 11을 , SSE는 잔차제곱합, df는 자유도를 의미함.

위 분석은 2010년의 경제성과를 기준으로 하고 있다. 하지만 2010년에는 2008년과 2009년의 세계금융위기의 여파가 남아있었기 때문에 이러한 역사적 요인이 경제성장과 국제경쟁력지수간의 관계를 약화시켰을 가능성이 있다. 이 점을 고려한 강건성 분석(robustness analysis)을 위해 2007년을 기준 시점으로 하여 이상의 분석을 동일하게 수행하여 보았으나 여전히 예측타당도가 낮았다.

마지막으로 IMD는 국가경쟁력 지수의 세부평가지표를 지속적으로 바꾸어왔기 때문에 국가경쟁력 지수의 예측타당도 역시 연도별 변화가 있을 것으로 예측할 수 있다. 이를 위해 기준년도를 2003년(t=2003)으로 하여 위 분석을 다시 수행해 보았다. 그 결과 기업경영효율, 정부행정효율, 발전인프라효율 등은 독립적으로 47~52% 정도의 경제성과를 설명하고 있는 것으로 나타나 예측타당도가 2010년을 기준으로 한 것보다 높게 나타났다. 하지만 이 변수들이 추가적으로 t−1기의 경제성과가 t기의 경제성과를 설명하는 정도를 증가시키는 정도는 여전히 통계적으로 유의미하지 않은 것으로 나타났다. 이러한 결과를 종합해보면 IMD 국가경쟁력 지수의 예측타당도는 높지 않다고 할 수 있다.

선진국의 경우 단기간 내에 국가경쟁력의 수준에 큰 변동이 발생하지 않지만 개발도상국이나 후진국의 경우, 국가경쟁력의 변동이 상대적으로 크다고 할 수 있다. 따라서 개발도상국만 살펴보면 국가경쟁력의 예측타당도나 구성타당도가 높을 가능성이 있다. 반대로 개발도상국이나 후진국의 경우 국가경쟁력 지수 측정에 필요한 지표값의 타당성이 떨어지는 경우가 많다. 경성자료에 사용되는 기초 통계자료의 정확성이 상대적으로 낮을 수 있을 뿐 아니라 연성자료에 사용되는 설문조사도 정확하게 이루어지지 않을 가능성이 높기 때문이다. 이러한 지표의 질을 고려한다면 개발도상국이나 후진국의 국가경쟁력 지수의 예측타당도나 구성타당도는 선진국에 비해 낮을 가능성도 존재한다.

　개발도상국이나 후진국의 범위에 절대적인 기준은 없다. 분석상의 편의를 위해 2008년부터 2011년의 4개년의 IMD 국가경쟁력 지수 평균값의 하위 15개 국가를 후진국과 개발도상국의 범위로 정하였다. 위 국가들을 대상으로 앞의 〈표 57〉의 예측타당도 분석방법을 적용하였다. 그 결과 전반적으로 예측타당도가 낮은 것으로 나타났고, 특히 발전인프라의 경우에는 경제성과를 설명하는데 통계적으로 유의미하지 않은 것으로 나타났다. 이결과를 여러 가지로 해석할 수 있지만 발전인프라 자체의 특성과 관련해 해석해 볼 수 있을 것이다. 발전인프라의 경우 교통망이나 상하수도와 같은 사회간접자본 인프라, 기술 인프라, 과학 인프라, 건강과 환경, 교육 등의 항목들을 포괄하고 있다. 이러한 발전인프라는 그 효과가 장기에 걸쳐 일어난다. 그러나 후진국이나 개발도상국의 경우 이러한 인프라 수준이 단기간에 변하지 않는 것이 일반적이고 그것이 단기적으로 경제성과에 직접적인 영향을 미치지 못하기 때문인 것으로 생각된다.

　한편 앞서 언급한 것처럼 IMD와 WEF는 많은 지표들을 표준화한 후 이를 합산하여 하위지수(subindex)를 만들고 이를 다시 합산하여 국가경쟁력 지수를 계산하는 구조를 가지고 있다. WEF의 경우는 합산 과정에서 1인당 국민소득의 크기에 따라 하위지수의 가중치를 달리 부여하는 접근방식을 취하고 있다. 이렇게 구해진 국가경쟁력 지수를 이용하여 국가별 국가경쟁력 순위가 계산된다. 현실에서 국가경쟁력 지수가 이용될 때 하위지수의 개별값보다는 순위가 더 많이 사용되고 있다. 하지만 국가경쟁력 순위는 다음과 같은 문제점을 가지고 있다.

　첫째, 국가경쟁력 지수의 표준오차(standard error)에 대한 정보가 반영되어 있지 않다. 지표들과 하위지수 간에는 편차들이 존재하고 이 편차들은 국가경쟁력 지수의 측정오차(measurement error)의 크기를 크게 한다. 이러한 이유 때문에 부패인식도지수(corruption perception index)를 발표하는 국제투명성기구(transparency international)는 부패인식도지수 값뿐 아니라 그 표준오차 값도 함께 제공 한다. 하지만 WEF나 IMD의 경우 표준오차 값을 제공하지 않는다. 2011년의 경우 WEF 국가경쟁력 지수가 가장 높은 스위스의 점수는 5.74이고 29위인 한국의 점수는 5.02이다. 이때 0.72라는 차이가 정말 실질적인 차이 때문에 발생한 것

인지 아니면 측정오차에 의해서 발생하는지 여부를 연구자가 판단하기는 어렵
다. 국제투명성기구의 부패인식도 지수에서 부패인식도 지수의 95% 신뢰구간
이 국가 간에 상당히 크게 겹치는 것을 고려한다면(Ko & Samanjdar, 2010), 순위정
보는 올바른 판단을 왜곡할 가능성이 크다고 할 수 있다.

둘째, 순위부여는 제로섬(zero-sum)관계를 가정한다는 문제가 있다. 일반적으
로 두 국가 간의 교역을 통해 국가경쟁력을 향상시키는 경우 두 국가 간에는 포
지티브섬(postivie-sum)의 관계가 나타나지만 순위정보는 이러한 긍정적 외부효
과나 시장 확장에 따른 규모의 경제문제 등을 반영하지 못한다(Krugman, 1994;
Lall, 2001)는 한계가 있다.

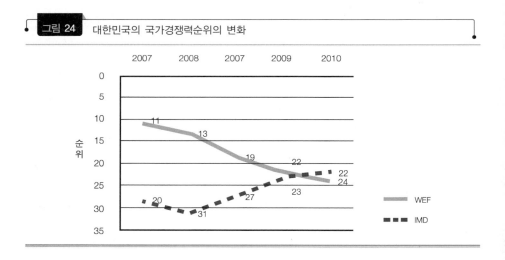

그림 24 대한민국의 국가경쟁력순위의 변화

마지막으로 순위 변화의 해석의 문제이다. 〈그림 24〉는 우리나라의 국제경쟁
력순위의 변화를 나타낸 그림이다. 아래 그림에서 볼 수 있듯이 IMD 국가경쟁
력 지수는 2008년부터 지속적으로 상승하고 있으나 WEF의 국가경쟁력 지수는
2007년부터 지속적으로 하락하고 있다. 이렇게 기관 간에 국가경쟁력 순위가
다르게 평가 되는 경우, 정책결정자에게는 단순한 순위가 아니라 어떤 하위지
수와 세부평가항목에서 우리나라의 국가경쟁력 지수가 상대적으로 높게 혹은
낮게 평가되는지의 정보가 훨씬 의미가 있을 것이다.

3. 국가경쟁력 지수의 활용상의 문제점 분석

앞의 분석결과에서 나타난 대로, 국가경쟁력 지수는 그 예측타당도와 구성타당도의 문제 때문에 실증연구의 독립변수나 종속변수로 사용하기에는 적합하지 않다. 하지만 국가경쟁력 지수가 학술적·분석적 유용성이 없다고 해서 현실적 (practical) 유용성까지 부족하다고 판단하기는 어렵다.

국가경쟁력 지수는 개별국가의 경제성장을 달성하기 위한 국가의 총체적인 능력을 평가하고 있다. 여기에는 경제적 측면의 지표는 물론이고 정부정책과 사회적 인프라에 관한 지표를 포함하여 적게는 111개(WEF 2011년 현재 기준), 많게는 332개(IMD 2011년 현재 기준)의 지표에 관해 국가 간 비교 결과를 제공하고 있다. 즉 국가경쟁력 지수는 개별국가가 분석하기 쉽지 않은 다양한 측면에서의 국가 간 비교우위에 관한 정보를 제공한다. 이 정보는 개별 지표는 물론, 세부평가항목과 하위지수 각각의 점수와 함께 순위를 포함하고 있다. 따라서 개별국가는 이 정보를 통해 자국의 비교우위를 확인할 수 있고, 매년 제공되는 정보는 개별 지표에 대한 연도별 변동 또한 확인할 수 있게 한다. 국가경쟁력 지수의 구체적인 활용은 다음과 같은 경우로 나누어 생각해 볼 수 있다.

첫째, 국가경쟁력 지수를 통해 각 국가는 다른 국가와의 비교를 통해 상대적 우위와 열위에 대한 정보를 얻을 가능성이 있다. 즉 국가경쟁력이 낮은 국가는 상대적으로 열등한 국가경쟁력 부분을 확인함으로써 이를 정책에 반영할 기회를 얻을 수 있을 것이다. 실제로 WEF의 국가경쟁력 보고서는 각 국가별로 비즈니스를 할 때 가장 문제가 되는 것이 무엇인지에 관한 정보를 제공하고 있고 하위지수와 세부평가항목에 대한 국가별 점수와 순위를 함께 제공하고 있다.

그러나 실제 제공되는 정보의 타당성은 매우 심각한 수준이다. 예를 들면 2010-2011 WEF 보고서에서 한국의 말라리아 발생률은 139개국 중 83위라고 측정되고 있는가 하면 정부부문에 대한 평가의 왜곡은 더욱 심각하다. 구체적으로 정부의사결정의 투명성 항목에서 한국이 111위인데 반해 중국은 무려 22위에 달하고 있다. 아무리 자료에 근거로 산출한 순위라고 하더라도 받아들이기 힘든 결과이다.

그 밖에도 정부규제에 대한 부담은 한국이 사회주의 국가인 중국에 비해도 높게 나타나고 있으며, 정부의사결정의 투명성은 중국이나 말레이시아에 비해서도 낮게 나타난다. 또한 재산권 항목평가는 중국보다 낮은 것으로 나타나고 있고, 사용자—노동자간의 협력부분은 무려 138위에 달하고 있어 사실상 최하위로 나타났다.

결론적으로 이러한 정보의 타당성 문제 때문에 구체적인 111개의 세부평가지표에 대한 순위정보를 이용하여 우리나라의 상대적 비교우위와 비교열위를 판단하는 것은 바람직하지 않다고 할 것이다. 또한 이를 기초로 하여 국가 정책수립에 반영하는 것은 더욱 바람직하지 않다고 보인다.

표 58 WEF 국가경쟁력 지수의 세부평가항목에 대한 한국, 중국, 대만, 말레이시아의 순위

	한국	중국	대만	말레이시아
1인당 GDP(USD) (2009년 기준)	17,047	3,678	16,329	6,897
정치인에 대한 신뢰	105	22	36	35
정부규제에 따른 부담	108	21	30	17
정부의사결정의 투명성	111	38	7	37
재산권	54	38	19	41
사용자—노동자 협력	138	58	19	16
은행건전성	99	60	58	33

주: 전체 139개국을 대상으로 한순위로 높은 순위일수록 경쟁력이 낮은 것임
출처: 2010년 WEF 국가경쟁력 보고서

둘째, 국정의 전반적인 효율성에 대한 판단의 도구로 사용 할 수도 있다. 예를 들어 국가경쟁력 지수의 순위가 상승하는 경우 정부가 경제정책을 잘 운영하고 있다고 판단하는 것이다. 실제로 IMD나 WEF의 국가경쟁력 지수에 기업 경영자를 대상으로 한 설문 결과가 포함되어 있기 때문에 기업인의 관점에서 본 정부 경제정책의 효율성 판단이 반영되었다고 볼 수도 있다. 그러나 설문조사가 개별 국가별로 이루어지고 있고, 표본추출의 방법 및 설문의 신뢰성 확보에 있어 국가 간 차이가 크게 발생하고 있다는 점에서(Rouvinen, 2001) 정부 경

제정책의 효율성에 대한 국가 간 비교 자료로 사용하는 것은 무리가 있다고 판단된다.

셋째, 국가경쟁력 지수의 순위 발표 자체가 정부의 책임성을 강화시킬 수 있는데 활용할 수 있다는 견해이다. 국가경쟁력 지수의 순위가 떨어지는 경우 정부는 그 원인을 분석하고 정책을 개선할 압력을 받게 된다. 하지만 국가경쟁력 지수가 정부의 책임성을 강화하는 역할을 하는 순기능적 측면보다는 자의적이거나 정치적으로 활용될 가능성이 더 크다는 문제가 발생한다. 우리나라의 경우 국가경쟁력 순위 발표에 언론이 매우 민감하게 반응하고 있으며 그 해석도 매우 자의적이다.

실제로 아래 〈표 59〉에서 살펴볼 수 있듯이 언론들은 국가경쟁력 지수 순위를 해석할 때 순위 상승 요인보다는 순위 하락에 따른 정부실패의 부정적인 요인을 강조하는 경향이 훨씬 강하게 나타남을 알 수 있다. 특히, 정권에 비판적인 언론사의 경우 국가경쟁력 지수순위가 하락한 경우 그 이유에 대해 자의적인 해석을 하는 경우가 많다. 노무현 정부 당시의 국가경쟁력 지수 순위 하락에 대해서 동아일보의 경우 "정권의 책임"(동아일보, 2004년 10월 14일자), "정부의 비효율성이 국가경쟁력 발목 잡았다"(조선일보, 2006년 5월 11일자)와 같이 정부의 책임을 묻고 있다. 그러나 이명박 정부 하에서는 "한국, 국가경쟁력 19위로 하락… 강성노조·정치불안 악영향"(조선일보, 2009년 9월 9일자), "노동시장 비효율이 깎아먹은 국가경쟁력"(동아일보, 2009년 9월 9일자) 등과 같이 노동시장에 책임을 전가하고 있다.

〈표 59〉에서처럼 조선일보와 동아일보는 국가경쟁력 지수를 해석할 때, 노무현 정부에서는 주로 정부의 비효율성을 지적했지만 이명박 정부에서는 노사관계나 정부의 재정문제나 규제 등의 문제점을 지적하고 있다. 하지만 경향신문이나 오마이뉴스는 노무현 정부 때는 기업의 지배구조를 지적한 데 반해, 이명박 정부에서는 정책투명성을 문제점으로 지적하고 있다.

| 표 59 | 언론기관이 해석하는 국가경쟁력 지수 |

	노무현 정부			이명박 정부		
	전체 기사수	부정적 의견비율	문제점 지적내용	전체 기사수	부정적 의견비율	문제점 지적내용
조선일보	18	72.2%	노사관계비효율, 정부 비효율성, 규제	8	50.0%	노사관계, 정부재정
동아일보	11	72.7%	정부비효율, 노사관계, 기업효율성	11	63.6%	정부규제, 노사문제, 경영 감시
경향신문	4	75.0%	기업지배구조, 행정의 비효율성, 불투명한 기업 경영	8	75.0%	정책투명성, 신뢰, 금융 시장
오마이뉴스	5	20.0%	정부비효율, 지배구조	5	100%	정책투명성, 노사 간 협력, 정부경쟁력

출처: 2004-2011년 언론사 기사 및 사설

　이렇게 국가경쟁력 지수에 대한 자의적인 해석은 비단 언론만의 문제가 아니다. 2005년부터 2011년까지 IMD와 WEF 국가경쟁력 지수 보고서에 대한 정부 보도자료(2005, 2006년은 재정경제부, 2007년 이후 기획재정부 발간)에 따르면 총 6번의 순위 상승에 대해서는 정부효율성 향상 및 정책적 효과로 평한 것이 5번으로 나타났고, 총 7번의 순위 하락에 대해서는 설문조사(연성자료)의 문제점을 지적한 것이 4번, 전 정권의 비효율적 정부운영을 지적한 것이 1번으로 나타났다. 즉 순위 상승의 공은 정부에게 있지만, 하락 원인은 정부가 아닌 다른 요인의 탓으로 돌리는 경향이 있음을 알 수 있다.

　국가경쟁력 지수를 활용하여 정부의 책임성을 묻는다면, 현재 문제시되고 향후 개선해야 될 정부정책이 무엇인지가 명확해야 한다. 하지만 실제 언론에서 지적하는 문제점은 특정 측면만을 강조한 피상적인 지적에 그치고 있다. 이러한 경우 국가경쟁력 지수가 정부의 책임성 확보에 기여하는 바는 제한적이라고 생각된다. 정부 보도 자료의 경우는 순위 외에도 하위지수, 세부평가항목, 세부평가지표 등에 대한 분석이 함께 이루어져 강점과 약점을 파악하고, 향후 정책적인 제안을 담고 있다. 그럼에도 불구하고 순위 상승 및 하락 결과에 대해 아전인수식의 해석을 내리고 있어 정부 책임성 확보에는 마찬가지로 한계가 있는 것으로 생각된다.

넷째, 정부의 국가경쟁력 전략 수립에 활용할 수 있다는 견해이다. 국가경쟁력 지수는 우리나라가 상대적으로 부족한 요소가 무엇인지를 확인하는데 도움이 될 수 있다. 그러나 국가경쟁력 지수 자체가 직접적으로 유용한 정보를 제공하지 못한다. 물론 구체적인 하위지수나 세부평가항목의 자료를 국가경쟁력 전략 수립에 활용할 수도 있겠지만 앞의 〈표 59〉처럼 자료의 타당성에 문제가 있는 경우도 많다. 무엇보다 앞에서 분석한대로 국가경쟁력 지수는 안정성과 타당성, 신뢰성 측면에서 문제가 있는 것으로 나타났는데, 이러한 국가경쟁력 지수 그 자체를 국가전략의 하나로 설정하는 것은 바람직하지 못하다고 생각된다. 이러한 이유 때문에 국가경쟁력 지수가 정부의 국가경쟁력 강화 전략에 구체적으로 사용되는 사례는 찾아보기 힘들다.

제Ⅳ장 새로운 정부경쟁력의 이론모델

기존의 경쟁력 관련 개념들은 이론성에 대한 철저한 검토보다는 매스컴 효과 등 실용성에 더 강점을 가진 것들이었다. 그러나 하나의 개념이 사용되려면, 이를 뒷받침하는 이론이 튼튼해야 할 것이다. 새로운 개념으로서 정부경쟁력을 사용하기 위한 이론적 근거를 제시하고자 한다. 이 장에서 이론적 기초를 살펴본 후, 다음 장에서는 실제 지표도 구성한 후, 평가를 한 결과를 보여줄 것이다.

제1절 이론적 토대

1. 이론의 차원

세계적으로 학문의 세계에도 경쟁을 하고 있다. 이론을 만들고, 전파시키고, 비판하는 것도 마찬가지이다. 학문연구에서 이론은 가장 중요한 구성체이다. 이론이 없으면 학문은 발전할 수 없다. 그렇다면 이론이란 무엇인가에 대한 논의가 필요하다.

자연과학에서는 자연현상에 숨겨져 있는 인과관계를 밝히는 용도로 사용된

IV

다. 뉴톤의 만유인력의 법칙이 한 예이다. 사회과학에서도 인간사회에서 일어나고 있는 현상에 대해서 인과관계가 존재한다면 이를 밝히는 것이 이론이라는 주장에 대해서 이의를 걸 사람이 없다. 문제는 인간사회에 과연 인과관계가 존재하느냐의 문제가 있다. 주류사회과학에서는 자연과학과 같은 방법론을 주장한다. 비주류 사회과학자들은 인간사회를 자연세계와는 달리 복잡하므로 현실을 잘 묘사(describe)만 해도 충분하다고 본다. 어떻든 사회과학의 이론도 사회를 설명하는 대상으로 본다는 점에서는 주류사회과학자이든 비주류 사회과학자이든 동의하리라고 본다.

행정학은 의학에 비유할 수 있다. 의학 분야의 학술논문은 대체로 어떤 질병에 어떤 처치를 하니 효과가 있었다, 없었다에 관한 것이다. 그런데 이런 처치 X에 대해 효과Y가 있었는지 여부를 테스트하기 위해 (생)화학분야(예, 약물성분 또는 단백질 간의 상호작용 등)나 물리학분야(예, X레이, MRI의 공명 원리, 나노과학 등)의 이론들이 활용된다. 우리는 연구의 관심을 기준으로 전자를 '직접이론'이라고 하고, 후자를 '간접이론'이라고 부르기로 한다. 정부경쟁력 이론을 구축할 때에도 직접이론과 간접이론이 모두 필요하다. 정부경쟁력 지표와 이를 바탕으로 매년 나오는 정부경쟁력 순위는 직접이론의 결과물이라고 하겠다.

그림 25 　이론 간 관계도

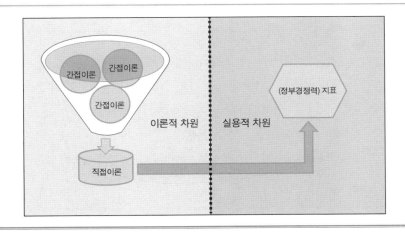

사실 직접이론과 간접이론은 연구자들의 목적에 따라 구분되는 상대적인 것이다. 그러나 실제로는 간접이론이 견고해야 직접이론이 더 설득력이 있게 된다. 기존의 많은 경쟁력 관련 지표들의 경우, 간접이론이 많이 부족한 상태에서 지표부터 발표해 온 오류를 범하고 있다. 많은 지표들이 암묵적으로 자유시장주의나 민주주의 등을 간접이론으로 가지고 있을 뿐이다.

본 연구는 간접이론, 직접이론, 지표개발을 동시에 진행하고 있다. 따라서 이러한 세가지 모두 완성도에서는 좀 미흡할 지 모르나 향후 연구에서 점점 보완해 갈 예정이다. 이하에서는 주로 직접이론들을 설명할 것이다. 간접이론은 부패이론, 조직정체성이론, 신뢰이론, 경제발전단계이론 등 무수히 많다.

2. 직접이론: 정부조직과 환경과의 관계

세계적으로 국제개발행정에 대한 연구가 생산되고, 나아가 각종 국제비교 지표들도 양산되고 있는데 반해, 우리나라는 이러한 세계적 연구추세를 미처 따라가지 못하고 있다. 이들 국가들이 필요로 하는 연구주제들을 아우르면서 문제해결에 도움이 될만한 실질적인 이론을 수립하는 것이 필요한 시점인 것이다. 이러한 필요성에 따라 본서에서 정부경쟁력 이론을 수립해 보고자 한다.

그림 26   정부경쟁력 체제모델

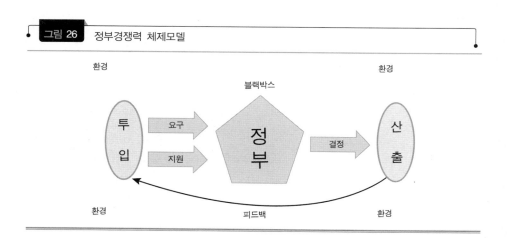

본 연구는 주요 행위자로서 정부조직, 즉 행정부에 관심이 있다. 따라서 한 국가 내에서 정부의 역할에 대한 이론적 시각을 정립할 필요가 있다. Bertlanffy 는 물리학, 생물학, 심리학, 정치학 등 여러 학문분야에서 사용하는 체제(system) 개념을 파악하여 일반체제이론(general system's theory)를 수립하였다. 체제란 여러 구성요소 간의 관계를 보기도 하지만, 체제가 아닌 것, 즉, 환경과의 관계를 이해하는데 도움이 된다. 정치학자인 D. Easton이 설명하는 체제는 환경으로부터 자원을 받아들인 다음에 전환 과정을 거쳐서 산출물을 내보내게 되며, 그 는 이러한 내용을 중심으로 한 체제이론을 제시하였다.

이러한 체제이론을 정부경쟁력에 적용하여 살펴볼 수 있다. 정부는 정책 환경으로부터 투입된 자원을 전환하는 과정을 거쳐서 산출(output) 및 결과(outcome) 를 도출하게 된다. 즉, 정부경쟁력이란 정책 환경으로부터 투입된 요소들을 얼마나 잘 전환시킬 수 있는지 그 능력에 따라 달라지며, 이처럼 투입(input)—전환 (throughput)—산출(output) 및 결과(outcome)의 과정에서 정부는 '전환(throughput)' 과정에서 주로 그 기능을 발휘하게 된다. 관료제 자체 혹은 관료들이 지니고 있는 역량에 따라서 똑같은 자원을 투입시키고도 더 좋은 산출물 및 결과물을 도출해 낼 수도 있으며, 이와 반대로 더 나쁜 결과를 도출해 낼 수도 있다.

David Easton의 체제론은 정부를 알 수 없는 Black Box로 놓고 있다. 그러나 우리의 경쟁력 모델에서는 정부를 주요 관심대상으로 한다. 즉, 정부를 기준으로 할 때, 무엇이 들어와서 어떻게 전환(조직, 인사, 재무)되는가에 많은 관심을 두고 있다. 또한 이렇게 전환과정을 거쳐 산출된 정책들이 집행되는 과정에서 변형되는 것에도 관심이 많다.

결국 정부경쟁력의 개념 및 차원을 구성하기 위해서는 가능한 모든 투입, 산출, 결과요소들을 최대한 고려해야만 한다. 여기서 산출이 과연 무엇인가에 대한 답은 보는 관점에 따라 각각 다를 수 있다. 예를 들어 IMD 등 많은 지수들이 경제성장(economic growth)을 암묵적 혹은 명시적으로 전제하고 있으며, 나아가 어떤 때는 산출로 보기도 하고 어떤 때는 독립변수로 사용하는 등 일관성이 없다. 구체적인 구성지표를 보면 투입으로 볼 수 있는 요인과 산출로 볼 수 있는 요인들이 섞여 있는 경우가 많다.

기존의 국가경쟁력 지표들은 주로 단일차원으로서 경제적 측면만 보기 때문에 실제 정부의 역할이 무엇인지도 애매모호하다. 여기에서는 똑같은 자원을 보유하고 있음에도 불구하고 이를 어떻게 관리하는지에 따라 결과물이 다르게 나타날 수 있다는 사실에 관심을 두고 있다는 점에서 체제론적인 사고가 중요하다.

3. 간접이론: 행정수요

그렇다면 국민이 정부로부터 기대하는 것이나 요구(demand)가 무엇인가를 파악하는 것이 필요하다. 즉 환경(국민)으로부터의 투입(input)이 무엇이냐에 대한 질문이다. 간접이론으로 한 예로 욕구이론을 살펴보기로 한다. 동기부여 이론 중 Maslow의 욕구계층론은 원래 무엇이 일을 하게 만드는지 그 유인을 설명하기 위해서였지만, 여기에서는 관점을 바꿔서 어떻게 이러한 욕구 자체가 생겨나는가에 초점을 맞춘다.

이러한 욕구 자체는 정부의 기능과 관련된다. 정부가 국민이 바라는 행정수요가 무엇인지를 파악하여 우리의 개념 속에 포함시켜야 한다는 것이다. Maslow(1954)는 여러 인터뷰를 통해 개인의 욕구가 무엇인지 연구하였다. Maslow가 전개한 욕구단계설은 기본적으로 인간의 행동을 욕구(欲求)에 의한 동기유발의 관점에서 설명하는 이론이라 볼 수 있다. 인간의 욕구는 계층적인 다섯 가지 욕구에 따라 순차적으로 생겨나며, 하위단계의 욕구부터 충족시킴으로써 행동의 동기가 유발된다는 것이다.

단계별 욕구는 맨 아래에 위치한 생리적 욕구부터 시작해서 차례대로 안전 욕구, 사회적 욕구, 자기존중의 욕구, 자아실현의 욕구로 올라간다. 우선 제일 낮은 곳에 위치한 생리적 욕구(psysiological needs)란, 인간의 생명을 유지하기 위해 반드시 필요로 하는 욕구로서 의·식·주와 같은 것을 의미한다. 둘째, 안전 욕구(safety need)는 육체적, 경제적 측면에서 안전하고자 하는 욕구를 말하고, 셋째, 사회적 욕구(social needs)란 개인이 어떠한 집단에 가입하는 등의 행위를 통해 동료 및 친구들과 친목 혹은 사랑을 갖고자 하는 욕구를 의미한다. 넷째,

자기존중의 욕구(self-esteem needs)는 타인에게 좋은 평가를 받거나 나아가 존경을 받고 싶어하는 욕구, 마지막으로 자아실현의 욕구(self-actualizing needs)는 개인의 역량을 잠재적인 부분까지 최대한 발휘해서 창조성을 이끌어내고자 하는 최상위에 위치한 욕구를 의미한다(Maslow, 1954: 80-106).

이러한 Maslow의 욕구이론은 조직 속의 인간의 행동을 다음과 같이 설명하게 된다. 우선 인간은 하위 단계의 욕구가 충족되면 그 다음 단계의 욕구를 추구하기 위해 행동하게 되며, 이미 충족된 욕구는 대신 인간의 행동을 유발시키는 동기 부여의 기능을 갖지 못한다는 것이다(Pettijohn, & Pettijohn,1996; 하규만, 2001: 80-83). 다르게 말하면, 상위 단계의 욕구가 발현되기 위해서는 하위 단계의 욕구가 충족되어야 한다는 인간의 행동에 대한 동기유발 조건을 제시한 것이라 볼 수 있다. 또한 조직에 소속된 개인의 동기부여 관점에서 보면 인간은 최상위에 위치한 자아실현의 욕구처럼 타율에 의하지 않고 자율적인 동기유발에 의해 스스로 일하게 된다.

한편, Maslow의 욕구 단계설의 불가역성을 전제한 이 관점은 각 욕구의 동태적인 모습을 설명하지 못한다는 많은 비판을 가져왔지만, 인간의 행동에 보편적으로 내재해 있는 주요 다섯 가지 욕구를 통해 인간의 성장과정과 발달을 설명한다는 점에서 의의가 있다.

Maslow의 욕구단계론은 Herzberg, McGregor, Elderfer의 연구들과도 일맥상통함을 알 수 있다. 즉, 심리학자들이 인간의 욕구가 무엇인가에 대한 연구를 다수 수행하였지만, 적어도 이 욕구의 내용론(contents theory)에서는 의견이 공통된다(유민봉·임도빈, 2012).

Maslow의 욕구단계론은 개인에 국한된 것이긴 하지만, 이를 집단적 차원으로 확대해서 국민 전체의 욕구를 놓고 생각해볼 수 있을 것이다. 개인들의 집합인 국민들이 있을 것이고, 이들의 대부분이 Maslow의 욕구단계 중 어디에 속하는가에 따라 정부가 해야 할 정책우선순위가 달라져야 한다는 것이다. 여기서 일단 정부는 국민대다수의 욕구를 충족시켜줘야 한다는 것을 전제한다. 여기서는 이러한 행정수요를 정부가 직접 생산하여 제공하느냐 아니면 간접적으로 제공하느냐와 같은 정책수단의 문제는 논외로 한다.

정부경쟁력

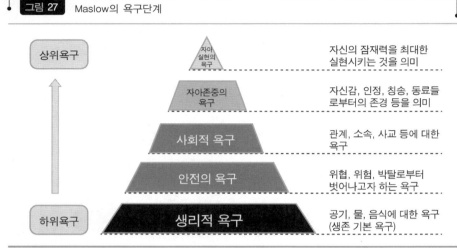

그림 27　Maslow의 욕구단계

상위욕구

자아
실현의
욕구　　자신의 잠재력을 최대한
실현시키는 것을 의미

자아존중의
욕구　　자신감, 인정, 칭송, 동료들
로부터의 존경 등을 의미

사회적 욕구　　관계, 소속, 사교 등에 대한
욕구

안전의 욕구　　위협, 위험, 박탈로부터
벗어나고자 하는 욕구

하위욕구

생리적 욕구　　공기, 물, 음식에 대한 욕구
(생존 기본 욕구)

※ 욕구의 위계: 한 가지 욕구가 충족된 후에는 그 욕구는 더 이상 행동을 발생시키지 않으며, 또 다른 상위의
욕구가 행동을 일으킨다고 설명

결과적으로 정부경쟁력에 Maslow(1954: 80-106)의 욕구계층론을 적용할 수 있을 것이다. 특정 국가에서 가장 지배적인 욕구가 무엇인지를 파악할 필요가 있으며(정부가 충족시켜줘야 하는), 이를 바탕으로 '국민들의 욕구단계이론'을 구성할 수 있을 것이다. 이를 위해 다음과 같은 명제가 성립한다.

"대다수의 국민을 지배하는 욕구를 잘 충족시켜 주는 정부가 경쟁력 있는 정부이다."

만약 기아자가 많은 최빈국이라면 생리적 욕구가 지배적인 나라라고 할 수 있을 것이다. Maslow와 같이, 특정 국가 국민들의 지배적인 욕구(needs)를 파악하는 것이 우선일 것이다. 최빈국일수록 빈부의 격차가 큰 경우가 많으므로, 상류층과 하류층 간의 욕구가 다를 수는 있다. 따라서 적어도 개념적으로는 가장 많은 국민들이 필요로 하는 욕구를 Maslow의 5단계 중 어느 단계라고 규정하면 될 것이다. 물론 이를 실증적으로 증명하기는 어려울 것이다. 그러나 분명한 것은 특정 국가의 경제발전단계에 따라 국민들의 생활수준이 달라지고, 나아가 이는 곧 그들의 지배적인 욕구를 결정지을 것이다. 이러한 욕구를 잘 충족시킬 수 있는 방향의 정책을 추진하는 정부가 경쟁력있는 정부가 될 것이다.

나아가 본서의 정부경쟁력 연구에서는 Maslow가 애초에 생각하고 있던 아이디어에 따라 상술한 욕구들이 순차적으로 생겨나게 되며, 하위 단계에 있는 욕구가 먼저 채워져야만 다음 단계의 욕구로 올라갈 수 있다는 계층성도 수용 가능하다. 즉, 기아선상에 있는 최빈국 국민들은 최하위 단계 욕구인 생리적 욕구에 대한 관심이 높으며, 상대적으로 그 상위단계의 욕구인 안전욕구나 사회적 존경의 욕구 등이 부재하거나 약하다고 생각할 수 있다. 이것은 곧 정부가 이 단계에서는 식량문제 해결에 정책의 우선순위를 두어야 함을 의미한다.

4. 정부의 기능은?

1) 이상적 유형론

국민의 욕구가 무엇인지를 파악하였다면, 그 다음 질문은 '과연 그 모든 것을 국가(정부)가 직접해야 하는가'이다. 정부의 바람직한 기능 혹은 공공영역의 범위에 관해서는 학자들마다 의견이 나누어진다. 사회주의적 시각을 가진 학자들은 정부의 역할을 광범위하게 보는 반면, 시장주의자들은 그 반대이다.

본서에서는 적어도 정부의 역할을 확대하지 않으려는 노력이 필요하다는 것을 인정한다. 즉 정부 이외의 다른 주체가 국민들의 욕구를 충족시켜 줄 수 있으면, 굳이 정부가 이를 충족시키려고 노력할 필요가 없다는 것이다. 문제는 개발도상국의 경우, 그나마 정부만큼 신뢰할 수 있는 주체가 없다는 것이다. 예컨대 선진국에서 의존할 수 있는 시장(market)이 개발도상국에서는 발달하지 않은 경우가 있다. 또한 개발도상국의 경우 비록 정부 관료가 부패하였어도, 상대적으로 사익을 추구하는 더 부패한 기업인보다는 낫다는 것이다.

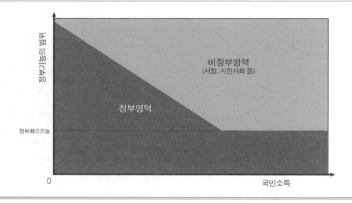

그림 28   국민소득수준에 따른 정부기능 범위

〈그림 28〉에서 볼 수 있는 바와 같이, 국민소득이나 기타 사회적 여건이 미성숙했을 때는 정부가 거의 독점적으로 해야 할 기능들이 많다. 이후 사회가 발전하면서 시장, 시민단체 등이 등장하게 되고, 그들이 사회를 이끌어 가는 역할을 분담하게 되는 것이다. 그럼에도 불구하고, 정부의 역할이 전혀 없는 사회는 존재하기 어렵다. 아무리 경제가 발달하고, 정부 이외의 행위자들이 발달해도 정부가 담당해야만 하는 역할이 있기 때문이다.

이러한 시각에서 Fukuyama(2005: 24)의 국가의 기능유형인 최소기능, 중간기능, 그리고 적극적 기능에 대한 논의를 통해 시사점을 발견할 수 있다. 국가기능분류에 대한 논의에 따르면, 선진국에도 반드시 필요한 기능이라 할 수 있는 최소한의 기능은 국방, 치안, 재난관리 등이다. 아울러 순수공공재도 제공해야 한다. 중간기능에는 독점 규제, 환경, 교육, 사회보험 등이 있으며, 적극적 기능으로는 산업정책이라든지 획득한 부를 어떻게 재분배 할 수 있는지 등이 있다. 또한 적극적 기능에는 산업정책과 부의 재분배 등이 포함된다.

이러한 내용을 정부욕구단계이론에 부분적으로 적용해 본다면 다음과 같다. 최소기능이란 1-2단계인 생리적 욕구와 안전욕구단계를 충족하는 것에 해당한다. 중간기능과 적극적 기능은 최소기능과 같이 1-2단계에 해당하는 생리적 욕구와 안전욕구 단계에 있으며, 나아가 교육 및 가종 사회복지 기능은 상위욕구 단계인 사회적 욕구나 자아실현 욕구와 관련된다. 이러한 최소기능이 달성되어야만 비로소 중간기능을 논의하게 되는데, 중간기능이 달성되면 정부가 적극적인 역할을 수행할 수 있기를 바라는 국민의 요구가 대두될 것이라 추론할 수 있다.

그림 29   Fukuyama(2005)의 국가기능분류

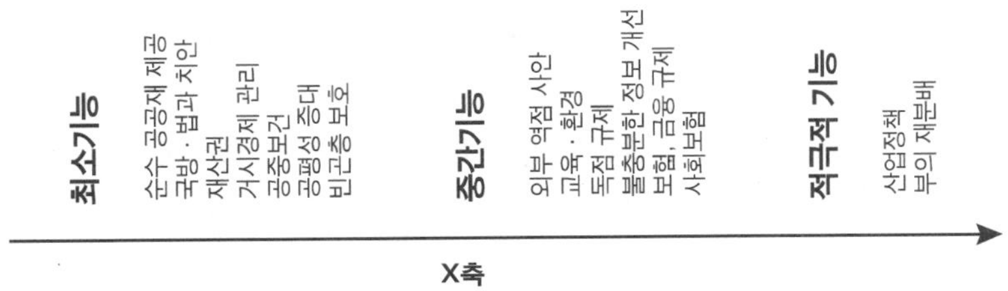

2) 현실 모형

실제로 특정 국가에서 정부개입의 범위는 정부역량과도 관계가 있다. 즉, 앞의 논의가 이상적인 상태에 대한 것이라면, 이하의 내용은 특정 국가의 실태를 나타내는 것이다. 결국 이는 '정부가 얼마나 일을 수행할 수 있는가'의 관점에서 정부 능력의 범위와 관련된다는 것을 말한다. 여기서는 상술한 바 있는 Fukuyama(2005)의 논의를 참고할 필요가 있다. Fukuyama(2005)는 그의 연구에서 정부가 수행해야만 하는 기능을 정부 능력과 연결시켜 살펴본 바 있다.

Fukuyama는 정부의 기능을 X축에, 정부 능력을 Y축에 놓고 살펴보았다. Y축인 정부능력에는 정책결정과 집행, 법률의 제정, 관료제를 효율적으로 관리하여 국정을 운영하는 능력, 부정부패 등을 감시하는 능력, 투명성과 책임감, 그리고 가장 중요한 능력 중 하나인 법 집행 능력 등을 포함한다(Fukuyama, 2005: 24).

Fukuyama의 모형은 〈그림 30〉과 같이 4사분면으로 나눌 수 있다. 먼저 ① 사분면은 제한된 국가의 기능을 강력하게 수행할 수 있는 능력이 있다. 최소국가론자들의 입장에서는 가장 이상적인 모델이다(그러나 지나치게 X축의 원점에 가까운

경우는 제외한다). 다음으로 ②사분면에는 다수의 유럽 국가들이 위치한다고 볼 수 있다. 국가기능의 범위가 넓으면서 정부의 능력이 상대적으로 강력한 편이다. ④사분면은 대규모 활동 영역으로서 비능률적인 국가라면 쉽게 감당할 수 없는 범위로서 최악의 위치가 된다. 표면상으로는 모든 정책분야에 대해 청사진을 내놓으면서 결과적으로는 정부의 정책성과가 보잘것 없는 개발도상국 여러 나라들이 여기에 속한다. ③사분면에는 국가기능범위도 좁으면서 국가의 정책실행능력도 낮은 경우에 속한다. 이 역시 최악의 경우라고 할 수 있을 것이다.

정부경쟁력 개념에 따라 살펴보면, 경쟁력 있는 정부는 정부의 기능 및 역할, 규모를 적정 이상으로 확대하지 않고, 바람직한 수준에서 그 범위와 규모를 유지하면서도 능력을 충분히 발휘하는 정부를 지향한다. 이는 동원가능한 자원이 한정되어 있기 때문에 불가피한 것이기도 하다. 그리고 이러한 논의에 따르면 경쟁력 있는 정부는 Fukuyama의 4사분면 중 ①사분면에 해당한다고 할 수 있을 것이다. 물론 이것은 특정시점에서 그렇다는 것이다. 자원이 한정되어 있으면, 특정 시점에서 어느 한정된 국가기능에 충실하다가 다른 행위자가 나타났을 때 이를 넘겨주고 다른 분야에 집중하는 전략적 정부를 생각할 수 있다. 하지만 경쟁력 있는 정부가 항상 ①사분면에 해당하는 것은 아니다. 해당 국가의 발전단계에 따라 미래를 고려할 때 현재 비효율적이라 하더라도 미래에는 중요해질 가능성이 높은 기능을 제대로 추진할 수 있는 것이야말로 해당 국가로서는 가장 이상적인 정부경쟁력이 될 수 있을 것이다.

그림 30 국가성과 효율성(Fukuyama, 2005: 26)

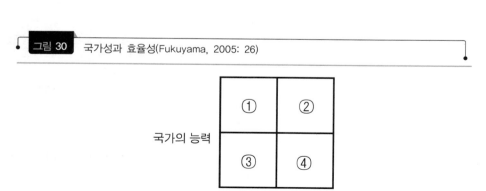

IV

한편, Fukuyama의 분류는 국정의 방향을 제시하는 것과 같은 국가의 적극적인 역할을 설명하지는 못하지만, X축과 Y축이라는 두 축을 기준으로 X축의 분류를 활용하여 유형화한다는 장점을 가지고 있다. 향후 정부능력도 Fukuyama의 분류처럼 각 국가가 해야 하는 기능과 이를 실현할 수 있는 능력을 포함하여 살펴보아야 할 것이다.

제2절 ▶ 정부경쟁력과 공간 개념[31]

1. 왜 '공간'인가?

욕구단계설에 기초한 정부경쟁력의 개념에는 시간이 포함되어 있다. 국가의 발전이 하루아침에 이뤄지는 것이 아니기 때문이다. 그런데 정부경쟁력 개념에는 비단 시간뿐만 아니라 '공간'에 대한 고려도 필요하다. 즉, 간접이론으로서 지리학의 관련이론들이 이에 해당한다. 이하에서는 이들 중 좁은 의미에서의 정부경쟁력과 관련된 것을 일부 언급하기로 한다.

정부경쟁력이란 개념에서 '정부'를 공간적으로 볼 때, 이는 중앙정부뿐만 아니라 지방정부까지 포함하는 개념이며, 지리적으로 동·서양을 망라한 지역의 개념도 포함하고 있다. 이런 측면에서 보면, 지리적으로 서구의 사회가 추구하는 가치와 정부에 대한 인식은 동양에서의 그것과 다르다. 예를 들면, 석유산출이 가능한 아랍권과 같은 지역에서는 국부 창출에 반드시 필요한 석유 채취 관련 인프라가 매우 중요하게 다루어지는 반면에, 우리나라와 같이 비석유산출국에게 이러한 인프라는 무의미하다는 것을 생각하면 이해가 쉬울 것이다.

여기서 공간을 고려해야 한다는 것은 정부경쟁력이라는 개념 자체를 다시 정의내려야 한다는 것이 아니다. 다만 정부경쟁력의 구성요소, 상대적 중요도 등이 달라져야 한다는 것을 의미한다. 또한 공간이 다르다면 각기 다른 기준으로

---

31) 이 절의 내용은 정부경쟁력연구센터의 연구진이 수행한 다음 논문의 일부 내용을 포함하고 있음.
 – 임도빈·이현국(2012). "행정조직 경쟁력제고를 위한 공간개념의 중요성". 「한국조직학회보」, 9(2): 1-33.

정부경쟁력을 평가해야 한다는 의미이다. 하지만 선진국과 개도국이라는 공간의 차이 그 자체에 대한 비교가 불가능하다는 것은 아니다. 결국 모든 국가를 똑같은 기준으로만 평가하는 것은 한계가 있으므로 각 국가가 처한 공간적 맥락을 고려하여 다양한 평가기준을 활용해야 한다는 것이다.

한편, 공간을 바라볼 때 물적 자원의 측면에서 살펴볼 필요가 있다. 여기서의 물적 자원은 공간에 따라 해당 국가나 정부에 고정적으로 주어진(given) 물적 자원을 의미한다. 예를 들면, 해당 국가의 위도 및 경도와 같은 지리적 위치나 기후와 같은 부분을 의미하며, 이러한 지리적 위치나 기후는 열대, 온대, 한대지역인지에 영향을 미친다. 그리고 대부분의 국가는 어느 기후권에 위치하고 있는지에 따라 선택할 수 있는 국가의 전략이 달라질 것이다. 러시아와 같이 옆으로 유럽과 아시아 대륙에 거쳐 있는 나라는 양쪽 끝에 위치한 지방간 시간차이가 크다. 또한 페루와 같이 남북으로 긴 나라는 온도의 차이가 크다. 이와 같이 국가의 지리적 차이에 따라 정부의 일이 달라지는 면이 있을 것이다.

나아가서 산지나 평지 등과 같은 자연환경과 석유 및 석탄, 천연가스 매장량 등과 같은 지하자원, 수자원 등 자원의 측면이 더욱 중요하다. 과거에는 금이나 석유의 매장량이 그 나라의 힘의 원천이었다. 이제는 희토류같은 것도 중요한 자원이 되었다. 최근 중국이 세계시장에 영향을 미치게 된 것도 이러한 자원 때문이기도 하다. 이처럼 정부경쟁력은 공간적 제약점 하에서 각 국가의 정부가 이를 잘 활용하거나 제약을 극복하는 방향으로 표출된다.

다음으로 공간은 이러한 거시적인 차원뿐만 아니라 조직연구에서 미시적인 차원으로 정의되고 활용될 수 있는 가능성도 있다. 특히 정부 관료제가 운영되는 공간으로서의 의미도 사용될 수 있는 것이다. 관료제(bureaucracy)의 어원인 bureau는 프랑스어로 책상(desk) 혹은 사무실(office)이라는 공간을 의미하며 (Mintzberg, 1979), 따라서 공간 개념은 관료제를 설명해 주는 중요한 요소 중 하나가 된다. 그럼에도 불구하고 개념에 내포된 공간의 중요성은 그동안 조직연구자들에게 주요 요소로서 제대로 인식되지 못하고 그저 조직 환경 중 하나로 인식되어 왔다. 특히 공간 관련 기존 연구들은 1960년대에서 1970년대에 집중되었고, 최근에는 거의 연구되지 않고 있다.

하지만 최근 공간 관련 연구가 그다지 진행되고 있지 않음에도 불구하고 기존 행정조직의 공간 개념은 정보통신기술(ICT)의 발달로 인해 중요성이 높아지고 있다. 일례로 스마트워크나 재택근무 등 기존에 존재하던 물리적 사무실(office)의 개념이 다양화되면서 고정적인 사무실 개념을 넘어서 가정이나 다른 공간이 사무실로 활용되기도 하며, 공통의 업무를 담당하는 팀임에도 불구하고 각기 다른 물리적 공간에 분산 배치되어 일을 하기도 한다. 즉, 기존에 연구되던 물리적 사무실 공간 이외에 새로운 공간 개념이 행정학에서 대두되고 있는 것이다.

또한 문학과 예술 분야에서 언급하는 공간 개념도 생각해볼 의의가 있다. 문학과 예술 분야에서는 객관적인 공간(space)을 넘어서 주관적인 공간에 대해 인식하고 이를 바탕으로 공간성(spatiality)라는 개념을 구성한다. 이러한 공간성 개념을 행정조직 연구에 그대로 적용하는 것은 어렵겠지만, 조직연구에 걸맞도록 공간성 개념을 조작적, 포괄적으로 정의하고 기존의 연구와는 다른 함의들을 이끌어낼 수 있을지도 모른다.

2. 정부조직의 공간성

과연 다양한 분야의 공간성 개념은 행정조직에도 적용 가능한 것인가? 공간성은 정부의 업무를 효율적으로 수행해야 하는 행정조직에 많은 시사점을 줄 수 있다. 그렇다면 행정학 이외의 분야에서 공간성 개념은 어떻게 연구되고 있었는가?

우선 연극학 분야에서는 공간의 형태와 관련한 연구가 있다. 김용관(2010)은 수직/수평성, 개방/폐쇄성, 내부/외부성, 정형/비정형성, 고정/유동성이라는 개념을 통해 공간성의 좌표들을 나누어 보고 있다. 내부/외부성 개념은 내부공간에 외부공간이 침입하여, 이러한 두 공간이 충돌을 일으키고, 이러한 충돌이 무대 위에서 나누어지지 않은 채 제시되는 상황을 말한다. 정형/비정형성은 현실성 유무에 따른다. 즉, 정형성은 현실성있는 실제 공간, 비정형성은 다른 시공간이 결합되는 상상 속의 공간을 말한다. 연극무대의 공간배치는 추상적인 면이 많이 포함되어 있기 때문에 내부/외부성, 정형/비정형성 등과 같은 추상적

인 공간좌표들이 언급된다. 따라서 이러한 추상적인 개념을 조직연구에 활용하기란 실질적으로 어렵다. 하지만 김용관(2010)이 언급한 공간좌표들 중 수직/수평성, 개방/폐쇄성, 고정/유동성 등은 행정조직의 공간성 연구에 충분히 차용될 수 있는 개념이다.

또한 건축학 분야에서도 공간성에 대한 연구가 오래 전부터 진행되어 왔다. Hall(1982)은 일상생활의 공간을 유동성에 따라 세 가지 공간으로 분류하였다. 고정된 공간(fixed feature space), 준고정된 공간(semi-fixed feature space), 비정형적 공간(informal space)이 바로 그것이다. 여기서 분류기준으로 활용한 유동성 개념은 상술한 김용관(2010)의 분류에서 나타난 고정/유동성 개념과 유사하다. 그리고 이들 개념이 조직공간 연구에 중요하게 활용될 수 있을 것이라 기대된다. 이 외에 건축학 분야에서는 공간성을 주요하게 다루어 왔다. 김선직·도규환(2011)은 "상징성, 위계성, 위요성(둘러싸임), 방향성, 연속성, 중첩성(겹침), 대비성, 개방성, 영역성" 등을 건축학에서 언급하는 공간성의 심리적 인자로 들고 있다. 이 중에서 상징성 및 위계성은 행정조직의 공간성 분석에 유용하게 활용될 수 있을 것으로 기대된다.

위와 같은 연구들을 바탕으로 행정조직에 적용가능한 공간성에 대해서 다음과 같이 정의해 볼 수 있을 것이다 "조직의 구성원이 업무활동과 비업무활동을 하는 객관적인 공간(space)의 특성과 이러한 공간에 대해서 개인들이 느끼는 주관적인 감정", 즉 물리적 환경과 이러한 환경에 대해 주관적으로 느끼는 감정적인 부분까지 포함하여 "공간성(spatiality)" 개념을 구성할 수 있다.

그렇다면 여기서 공간성을 구성하고 있는 세부 개념들은 무엇이 있는지 살펴볼 필요가 있다. 첫째, 조직구성원들이 직접 업무를 수행하고 있는 물리적 공간, 즉 작업환경이 있다. 이러한 조직구성원의 물리적 공간은 사무실 개념을 통해 정리할 수 있는데, 여기서의 사무실은 위치(location), 배치(lay-out), 활용(use)으로 구분될 수 있다(Croon et al., 2005).

Croon et al(2005)이 언급한 위치(location)는 조직구성원이 실제 활동하는 사무실 공간을 말한다. 최근에는 일반 사무실 형태와 정보통신기술의 발달로 인해 텔레워크 사무실 등으로 구분해 볼 수 있다. 배치(lay-out)는 사무실 배치를 말하는데, 높은 파티션과 건물 벽 등을 활용한 폐쇄형 배치와, 파티션과 같은 경계물이 없는 개방형 배치가 있다. 활용(use)은 한 명의 조직구성원이 사무실 하나를 쓰는 고정형 사무실(fixed workplace)과 여러 명의 조직구성원이 함께 사용하는 공동형 사무실로 구분할 수 있다.

이러한 위치(location), 배치(lay-out), 활용(use) 외에도 사무실의 크기(size), 사적/공적 공간(private/public space), 상호적인 거리(interpersonal distance) 등도 물리적 공간, 즉 작업환경을 구성하는 주요 요인이 된다.

둘째, 심리적 공간 개념으로서, 심리적 공간성은 상징성이 중요한 요소가 된다. 여기서 상징성이란 조직이 직접 공간에 부여하거나, 또는 외부에서 해당 조직의 공간에 특별히 부여한 상징적인 의미를 말한다. 예를 들면, 우리나라의 중앙행정조직이 위치한 건물 및 사무공간은 공무원들이 근무하는 사무실이기도 하지만, 우리나라의 행정부를 대표하는 상징성도 대내외적으로 가지고 있는 것이라 할 수 있다. 조직 내부 혹은 외부에서 부여한 공간의 상징성과 더불어 조직구성원이 해당 공간에 대해 개인적으로 느끼는 심리적 특성도 이러한 공간성을 구성한다.

셋째, 조직 내부에서 바라보는 공간성의 개념을 벗어나, 시민의 관점에서 보는 공간성 개념이 있다. 이는 특히 시민들과 직접 상호작용할 일이 많은 일선행정조직의 경우가 해당할 것이다. 예를 들면 시민들을 위한 공간(citizen space)이 행정조직 내에 어느 정도 있는지, 시민들을 위한 공간이 공무원의 개인적 공간(private space)이나 공유 공간(public space)과 어느 정도 떨어져 있는지, 시민들이 행정조직에 대해 주관적으로 느끼는 심리적 거리감이 어느 정도인지 등과 같은 공간성 개념 관련 연구문제들을 구성해 볼 수 있을 것이다.

3. 조직특성과 공간성

다양한 관점에서 바라볼 수 있는 공간성의 개념을 행정조직 연구에 적용시키는 경우, 다양한 연구주제 및 가설들이 도출된다. 그렇다면 과연 이러한 공간성을 결정할 수 있는 요소들은 무엇인가? 기존에 연구된 각종 자료들과 연구자의

직관이 필요한 부분이다. 이는 실제 공간성에 영향을 미칠 수 있는 요소들이 방대한데다가, 공간성의 개념이 물리적, 심리적 공간 등 다양한 하위 요소들로 나누어지기 때문이다. 가설의 제시나 검증에 목적을 두지 않고 행정학 분야에서 그동안 잘 다뤄지지 않은 공간연구에 대해 문제제기를 하고 향후 연구 가능한 명제를 제시해 보는 방식으로 조직공간성을 보다 더 자세히 들여다보자.

1) 조직구조와 공간성

기존의 조직구조에 관한 연구들에서는 복잡성, 공식화, 집권화를 주요 변수로 활용하고 있다. 우선 복잡성은 조직이 수평, 수직, 공간적으로 어느 정도 분화되었는가를 나타낸다. 예를 들어 수평적 분화는 해당 업무의 전문성을 기준으로 횡적 분화가 일어나는 정도를 의미하는데, 횡적인 분화는 수평적 복잡성을 증가시키며, 그 결과 공간배치에도 변화가 나타난다. 이처럼 조직의 수평적 분화가 강화될수록 공간의 활용은 개인별 고정형 공간 사용이 증가하고, 공동형 사무실은 줄어들 것이라고 추론가능하다. 또한 공간적 분화의 수준은 사무실, 공장, 창고 등과 같은 조직의 물리적 시설과 조직구성원이 지리적으로 분산되어 있는 정도를 말한다. 결국 공간적 분화의 수준은 공간성에 영향을 미칠 수 있으며, 이러한 공간성은 조직구조의 복잡성을 결정하는 요인이 될 수 있다.

다음으로 공식화는 누가 어떤 일을 어떻게 해야 하는지를 공식적으로 명시한 것을 의미하며, 공식화 수준이 높다는 것은 즉흥적인 업무 수행이 아닌 규정에 따른 업무 수행의 정도가 높다는 것을 말한다. 우리나라의 행정조직의 경우에는 공식화 정도가 낮은 편이며, 따라서 규정보다는 상사의 지시에 따른 업무수행이 이루어지는 경우가 많다. 이러한 조직에서는 대체로 상사와의 원활한 의사소통을 위해 수직적 배치 및 개방형 공간배치가 이루어질 것이다. 이에 반해 공식화 수준이 높은 서구의 경우에는 수평적 배치 및 폐쇄형 공간배치가 이루어질 가능성이 높다.

마지막으로 상하 간에 의사결정권한이 어떻게 분배되어 있는지를 의미하는 집권화 수준이 있다. 집권화 수준이 높은 경우에는 상사가 의사결정 권한을 갖고 있기 때문에 부하직원들은 상사의 판단에 전적으로 의존하는 경향이 나타난다. 스스로 판단하여 의사결정을 진행할 권력을 가지고 있지 않기 때문이다. 이렇게 진행되는 의사결정과정은 품의제로 발전하였는데, 우리나라 역시 품의제가 발달한 대표적인 국가 중 하나이다. 따라서 우리나라를 비롯하여 품의제 중심의 국가들에서는 결재라인에 따라서 수직적 공간배치가 이루어질 것이다.

표 60 조직구조와 공간성

	공간성			
	배치		이용	
수직적 복잡성(高)	개방형	수직적	공동형(shared)	공적공간 증가
수평적 복잡성(高)	폐쇄형	수평적	고정형(fixed)	사적공간 증가
공간적 복잡성(高)	상호영향			
공식화 수준(高)	폐쇄형	수평적	고정형(fixed)	사적공간 증가
집권화 수준(高)		수직적		

출처: 임도빈·이현국(2012)

2) 조직의 과업특성과 공간성

조직공간성 결정요인 중 조직의 과업특성도 있다. Duffy(1997)는 조직의 업무를 상호작용 및 개인 자율성 정도에 따라 유형화하였으며, 이에 따라 공간 배치 역시 벌집형(Hives), 감옥형(Cells), 소굴형(Dens), 클럽형(Clubs)으로 나누어서 살펴보았다. 상호작용 정도는 조직구성원이 같이 일하는 동료들과 의사소통하고, 면대면으로 업무를 처리하는 정도를 의미하며, 개인 자율성 정도는 고용주가 근로자들의 업무처리를 어느 정도 통제하는지를 의미한다. Duffy(1997)는 동 연구를 통해 조직의 업무 특성에 따라 공간 배치가 달라질 수 있음을 설명하고 있다.

Lee and Sawyer(2010)는 Duffy의 유형 중 소굴형(Dens)이 공동형 업무공간의 필요성이 가장 높으며, 다음 순으로는 클럽형(Clubs), 벌집형(Hivws) 순이라고 주장하였다. 감옥형(Cells)의 경우, 공동형 업무공간의 필요성이 가장 낮으며, 대체로 이런 경우는 전문적인 업무를 수행하는 경우에 속한다고 하였다. 이와 같은 Duffy(1997)와 Lee and Sawyer(2010)의 연구는 조직 업무의 특성이 업무공간의 배치, 즉 조직의 공간성을 결정할 수 있음을 보여주었다.

표 61		Duffy의 업무유형과 공간적 유형	

		자율성 정도	
		낮음	높음
상호작용의 정도	높음	소굴형(Dens) ex) 방송국 등 프로젝트 업무	클럽형(Clubs) ex) 광고회사 등 창의적인 업무
	낮음	벌집형(Hives) ex) 콜센터, 은행의 지점	감옥형(Cells) ex) 연구원, 회계사, 변호사

출처: Duffy(1997)

하지만 업무의 특성을 보다 다양하게 분류하거나, 다른 기준을 놓고 본다면 조직 업무의 특성이 공간성에 미치는 영향은 한층 다양해질 것이다. 예를 들면, 고객의 특성에 따라 업무를 나누는 경우, 해당 업무에 다양한 이해관계자가 결합되어 있고 이권개입의 가능성도 높다면 조직에서는 업무 담당자에 대한 감시·감독의 수준을 강화해야 할 것이다. 이러한 감시·감독 수준의 강화는 개방형 공간 배치를 이끌어내며, 수직적 배치를 활용하여 상사와 직원들이 상호 간 감시·감독할 수 있도록 유도할 것이다. 또한 정보통신기술의 발달로 재택근무, 스마트워크 형태와 같이 감시·감독이 어려운 경우보다는 전통적인 사무실 형태를 이용하게 할 것이며, 당연히 폐쇄형 공간보다 공동형 공간을 구성할 것이다.

한편, 행정조직이 수행하는 업무 중에서는 복지 업무 등과 같이 시민의 프라이버시 문제가 깊숙이 연관된 업무가 있을 것이다. 이런 경우에는 폐쇄형 공간 배치 및 고정형 사무실 형태가 다른 경우에 비해 훨씬 더 선호될 것이다.

표 62		업무특성과 공간성	

			공간성				
			위치	배치		이용	
업무 특성	상호작용의 정도	높음	전통형 사무실	개방형	수평적	공동형(shared)	공적공간 증가
		낮음	텔레워킹	폐쇄형	수직적	고정형(fixed)	사적공간 증가
	자율성의 정도	높음	텔레워킹	폐쇄형	수평적	고정형(fixed)	사적공간 증가
		낮음	전통형 사무실	개방형	수직적	공동형(shared)	공적공간 증가

			공간성				
			위치	배치		이용	
고객 특성	이해관계	높음	전통형 사무실	개방형	수직적	공동형(shared)	공적공간 증가
		낮음	텔레워킹	폐쇄형	수평적	고정형(fixed)	사적공간 증가
	프라이버시 보호 필요성	높음		폐쇄형		고정형(fixed)	
		낮음		개방형		공동형(shared)	

출처: 임도빈 · 이현국(2012)

3) 조직문화와 공간성

서구사회와 같이 개인의 자율성, 프라이버시 등을 중요시 여기는 개인주의 문화의 조직에서는 폐쇄형 공간배치 및 개인별 사무실 형태가 당연시 될 것이다. 이와는 달리, 집단주의 문화의 특성이 강한 동양의 경우에는 개방형 공간배치 및 공동형 사무실의 형태가 이루어질 가능성이 높다. 이처럼 특정 조직이 고유로 가지고 있는 조직문화는 공간성의 중요한 영향요인이 된다. 집단주의 문화가 강한 조직은 텔레워크, 스마트워크 등과 같은 파편화된 근무형태 대신에 전통적인 사무실 형태를 선호할 것인데 반해, 개인주의 문화가 강한 조직은 고정형 사무실 및 파편화된 근무형태도 허가하며, 오히려 이와 같은 유연한 근무형태의 도입을 권장할 수도 있다.

수평적 조직문화를 가진 조직은 상하지위를 고려하지 않은 자유로운 공간배치가 이루어질 가능성이 높으며, 유연한 근무형태의 도입에도 긍정적일 것이다. 반면에 위계적 조직문화를 가진 조직은 상하지위를 엄격히 고려한 수직적 공간배치가 이루어질 것이라 예측할 수 있다. 또한 관계지향성이 높은 조직문화를 가진 조직은 개방적이고 수평적인 공간배치를 선호하고, 조직구성원이 공동으로 이용 가능한 공동 공간(shared space)도 충분하게 존재할 것이다. 하지만 성과지향성이 높은 조직문화를 가진 조직의 경우에는 폐쇄적 공간배치를 비롯하여 공동 공간에 비해 사적 공간이 더 넓을 가능성이 높다.

표 63 조직문화와 공간성

		공간성				
		위치	배치		이용	
조직문화	집단주의 vs 개인주의					
	집단주의	전통형 사무실	개방형		공동형(shared)	공적공간 증가
	개인주의	텔레워킹	폐쇄형		고정형(fixed)	사적공간 증가
	수평적 vs 위계적					
	수평적	텔레워킹		수평적		사적공간 증가
	위계적	전통형 사무실		수직적		공적공간 증가
	관계지향 vs 성과지향					
	관계지향	전통형 사무실	개방형	수평적	공동형(shared)	공적공간 증가
	성과지향	전통·텔레워킹	폐쇄형		고정형(fixed)	사적공간 증가
	참여적 vs 독단적 의사결정					
	참여적	–	개방형	수평적	공동형(shared)	공적공간 증가
	독단적	–	폐쇄형	수직적	고정형(fixed)	사적공간 증가

출처: 임도빈·이현국(2012)

4) 공공/민간조직과 공간성

공공조직인지 민간조직인지의 여부 역시 조직의 공간성에 영향을 미치는 주요 요인이 될 수 있다. 공공조직과 민간조직은 업무의 특성과 조직문화가 차이가 나는 경우가 많다는 것은 익히 알려진 사실이다. 이 외에도 공공조직과 민간조직 간 근본적인 차이가 조직의 공간성에 영향을 줄 가능성이 있다. 예를 들면, 공공조직은 공간배치에도 법적 근거가 존재한다. 따라서 공공조직은 1인당 사용면적도 정부청사관리규정 시행규칙이라는 규정에 따라야 한다. 이와는 달리 민간조직은 공공조직에 비해 자유로운 공간배치가 가능하다.

또한 공공조직과 민간조직은 업무 대상 집단이 다르고, 이러한 점은 두 조직 간 공간성의 차이를 가져올 수 있다. 예를 들면, 정부조직은 국민이 고객이자 주인인 관계로 특수목적의 업무를 수행하는 경우를 제외하고 해당 정부조직이 어디에 위치하고, 누가 어떤 업무를 담당하는지를 모두 공개해야할 의무가 있다. 이러한 공공조직 공간성의 투명성은 민간조직과 분명히 다른 부분 중 하나일 것이다.

| 표 64 | 공공/민간 조직간 공간배치의 특성 |

	공간배치의 유연성	공간배치 시 고려사항
공공조직	낮음	효율성, 대응성, 투명성
민간조직	높음	효율성

출처: 임도빈·이현국(2012)

4. 조직의 공간성과 조직성과

앞에서는 조직 공간성의 영향요인에 대해 살펴보고, 다양한 연구명제들을 구성해 보았다. 그렇다면 과연 왜 조직의 공간성을 연구해야만 하는 것일까? 이하에서는 이러한 의문점을 탐색해보고자 한다. 특히 조직의 공간성이 조직성과에 영향을 미치는 주요 변수에 영향을 주는 또 다른 변수가 될 수 있음을 집중적으로 탐색하고자 한다. 그리고 이러한 탐색결과를 바탕으로 향후 조직의 공간성에 대한 연구가 공간성 관리(spatiality management)라는 관리적 차원의 연구로 조직의 성과향상에 기여할 수 있기를 기대한다.

1) 공간성과 직무만족도

우선 공간성과 직무만족도 간 관계를 탐색한 연구로는 Hedge(1982)가 있다. Hedge(1982)는 개방형과 폐쇄형 사무실 공간을 비교하여 사무실 공간과 직무만족도 간 관계를 살펴보았다. Schuler, Ritzman, and Davis(1980)는 사무실의 개방 정도에 따라서 근무자의 직업에 대한 만족도가 달라질 수 있음을 보였다. 또한 사무실 공간의 벽과 파티션의 개수로 측정한 폐쇄성 정도가 직무성과 및 직무만족에 어떠한 영향을 미치는지 살펴본 연구들도 있다(Desor, 1972; Oldham and Fried, 1987; De Croon, E., J. Sluiter, et al., 2005). 이러한 연구결과들에 따르면, 폐쇄성 정도가 높을수록 직무성과 및 직무만족 수준이 높아지는 것으로 나타났다.

다음으로 사회적 밀집도라는 공간적 특성 역시 상술한 개방형/폐쇄형 특성과 함께 많은 연구가 이루어졌다. 일반적으로 사회적 밀집도가 높으면, 그에 따른

스트레스가 발생할 수 있다고 알려져 있다. 일명 밀집스트레스(crowding stress)라고 설명될 수 있을 것이다(Stokols, 1972). 이러한 사회적 밀집도로 인한 스트레스는 피로도를 높이며, 심한 경우에는 고혈압 등과 같은 건강상 문제와 더불어 심리적 탈진 및 소진(burnout)을 일으킬 수 있다. 그리고 이러한 스트레스 수준은 궁극적으로 직무만족 및 직무성과에 부정적인 영향을 끼친다. 다수의 연구들에서 사회적 밀집도가 높으면 직무만족 및 직무성과에 부정적인 영향을 끼치고, 나아가 이직의사를 높인다고 설명하고 있다(Dean, Pugh, & Gunderson, 1975; Sundstrom, Burt, & Kamp, 1980; Oldham and Fried, 1987).

또한 개인 간 상호거리(interpersonal distance)로 불리는 공간적 특성 역시 직무만족 및 직무성과에 영향을 미치는 요인 중 하나이다. 이들 연구에 따르면, 개인 간 상호거리가 가까울수록 성과는 낮아진다(Oldham and Fried, 1987). 아울러 Carnevale(1992)의 연구에 따르면 "물리적 요소들(physical factors)의 충분성(adequacy), 배치(arrangement), 상징적 특징(symbolic features)"들은 조직 내 개인의 행태 및 조직생산성에 영향을 미칠 수 있다는 연구모형을 설정한 바 있다.

상술한 바와 같이 공간적 특성이 직무만족 및 직무성과에 미치는 영향에 관한 연구들은 대체로 공간의 물리적 특성에 중점을 두고 이루어졌다. 하지만 최근 조직의 공간에 변화를 주는 텔레워킹(teleworking) 등과 같은 업무방식의 변화를 인해 전통적 사무실 형태와 직무만족 및 직무성과에 대해 비교가 가능해졌기 때문에 해당 연구문제에 대해서도 생각해볼 필요가 있다. 예를 들어 텔레워킹이 조직구성원 간 관계적 측면의 스트레스를 감소시킬 수 있어, 궁극적으로 직무만족도 수준을 높일 수 있을 것이라는 가설 설정도 가능할 것이다. 이 외에도 개인형·공동형 사무실 형태 및 공적 공간 및 사적 공간의 크기 등과 같은 변수가 직무만족 및 직무성과에 어떠한 영향을 미치는지 등을 알아볼 수 있을 것이다.

2) 공간성과 의사소통(Communication)

Simmel(1992)은 공간이 가지고 있는 다양한 특성, 즉 "공간의 배타성, 공간의 분할, 공간의 고정화, 근접성, 공간적 이동" 등이 사회적 상호작용으로서 조직

구성원 간 의사소통에 영향을 미친다고 하였다(서우석, 2005). Klauss and Bass (1982)에 따르면 관리자들이 근무시간에 사용하는 시간 중 약 80%를 회의, 결재, 면담, 전화, e-mail, 및 업무 지시 등에 사용되는 것으로 나타났는데, 이는 그만큼 조직 내외적으로 의사소통이 중요한 부분을 차지한다는 것을 의미한다 (유민봉, 2012: 412 재인용).

또한 Peponis(2007)는 민간 디자인 회사의 사무실 공간 재배치 사례를 분석하면서 공간의 재배치가 업무 생산성을 향상시킬 수 있음을 설명하였다. 예를 들어 프로젝트방(project room)을 사무실 가운데로 이전시키고, 공유공간을 확대시키는 등의 공간 재배치를 통해 정부공유나 의사소통의 활성화에 도움이 되고, 나아가 지식산업분야 업무의 생산성 향상에 기여할 수 있다고 강조하였다. 즉 공간의 재배치를 통해 개인 간 상호작용을 높이고, 아이디어를 공유하거나 의사소통을 활성화시킴으로써 특히 지식산업분야 업무의 생산성에 간접적으로 기여할 수 있다는 것을 보여준 것이다.

이밖에 개방/폐쇄형, 수직/수평적, 사회적 밀집도 등에 따라서 의사소통 활성화 수준이 달라질 수 있다는 연구가설을 세워볼 수 있다. 폐쇄형 공간 보다는 개방형 공간이, 수직적 배치보다는 수평적 배치가 양적·질적 측면에서 의사소통 수준을 높일 수 있을 것으로 보인다. 또한 사회적 밀집도의 경우에도 상술한 바와 같이 직무만족 수준을 낮출 수는 있지만, 역으로 의사소통 수준은 높일 수도 있을 것이다.

3) 공간성과 시민

공공조직은 시민이 주요 정책대상이며, 따라서 정책과정에서의 시민참여는 매우 중요하다. 특히 정보통신기술이 발달하면서 시민이 정책과정에 참여할 수 있는 기회가 커지고 또한 참여할 수 있는 방법도 다양해지고 있다. 시민이 참여할 수 있는 공간도 고정형 사무실과 같은 물리적 공간을 넘어서 인터넷, SNS 등과 같은 가상적 공간으로까지 확대되고 있다.

기존 연구들은 공간성과 시민 간 관계에 대해서 물리적 공간에 초점을 두고 진행되어 왔다. Domahidy and Gilsinan(1992)는 고정형 사무실과 같은 형태 이

외에 사용자가 변화시킬 수 있는 부분이 있음을 언급한 Hall(1966)의 연구와 함께 공공기관이 공간 활용을 통해 시민 참여를 어떻게 이끌어낼 수 있는지 그 의미를 언급한 Goodsell(1988)의 연구를 바탕으로 시의회의 공간구성을 분석한 바 있다. 이러한 연구들은 사무실과 같은 물리적 공간이 시민참여를 독려하는데 도움을 줄 수 있다는 점에서는 함의가 있지만, 한계점으로는 물리적 공간에만 초점을 두었다는 점을 들 수 있다. 따라서 향후 시민참여의 목적으로 물리적 공간 뿐만 아니라, 가상공간까지 아우르는 공간 구성에 대한 연구를 기대해 볼 수 있을 것이며, 나아가 시민참여와 공간에 대해 시민들이 주관적으로 느끼는 심리적 거리감에 관한 연구 등을 기대할 수 있다.

마지막으로 공간성과 시민 만족도 간의 관계를 생각해 볼 수 있다. 특히 시민들과 면대면 접촉과 의사소통의 수준이 높은 일선행정조직, 일선관료의 경우 이에 대한 논의의 중요성은 더욱 높아질 것이다. 예를 들어 서울시 각 동에 위치한 주민자치센터의 경우를 살펴보자. 우선 주민자치센터를 방문하게 되면 가장 먼저 마주치는 것이 증명서 발급을 해주는 데스크와 대기공간이다. 그리고 데스크 뒤로 책상을 비롯한 사무공간이 배열되어 있는데 대체로 직급이 높을수록 제일 안 쪽 자리, 즉 시민들과의 거리감이 가장 멀다는 것을 알 수 있다. 주민자치센터에서 가장 높은 직급인 동장의 사무공간은 별도로 위치하여 개별 사무실을 두시는 경우가 많다. 다른 직원들과 같은 층에 있는 경우도 있지만, 종종 아예 층이 다른 곳에 있기도 한다. 그리고 보통 동장의 사무실은 다른 수많은 하위직급의 사무공간을 지나가야만 한다. 이는 시민들이 동장과 직접 접촉하는 것을 어렵게 하는 공간 배치이다.

또한 주민자치센터에서 볼 수 있는 흥미로운 현상은 인허가 업무를 담당하는 공무원의 사무 공간 위치이다. 사회복지 업무를 담당하는 공무원들은 일반 행정 업무를 담당하는 공무원들과 다른 위치에 있는 경우가 대부분이다. 위치뿐만 아니라, 투명한 파티션 등으로 분리되어 있는 경우도 있다. 게다가 민원인들과의 상담을 위해 외부와 차단된 상담실이 있는 경우가 대부분이다. 이러한 상담실은 사회복지 관련 상담을 하러 오는 주요 계층인 취약층의 프라이버시를 보호하고자 하는 의도로 보인다.

　이와 같이 일부 업무에서 시민을 배려한 공간 배치가 더러 있지만, 아직까지는 대체로 계서제적인 조직문화 및 직원 편의를 중심으로 한 공간 배치가 다수를 이룬다. 하지만 일선행정조직을 직접 접촉해야만 하는 시민들에게 있어 접근성이 떨어지는 공간 배치에 대한 인식은 정부 및 정부업무에 대한 만족도에 영향을 줄 수 있다. 따라서 향후 공간성과 시민의 만족도 간 연구도 필요하다고 본다.

　이상의 논의를 바탕으로 공간성과 조직성과 간 관계에 대한 대략적인 연구가설 및 명제는 다음과 같다. 여기서 공간성은 기존에 연구된 바와 같이 주로 물리적 공간성에 따른다.

표 65　공간성과 조직성과와의 관계

			조직성과 차원		
			직무만족도	의사소통활성화	시민참여·만족도
조직문화	위치	텔레워킹	∨		
		전통적 사무실			
	배치	개방형	∧	∨	
		폐쇄형			
		수직적	∧	∧	∧
		수평적			
		사회적 밀집도(高)	∧	∨	
		사회적 밀집도(低)			
	이용	고정형(fixed)	∨	∧	
		공동형(shared)			
		사적공간(多)	∨	∧	∧
		공적공간(多)			
	시민(고객)편의 공간의 크기				Positive Relationship

참고: ∨ 입구가 벌어진 쪽으로 성과에 기여하는 정도가 큰 것임.
출처: 임도빈·이현국(2012)

5. 행정조직의 공간성과 정부경쟁력

그동안 정부의 경쟁력을 높이기 위해 많은 개혁이 도입되었다. 우리나라의 경우, 우리의 관료제에 맞지 않음에도 불구하고 무리해서 도입하려고 한 오류도 다수 발견되고 있다(임도빈, 2010b). 이러한 관점에서 그동안 등한시 했던 행정조직의 연구에 있어서 "공간성" 개념의 도입 필요성을 제시해 보고자 하였다. 물리적 조건과 같은 공간 등은 사람의 행태를 변화시키는 것보다는 다소 쉬운 일이기에 공간성 개념을 도입함으로써 행정조직에 대한 연구가 더욱 풍성해질 수 있다는 점을 강조하고자 다양한 명제를 제시해 보았다.

상술한 바와 같이 공공조직에서 "공간"은 상당히 중요한 의미를 지닌다. 조직구성원이 하루 24시간 중 절반에 가까운 시간을 할애하는 공간이며, 시민과 직접 면대면으로 의사소통을 하는 공간이기도 하다. 또한 공공조직의 공간은 중요한 정책이 결정되고 집행되는 장소라는 상징성도 있다. 선행연구들에서는 대부분 이러한 공간을 조직의 환경 중 일부분으로만 인식하고 있다. 즉, 행정조직 연구에서 주요 연구대상 중 하나로 다루고 있지 않는 것으로 보인다. 이처럼 공간에 대해서 그동안 많은 연구가 이루어지지 못한 것은 공간의 개념을 물리적 공간에 한정해서 살펴보았기 때문이다. 따라서 앞으로 행정학적 관점에서 공간을 이해할 때에는 물리적 공간과 함께 공간에 대한 주관적 인식을 포함하여 "공간성(spatiality)" 개념을 이해하고 활용할 필요가 있다.

이러한 관점에서 상기에서는 이러한 행정조직의 공간성에 대한 영향요인으로서 조직구조, 과업특성, 조직문화 및 공공/민간조직의 차이 등을 제시하고 있다. 해당 영향요인 별로 연구 가능한 명제도 함께 제시하고 있음은 물론이다. 아울러 공간성이 직무만족 및 직무성과, 원활한 의사소통, 시민만족도, 시민참여 등에 영향을 미칠 수도 있다는 연구명제를 함께 제시하였다. 이러한 명제들은 아직 검증되지 않은 내용들로서 향후 다양한 형태로 관련 연구가 이루어져야 할 것이다.

본 연구에서는 실험적으로나마 한국, 미국, 일본의 공공조직 사무실의 공간배치에 대한 비교연구를 수행하였다. 이는 상술한 명제들이 직관과 선행연구에 근거한 것이기에 그러한 한계를 조금이나마 보완하고 향후 연구방향을 제시하기 위함이다. 물론 방법론 및 분석틀의 엄밀성이 다소 미진함에도 불구하고 동연구를 소개하는 것은 후속 연구자들에게 도움을 주기 위한 시도 중 하나라고 변론 해본다. 개괄적 비교연구를 수행한 결과에 따르면 한국 및 일본과 같이 권위주의 정도가 높고 업무 자율성이 부족하여 조직구성원 간 상호작용의 필요성이 요구되며, 개인의 프라이버시보다 집단주의 의사결정 중심의 문화를 가진 조직의 경우에는 공간 배치가 공동형 사무실 형태에 더해 개방형 배치를 나타내고 있음을 알 수 있었다. 이와는 달리 미국과 같이 명확한 업무 분장과 개인주의 문화를 가진 조직의 경우에는 개인 사무실 형태와 함께 폐쇄형 배치를 나타내고 있었다.

앞으로는 상기에서 언급한 바와 같이 다양한 공간성 개념을 행정학 분야에 지속적으로 접목시키는 노력이 필요할 것이다. 또한 이러한 정부조직의 공간성과 함께 경쟁력에 대해서도 다양한 관점에서 학문적 관심을 갖고 살펴볼 필요가 있을 것이다.

제3절 시간측면에서 본 정부경쟁력[32]

1. 간접이론으로서 시간이론

시간은 인간생활에서 매우 중요한 기능을 한다. 특히 정부경쟁력은 시간변수에 대해 체계적이고 엄격한 연구가 필요하다. 간접이론으로서 시간이론은 정부경쟁력의 가장 큰 축을 이룬다. 과거 낮은 편에 속했던 한국정부의 경쟁력은 놀라운 발전을 이룩하며 현재는 상당히 높은 수준에 이르렀다고 볼 수 있다. 하지

---

32) 이 절의 내용은 정부경쟁력연구센터의 연구진이 수행한 다음 논문들의 일부 내용을 포함하고 있음.
 - 임도빈(2012). "중앙부처 관료의 정책시간안목에 관한 연구: 정부경쟁력 제고의 관점에서". 「한국행정논집」, 24(3): 615-642.
   임도빈(2007) "시간의 개념분석: 행정학 연구에 적용가능성을 중심으로". 「한국행정학보」, 41(2) 1-21.

만 이러한 한국의 경쟁력을 기준으로 놓고 다른 나라와의 경쟁력을 단순히 비교, 평가할 수는 없다. 즉, 역사적 발전단계를 고려해야 하는데, 여기서 '시간'의 중요성이 대두된다.

결국 정부경쟁력을 연구함에 있어서 역사적 발전단계와 같은 시간 측면을 고려해서 정부경쟁력의 스펙트럼을 넓힐 필요가 있다. 해당 국가의 역사는 시간의 흐름에 따라 진행과정 속에 있으며, 그 진행과정의 특정시점에서 해당 국가가 처한 공간과 시간적 차원의 특성을 고려해야만 정부가 정확히 무엇을 해야하는지를 판단하고 방향을 제안할 수 있는 것이다.

예를 들어, Im & Park(2010)은 1960년대 당시 한국정부는 우유의 생산 및 공급에 많은 정책적 노력을 기울였는데, 이는 미래의 성장잠재력인 아동들의 신체적, 지적 능력의 개발을 위함이었다고 한다. 또한 전쟁 직후 생존을 위한 최소한의 기반이 갖춰진 이후, 한국정부는 농업 중심의 산업 구조를 경공업 및 중공업 중심의 산업 구조로 서서히 변화시켜 나갔다. 이러한 산업 구조 변화를 위해 도로 및 철도 건설과 같은 인프라 구축에 막대한 정책적 노력을 기울였음은 물론이다. 반면에 문화관광 부문이나 환경 부문에 대해서는 상대적으로 관심을 기울이지 못하였으며, 이는 상당 수준의 경제 성장을 이루고 난 다음인 1990년대 후반에서 2000년대에 이르러서야 정책과정에서 제대로 주목을 받을 수 있게 되었다.

또 하나의 예시로는 민주주의의 경우를 들 수 있다. Charron & Lapuente(2010)는 민주주의가 정부의 질에 미치는 영향이 시간의 흐름에 따라 달라진다고 주장하였다. 민주주의를 경험한 시간이 적은 경우 민주주의가 정부효과성에 부정적 영향을 미칠 수 있지만, 민주주의를 경험한 시간이 잘 축적된 국가의 경우에는 정부효과성을 담보하는 역할을 민주주의가 할 수 있다는 것이다. 결국 이러한 논의들에 따르면, 정부경쟁력과 영향요인들 간의 관계에 있어서 선형적 관계뿐만 아니라, 시간에 따라 비선형적 관계도 가능하다는 것을 알 수 있다.

결국 '시간'이라는 요소는 한 국가의 발전단계에 따라 국가의 역할 및 주요 기능이 변화하여 왔으며, 이러한 변화를 정부가 충분히 고려하여 정책과정을 잘 이끌어나가는 것이 정부경쟁력의 핵심요소가 된다는 것을 인지해야 한다.

따라서 실제 정부에서 일을 하는 정부 관료제가 정부경쟁력을 제고시키는 중요한 도구가 되며, 시간 측면에서 '현재'의 성과뿐만 아니라, '과거'의 성과와 더불어 '미래'의 성과도 함께 고려해야만 제대로 된 경쟁력을 구성할 수 있을 것이다. 그리고 제대로 된 경쟁력이 구성되어야 다른 국가와 엄밀한 의미에서 비교가 가능할 것이다.

2. 객관적 시간

시간이라는 요소를 고려하여 이론적 논의를 할 때는 일종의 분석을 위한 기초가 필요하다. 이러한 분석과정에서 생각해보아야 할 기초적인 이슈들을 몇 가지 생각해보면 다음과 같다.

시간(time)이란 "시각과 시각 사이의 간격 또는 그 단위"를 가리키는 개념이다 (임도빈, 2007). 물리학적으로는 특정한 물리량을 정하는 기본단위로서 길이, 질량과 같다. 인간의 활동은 "어느 시점"에서 이루어지는 것이며, 그 중에서도 사회적 관계는 "시간이란 연속선상에서 인간 간의 상호작용"에 의해서 이루어지게 된다. 이는 국가행정에서도 예외는 아니다.

"우리는 20년 걸려 해결될 성질의 문제를 다루는데, 5년 계획(five-year plan)에 근거하여, 2년 정도 재임하는 관료의 손을 통하여, 단년도 예산에 의존하고 있다"(Cleveland, 1979: 5).[33]

한국은 전쟁의 참혹한 현실 속에서 1960년대 이후 급속한 경제성장을 이루어 냈으며, 이러한 놀라운 성장속도로 인해 전 세계의 주목을 받는 국가로 발전하였다. 시간의 관점에서 본다면, 그동안 성장해 온 한국 사회는 여타 선진국이나 개발도상국과는 조금 다르게 움직인 것으로 판단할 수 있다. 한국 사회를 면밀

---

33) 본 내용은 다음의 논문인 임도빈(2007)에서 번역한 내용을 직접 인용하였음. 더 자세한 내용은 임도빈(2007). "시간의 개념분석: 행정학 연구에 적용가능성을 중심으로". 「한국행정학보」, 41(2): 1-21을 참조.

히 들여다보면, 2~3년을 주기로 자동차를 바꾸는 사람도 있으며, 핸드폰의 경우에는 교체시기가 1~2년에 불과하다. 이 외에도 각종 전자제품을 교체하는 주기가 매우 짧은 편에 속한다. 과거 농경시대와 비교해 보면, 한국인의 삶 자체가 천양지차임을 알 수 있다. 유사하게 시간의 관점에서 '행정'을 연구해 본다면 기존 연구와 다른 시각을 제공해 줄 수 있을 것이라 기대된다.

시간(time)은 원래 물리학의 주요 연구대상이었으나, 역사학을 비롯하여 생물학, 지질학, 종교학 등 다양한 분야에서 시간을 다루고 있다. 심지어 예술 분야에서도 시간은 주요 연구대상이 되었다. 미술이 공간을 다루는 예술이라면, 음악은 시간을 활용하는 예술이라 할 수 있다. 예를 들어, 교향악단을 이끄는 지휘자는 여러 악기를 다루는 연주자들이 짧은 시간동안 각각의 연주를 조화롭게 만드는 역할을 한다는 점에서 시간과 밀접한 관련이 있는 사람이 된다.

이러한 시간은 각각의 학문 분야에서 독립변수가 되기도 하고 종속변수가 되기도 하지만, 학문 분야에 따라 시간 개념을 활용하는 방식이나 변화의 법칙은 다소 다르다. 경제학 및 경영학 분야에서는 시장의 원리를 중심으로 수요—공급의 균형점을 찾는다. 따라서 동 분야에서는 시간에 대해 방관자 혹은 수동적 입장을 취하는 것으로 볼 수 있다. 물론 개념에 따라 경제학 및 경영학 분야에서도 시간의 변화를 엄격히 통제하는 입장을 반영하기도 한다. 예를 들어 감가상각, 이자율, 예상수익률 등의 개념은 시간을 명확하게 고려하는 개념으로서, 미래라는 시간을 고려하여 수요—공급 균형점을 예측해 나간다.

이에 반해 행정학 분야는 시장원리에 따르는 경영·경제 분야에 비해서 시간 제한성이 높은 분야이다. 행정학 분야에서도 민간위탁 및 민영화를 주장하는 입장이나 NPM론자 등과 같이 공공영역에도 시장원리를 도입하자는 입장이 다소 존재하기는 하나, '공공'부문이라는 특수성 등 여러 이유로 인해 시장원리와 같은 자유방임적 시간조절원리를 적용하기는 어렵다. 이로 인해 공공 부문에서는 시간을 인위적으로 제약하고자 하는 경향이 강하다. 예를 들어 Ring and Perry(1985: 280-281)는 관료의 재직기간, 입법부의 입법주기, 사법부의 재판 소요시간, 대통령 및 의회 의원 등 선출직 공무원의 임기 등에 의해 행정이 영향을 받는다는 연구결과를 통해 공공부문의 시간제약을 강조하고 있다. 그럼에도 불구하고 행정학에서는 시간을 명시적으로 다루지 않아 왔다.

이상의 논의를 통해 시간은 다음과 같은 특성을 가지고 있음을 알 수 있다.[34]
- 객관성: 시계나 달력을 기준으로 항상 객관적 측정을 한다.
- 한정성과 평등성: 누구도 하루 24시간 이상을 갖지 못한다.
- 통제불가능성: 흐르는 시간을 누구도 중지시키거나 빨리(혹은 느리게) 가게 하는 등 통제할 수 없다.
- 연속성: 시간은 일정한 경사를 가진 계곡을 흐르는 물과 같이 계속해서 흐르며, 거꾸로 흐를 수도 없다. 그리고 이 흐름은 영구적이라고 믿고 있다.
- 비저축성: 자기의 시간을 미리 당겨서 쓰거나 저축할 수도 없다.
- 비소외성: 시간의 소유자(즉, 행위자)와 시간을 분리할 수 없다.

한편, 행정을 비롯하여 인간의 활동에 대해서 시간이라는 개념을 사용하여 분석하는 것은 비소외성, 비저축성, 연속성, 통제불가능성 등과 같이 돈과 구별되는 특성 때문이다. 구체적으로 비소외성은 사회현상을 연구할 때 사람 중심으로 보기에 적합하며, 행정행위 자체도 대부분 대다수 국민의 실생활에 직간접적인 영향을 미치는 것이므로 사실상 일반 국민의 시간생활에 영향을 미친다고 볼 수 있다. 또한 비저축성, 연속성, 통제불가능성은 시간이 모든 사람에게 평등하게 존재하고 있다는 것을 전제하고 있으며, 따라서 빈부격차와 같은 현상은 나타나지 않는다. 결국 국민의 시간사용이란 측면에서 정책효과 및 정부경쟁력을 측정하는 것은 학문적으로 새로운 의미를 제공해 줄 수 있다.

일반적으로 우리가 이야기하는 시간 개념은 물리학적인 관점에 머물러 있다. 이러한 뉴턴식 물리학적 시각에서 사용되는 시간 개념을 조직 관리의 차원으로 주요 내용을 살펴보면 다음과 같다.

---

34) 이하 시간의 특성(객관성, 한정성과 평등성, 통제불가능성, 연속성, 비저축성, 비소외성)은 다음의 논문인 임도빈(2007: 3)의 내용을 직접 인용하였음. 더 자세한 내용은 임도빈(2007). "시간의 개념분석: 행정학 연구에 적용가능성을 중심으로"「한국행정학보」, 41(2): 1-21을 참조.

| 표 66 | 물리학적 시각에서의 시간개념 |

차 원	정 의
지속(duration)	어떤 과업달성을 위해 꾸준히 투자하는 총 소요시간
시점(temporal location)	시간 연속상에서 어떤 과업이 일어난 시점
순서(sequence)	어떤 활동이나 과업이 일어나는 순서
시한(deadline)	과업이 완료되어야 하는 확정된 시간
주기(cycle)	과업이 순환적으로 이뤄지는 규칙성
리듬(rhythm)	집중적(intensity)으로 일어나는 현상의 반복성

상술한 '객관적 시간'도 중요하지만 개인이 각각 다르게 느낄 수 있는 '주관적 시간'도 중요한 연구대상이 될 수 있다. 예를 들어, 업무성과를 높이기 위해서는 개인의 심리상태를 비롯하여 인간의 상상 속에서 움직이는 초현실적 차원에 대한 고려도 필요하다. 상술한 경영관리 측면의 시간은 각기 다른 인간들을 위한 행정을 실현하기 위해서는 불충분하다고 볼 수 있다. 또한 개관적 시간과 주관적 시간은 시계 시간(clock time)과 사회적 시간(social time)과 각각 유사한 면을 보인다. 주관적 시간은 각 개인이 살고 있는 사회의 전통, 관습에 따라 상호작용하는 다른 개인들과의 관계에서 이루어지는 것이기 때문이다.

아울러 시간 관리에서 고려해야 하는 요소들인 정시성(punctuality), 속도(speed), 정책주기 등도 국가별, 사회별, 사회 내 계층별, 조직별, 정책별로 각각 달라질 수 있다. 예를 들면, 보수성이 강한 사람들은 제도가 변화하는 것에 대해서 부정적인 견해를 갖는다. 또한 중국인들의 느림, 과거 우리 조상들의 여유생활에 비하면, 한국 사회의 '빨리빨리' 문화는 경제성장이 국민들의 주관적 시간을 빠르게 변화시켰기 때문에 나타난 현상으로 볼 수 있을 것이다. 과거 빠른 경제성장의 원동력이 되었던 '빨리빨리' 시간문화가 오히려 최근에는 정책의 원만한 집행을 방해하는 요인으로 꼽히기도 한다. 이러한 주관적 시간 인식에 대한 부분들은 모두 비교행정 분야에서 관심 있게 보아야 할 연구주제들이 될 것이다.

정책효과의 측정에 대해서도 마찬가지이다. 현대 행정은 상징적 수단을 활용한 정치활동이 활성화되고 시민참여 수준이 높아지면서 여론에 대한 민감도가 높아졌다. 이런 경우 특히 국민들이 인식하는 주관적 시간에 의한 반응을 면밀하게 분석하고 고려해야 할 필요가 있다. 결국 동일한 정책이라 하더라도 정책대상집단인 국민들이 바라는 기대시간에 부응하지 못한다면 해당 정책의 효과에 대한 만족도는 떨어지게 될 것이다. 그리고 이러한 부분으로 인해 정책딜레마 상황이 발생하는 경우 지도자들은 지연 전략을 사용하여 정보 부족 문제가 해결되거나 다른 문제의 해결기회에 섞여 들어가 해결되기를 기다리게 된다(정용덕, 2001: 415).

그림 31 시간과 효용의 관계

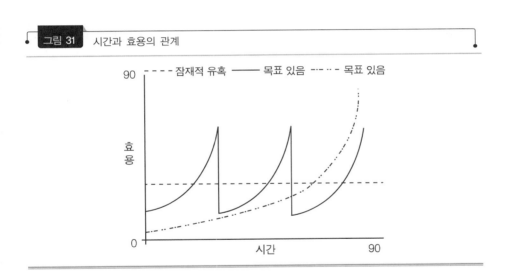

경쟁이 치열한 조직에서는 조급성을 갖는 사람이 많기 마련이며, 한국의 경우에도 상대적으로 경쟁의 강도가 매우 높은 편에 속한다. 그럼에도 불구하고 조직몰입이나 동기 등에 관한 대다수의 연구에서는 시간 개념을 고려하지 않고 보는 것이 일반적이다. Locke, E. A. & Latham, G. P.(2004)는 욕구이론(needs theory) 및 목표이론(goal setting)의 경우에도 시간의 차원을 고려하지 않는 한계점을 지니고 있다고 지적하였다. 목표이론에서 기대이론(expectancy theory)의 경우, 장래에 얻을 수 있는 혜택이 어느 정도 되는지에 관한 주관적인 기대치를 살펴본다는 점에서 시간이란 변수를 일정부분 고려한 것으로 보인다.

상술한 물리학적 시간은 객관적 측면의 시간을 언급한 초보적 수준의 논의에 해당하며, 물리학 분야 내에서도 논의의 일부분에 불과하다. 물리학 분야에서는 아인슈타인의 상대성원리 및 양자물리학에 이르기까지 시간에 대한 논의를 다양한 차원으로 확장시켰다. 즉, 뉴턴의 물리학이 모든 물체는 정지되어 있다고 전제한 것을 넘어서서 시간의 개념을 다변화 시켰다는 것이다. 그리고 이러한 점에 중점을 두고 연구할 수 있는 방향으로는 Bergson(1969)의 관계적 접근(relational approach)를 활용할 수 있을 것이다.

한편, 상기에서 논의한 많은 내용들은 사실상 특정 상황의 정체성을 전제로 놓고 있는 것이다. 하지만 우리 주변의 수많은 사회 현상 중에서 정체되어 있는 것은 거의 없다고 할 수 있다. 예를 들어, 특정 국가의 경제성장률은 단순히 그 숫자 자체에만 의미가 있는 것이 아니고, 다른 경쟁국가와 비교하여 상대적으로 어떠한지가 더 중요하다. 중국, 인도 등 그동안 개발도상국 중 하나로 분류되어 오던 국가들 중 일부가 한국의 경제성장률을 뛰어넘어 세계 경제를 뒤흔드는 주역 중 하나로 급부상한 것이 그 예이다. 이러한 상대적 관점에서 본다면, 정체되어 있는 고속도로를 느리게 달리고 있는 자동차 안에서 고속열차의 빠른 속도를 바라보는 것과 같다. 마치 자동차가 뒤로 가고 있는 것처럼 느껴지듯, 이러한 상황에서는 한국 경제가 뒷걸음질 치고 있는 것처럼 생각될 수 있다는 것이다.

특정 국가 안에서 발생하는 다양한 행정현상도 물리학의 상대성 원리를 적용하여 볼 수 있다. 또한 실증적이고 분석적인 정책연구를 시·공간을 포함한 연구로 전환시켜서 연구해 볼 수도 있을 것이다(Latour B., 1992). 예를 들어 관료들의 승진경쟁이 치열해지는 현상에 힘입어 정권에서 고위공무원 통제를 강화하는 것을 볼 수 있다. 정부기구가 급격히 팽창하고 공직에 대한 명성이 높았던 시기와 달리 최근에는 관료들이 승진하기도 어려워지고 퇴직 이후 일할 수 있는 곳도 급감하면서 사기업에 다니는 사람들과 비교해 상대적 박탈감(relative deprivation)을 더욱 크게 느끼게 되었을 것이다. 또한 인사이동이 지나치게 자주 발생한다는 점도 예로 살펴볼 수 있다. 공무원의 전문성 부족의 원인으로 지적되는 것 중 하나가 바로 '잦은' 인사이동이다. 관료들의 높은 승진 열망은 최소전보제한기간을 지키기 어렵게 만들며, 나아가 급변하는 행정환경에 대응하는 대통령을 비롯한 고위 관료들로 인해 자리보전이 쉽지가 않은 것이 작금의 현실이다. 특히 관료들의 강한 승진열망의 경우 가족의 기대, 주변 사람들과의 비교 등을 이유로 승진에 실패할 경우, 승진 스트레스가 쌓이게 되고 심지어 승진 스트레스로 인해 이상심리가 나타나기도 한다. 이런 경우 관료가 주관적으로 인식하는 심리적 시간과 비교집단의 승진과 비교하여 나타난 상대적 시간을 비교하는 연구를 수행하는 것도 의미가 있을 것이다.

3. 포스트모던 시간

현재 우리는 포스트모던 시대에 살고 있다. 우리 사회 전체를 변하게 하고 있고, 인간의 사고방식, 감성을 변화시키고 있다. 그런데 이에 대한 연구가 매우 부족하다. 특히 행정학 분야가 더욱 그렇다. 객관적 시간에 몰입되어 있기 때문이다.

포스트모더니즘에서 이야기하는 시간은 상술한 시간의 개념을 넘어서는 다양한 의미를 지니고 있다. Derrida(1982)는 차이(differing)와 지연(deferring)의 합성어인 차연(differance)이라는 단어를 언급하면서, 차연(differance)은 소쉬르가 강조한 구조주의 언어학을 해체시키는 탈근대주의적 성격을 지니고 있다고 하였다. 구조주의에서 의미하는 실체(signifier)와 이를 표현하는 언어(signified)가 밀접한 관계에 있다고 주장하는데 비하여, Derrida의 경우에는 실체와 언어 간에는 별다른 관계가 없으며, 어떠한 의미를 지칭하던 단어가 다른 단어로 서서히 연기(延期)되고 변화하여, 이로 인해 정의되지 않은 상태가 계속 남게 된다고 하였다. 오늘날의 행정의 현실과 빗대어 본다면 행정개혁, 행정쇄신, 정부혁신 등과 같이 비슷한 듯 다른 개념이 끊임없이 변화해 오는 현상을 설명할 수 있을 것이다.

한편, 포스트모더니즘이 반영된 행정조직에 대한 연구는 조직구성원이 사용하는 언어를 활용해서 조직현상을 살펴보는 것을 말한다. 이와 같은 관점에서 Gherardi Strati(1988)가 언급한 조직시간(organizational time)은 포스트모더니즘

적 행정조직연구의 향후 연구방향을 제시해 준다(Gherardi Strati, 1988).[35]

- 개인의 내면의 시간(internal time)과 외부적 시간(external time)간에는 끊임없는 변증법적 상호작용을 한다.
- 시간은 미래상황에 대한 상상력과 미래예측력을 가지고 있으며, 조직 내 각종 계획된 행동(organizational planning activities)에 포함되어 있다.
- 조직인들의 시간관념은 특정 사건이나 사안이 갖는 각 단계(phases)가 갖는 순서(sequence)관계를 결정한다.
- 조직의 생애주기나 발달단계에 대한 은유를 제공한다.
- 생존자체가 성공(success)임을 상징화한다.
- 조직구성원들이 간주관성을 갖고 조직역사를 해석하는 것을 통해 조직의 현실감을 부여하는데 도움을 준다.

제4절 ▶ 지방정부의 경쟁력[36]

1. 지방정부 수준에서의 정부경쟁력

오랜 기간 글로벌화를 이끌어 오던 선진국들은 글로벌 스탠다드를 수립하고, 나아가 이를 바탕으로 국가 간 교류를 더욱 증진시키고자 노력하고 있다. 이렇게 수립된 글로벌 스탠다드는 다차원의 성격을 띠고 있으며, 특히 규제완화라는 제도적 차원의 요청사항이 포함되어 있다. 그러다 보니 선진국의 정책이나 관행이 후진국에게 글로벌 스탠다드로 작용하기도 하는데, 여기서 대표적인 예가 지방화이다. 영국, 미국, 일본, 프랑스 등과 같은 선진국들은 규제완화 목적

---

35) 이하 조직시간에 대한 향후 연구방향에 대한 내용은 다음의 논문인 임도빈(2007: 15)의 내용을 직접 인용하였음. 더 자세한 내용은 임도빈(2007). "시간의 개념분석: 행정학 연구에 적용가능성을 중심으로". 「한국행정학보」, 41(2): 1-21을 참조.
36) 이 절의 내용은 정부경쟁력연구센터의 연구진이 수행한 다음 논문들의 일부 내용을 포함하고 있음.
  - 김순은(2012). "대도시 행정체제의 개편논의와 방향: 도시정부의 경쟁력 강화를 중심으로". 지방정부연구, 16(4): 55-77.
    김순은(2012). "지방정부경쟁력의 구성요인에 관한 인식분석". 「행정논총」, 50(3): 67-98.

으로 민영화와 지방화를 추진하였다. 이에 따라 선진국의 뒤를 따르는 개발도상국들은 그들이 요구하는 글로벌 스탠다드를 충족시키고, 또한 그에 걸 맞는 국가의 역할을 수행하기 위해 지방화를 추진해 왔다.

비단 지방화에 대한 요구는 선진국에서만 나오는 것이 아니다. 유럽개발기구나 유럽통합 등과 같은 국제기구를 통해서도 나타난다. 이러한 국제기구들에서는 개발도상국들의 발전에 필요한 자금을 지원해주는 것에 대한 전제조건으로 굿 거버넌스(Good Local Governance)의 수립 및 정부의 질(Quality of Government)을 제고하는 방안을 요구한다. 그리고 개발도상국들은 전제조건을 충족시키기 위해 지방화를 추진하게 되었고(European Commission, 2007; United Cities and Local Governments, 2007; 김순은, 2009a; United Nations Development Program, 2010; Rothstein, 2011), 지방화의 결과 지방정부의 역할 및 기능이 강화되고 확대되었다. 결과적으로 지방화는 글로벌 스탠다드의 수립과 대내적 환경 변화로 인해 국가 역할의 변화가 요구되면서 지방정부의 역할을 강화하는 방향으로 전개된 정치적 현상이 되었다.

우리나라도 예외는 아니다. 1990년 이후 글로벌화에 대한 국내외적 요구에 대응하여 적극적인 대응을 하고 있다. 중앙정부에서는 글로벌 스탠다드를 수립하고 이를 준수하기 위해 여러 방면에 걸쳐서 규제완화 정책을 추진하였고, 지방화 역시 지방분권 개혁을 통해 현재까지 이어지고 있다. 요컨대, 우리나라 역시 글로벌화와 지방화는 패키지처럼 함께 사용되고 있는 것이다(김순은, 2009a).

한편, 경쟁은 글로벌화와 지방화라는 패키지가 만들어낸 사회현상 중 가장 대표적인 것이다. 글로벌화가 진행된 사회에서 살아가는 모든 행위자들은 경쟁에서 앞서 나가고 비교우위를 갖기 위해 경쟁력 강화에 많은 노력을 기울이고 있다. 경제분야의 행위자뿐만 아니라 국가와 도시 단위에서까지 경쟁력을 강화하기 위해 많은 정책적 노력을 기울이고 있다(Jacquemin and Pench, 1997). 이러한 정책적 노력은 국가와 도시의 경쟁력이 높으면 높을수록 해당 국가와 도시의 행위자(기업 및 국민)들은 빠른 속도의 에스컬레이터(Escalator)를 탄 것과 같이 상대적으로 적은 노력을 기울였음에도 불구하고 순식간에 높은 경쟁력을 만들어 낼 수 있다. 또한 국가와 도시의 관계 역시 에스컬레이터와 같아서 특정 국가의

경쟁력은 중앙정부와 지방정부의 경쟁력이 함께 활용되는 함수관계에 있다(山口 외 2, 2003). 즉 특정 국가의 경쟁력의 결정요인에는 중앙정부와 지방정부의 경쟁력이 모두 포함된다는 것이다.

이와 같이 지방정부의 경쟁력이 중앙정부의 경쟁력과 함께 한 국가의 경쟁력을 구성하는 요소라는 데에는 이견이 없지만, 과연 지방정부의 경쟁력이 무엇을 의미하는지, 그리고 이러한 지방정부의 경쟁력의 결정요인이 무엇인지에 대해서는 다양한 의견이 존재한다. 정부 효율성과 효과성(Government Efficiency and Effectiveness), 국가 역량(State Capacity), 굿 거버넌스(Good Governance), 정부의 질(Quality of Governance) 등과 같이 다양한 설명방식이 나타나는 것이 이를 증명한다(Adsera et al., 2003; Shen, 2004; Rothstein, 2011).

한편, 상술한 바와 같이 전 세계적으로 나타나고 있는 지방화 흐름은 지역의 중요성을 강조하고 있으며, 이로 인해 지역 발전의 주요 행위자 중 하나인 지방정부의 역할을 더욱 배가시키고 있다. 지방정부 역시 이러한 흐름에 발맞추어 나가기 위해서 자의 혹은 타의에 따라 그들 스스로도 경쟁력을 제고하기 위해 노력하고 있다(OECD, 2004; UNDP, 2010).

그렇다면 우리나라에서 지방정부의 경쟁력은 어떻게 주요 이슈가 되었을까? 역사적으로 중앙집권 성향이 높은 우리나라의 경우 지방정부는 중앙정부의 정책수단에 불과하였다. 하지만 1990년대에 들어서 지방자치제도가 재개되면서 지방정부의 경쟁력은 학술적으로 빈번하게 언급되는 용어 중 하나가 되었다.[37] 지방정부를 논하는 학회도 그만큼 증가하면서 지방정부의 경쟁력은 주요한 이슈로 정착되었다.

2. 지방정부경쟁력에 관한 직접이론

국내·외적으로 지방정부의 경쟁력을 제고하여야 한다는 논문은 다수 발표되

---

37) 예를 들어 한국지방자치학회제주지회(1997), 대한지방자치학회(2009) 등에서는 학회의 대주제로 "지방정부의 경쟁력"을 채택한 바 있다. 또한 제주발전연구원(1997) 등과 같이 각종 연구원에서도 관련 주제로 세미나를 진행하였으며, 2008년 대전에서 열린 지역정책포럼에서는 "경쟁력 갖춘 지방정부"의 필요성을 강하게 주장하였다(대전일보, 2008).

었다. 구체적으로 광역자치단체의 역량을 강화함으로써 지방정부의 경쟁력을 탐색해야 한다는 연구(조성호 외 1, 2010), 지방정부의 성과창출을 경쟁력으로 보아야 한다는 관점에서 지방정부의 조직, 인사, 예산 시스템 등이 지방정부경쟁력을 구성하는 요인이라고 보는 연구(한부영 외 3, 2010), 지방정부의 경쟁력이 지역민의 웰빙(well-being)에 영향을 미치는 주요 요인이라는 연구(Rothstein, 2011), 신뢰, 네트워크, 규범과 같은 사회자본이 지방정부의 경쟁력으로 이어진다고 보는 연구(주용환 외 1, 2009; 박희봉, 2005; Knack, 2002), 행정체제 및 계층제에 초점을 두고 각 지방정부가 보유한 자치역량을 통해 경쟁력을 살펴보는 연구(하혜수, 2009; 조성호 외 1, 2010; Greene et al., 2007), 지역의 산업정책에 영향을 미치는 주요 주체로서 지방정부를 연구한 논문(김정렬, 1997) 등이 있다. 이 외에도 한국지방자치학회제주지회와 제주발전연구원에서 개최한 1997년 세미나에서는 국제자유도시, 외국인투자, 민관협력체제 등을 주요 요인으로 들면서 지방정부의 경쟁력을 정의하였다. 이처럼 다양한 연구결과에서 지방정부의 경쟁력을 살펴보고 있음에도 불구하고 과연 지방정부의 경쟁력이 무엇인지에 대한 합의된 개념은 없는 것으로 보인다.

이에 반해 도시경쟁력에 대한 연구는 광범위하고 다양하게 이루어져 왔다. 도시경쟁력을 이끄는 주요 요소 중 하나가 지방정부 혹은 도시정부라는 것을 감안하면 도시경쟁력 자체에 대한 연구를 비롯하여 지방정부의 경쟁력과 도시경쟁력 간 관계에 대한 연구는 유심히 살펴볼 필요가 있다.

국내외에서 도시경쟁력에 대한 연구는 다양하게 진행되어 왔다. Krugman(1996)과 같이 도시경쟁력을 기업경쟁력과 동일하게 보고 도시경쟁력이라는 개념을 부인하는 경우도 있었지만, 그럼에도 불구하고 도시경쟁력 개념에 대한 연구는 오래 전부터 논의되어 온 바 있다(Porter, 1998; European Commission, 1999, 2004; Webster and Muller, 2000; Shen, 2004; Kresl, 2007). 구체적으로 Porter(1998)는 국제무역이론의 발전에 경쟁력 개념에 대한 이해가 반드시 필요하다는 주장을 하였고, European Union(2004)은 도시경쟁력이란 구체적으로 무엇을 의미하는지 조작적 개념화하여 제시하기도 하였다. 이 외에도 경쟁력 개념을 활용하여 도시경제의 전략적 성패를 논하기도 하였으며(Kresl, 2007), 도시경쟁력은 지방정부

의 성과와도 함수관계를 갖는다는 연구도 있다(Webster and Muller, 2000).

도시경쟁력을 평가하는 기준에 대한 연구도 다양하다. 구체적으로 Webster and Muller(2000)는 도시경쟁력을 평가할 때, 경제구조, 지리적 요건 및 인적자원과 제도적 여건 등을 기준으로 분석하였다. 또한 경제적, 사회적, 환경적 경쟁력을 기준으로 도시경쟁력을 평가하기도 하였으며(Bruneckiene et al., 2010), 중국 23개 도시를 대상으로 투자환경만을 가지고 평가를 시도하기도 하였다 (Dollar et al., 2003). 아울러 Cooke(2004)는 인적자원, 기업자원, 경제활동률, 1인당 GDP, 실업률, 소득, 첨단산업 비율 등과 같은 지표를 활용하여 도시경쟁력을 평가하기도 하였다.

개별 연구자뿐만이 아니다. 해외의 유수 연구소 및 포럼에서도 전 세계 주요 도시들을 대상으로 도시경쟁력을 평가하여 발표하고 있다(대외경제정책연구원, 2009: 1-2). 예를 들어 일본 모리재단 소속의 도시전략연구소에서는 글로벌 도시경쟁력 지수라는 것을 개발하여 전 세계 35개 주요 도시를 대상으로 하여 경제, R&D, 생동성, 접근성, 환경, 문화교류 등의 분야에 나눠진 69개의 지표를 사용하여 경쟁력을 평가하고 있다(Mori Memorial Foundation, 2011). 이러한 글로벌 도시경쟁력 지수를 매년 발표하고 있음은 물론이다.

국내에서도 도시경쟁력에 대한 연구는 다양하게 이루어지고 있다. 서울시정개발연구원에서는 국제무역과 투자활동을 지원하는 도시여건, 서울을 주 무대로 삼고 있는 기업이나 산업의 국제경쟁력 수준, 국제무역 관련 협정에서 명시한 준수조건 등을 평가모델에 포함시킨 바 있다(서울21세기연구센터, 1995). 또한 국토개발연구원에서는 인구 10만 이상의 국내 도시 44개를 대상으로 경제 기반, 물리적 기반, 사회·문화적 기반, 자연환경, 시민역량, 기업역량, 행·재정 변수 등을 기준으로 해당 도시들을 평가하였으며(유재윤 외 1, 1996), 삼성경제연구소에서는 국내 도시들의 경쟁력을 해외 도시들과 비교하였다(김현주 외 4, 1997). 국토해양부에서는 "살고 싶은 도시 만들기"사업을 바탕으로 2005년부터 매년 도시를 평가하고 있다.[38] 게다가 국토해양부에서는 도시경쟁력 평가시스템을 구축하

---

38) 국토해양부의 평가사업은 크게 특화도시부문과 선도사례부문으로 나누어진다. 특화도시부문은 기본부문과 특화부문으로 나누어지는데, 기본부문에는 "정주환경 및 도시기반시설"이 있

였는데, 여기서는 "삶터 12개, 일터 10개, 놀터 11개, 쉼터 12개"의 측정지표를 활용하여 평가하고 있다(국토해양부, 2007).

이 외에도 대표적인 연구를 좀 더 살펴본다면, 산업정책연구원(Institute of Industrial Policy Studies)에서는 2005년부터 국내 주요 80개 도시를 대상으로 도시경쟁력을 평가하고 있으며, 또한 도시의 현재 경쟁력지수(지역소득, 지역산업, 삶의 질, 해외교역 등)와 미래 경쟁력지수(주체(주민, 기업, 지방의회, 지방정부), 환경, 자원, 메커니즘 등 4개 부문)를 측정하여 분석하고 있다(산업정책연구원, 2011; 조동성 외 1, 2009). 상기에서 언급한 연구원을 제외하더라도 광역자치단체 산하 연구원에서도 해당 지역권을 포함한 도시경쟁력을 분석·평가하고 있다(대전발전연구원, 2007; 경기 개발연구원, 2008; 서울특별시, 2009; 대구경북연구원, 2009; 전남발전연구원, 2010 등의 연구 참조).

도시경쟁력과 지방정부의 경쟁력을 함께 바라보고 그 관계를 살펴보는 연구도 있다. 특히 도시경쟁력에 있어서 지방정부의 경쟁력이 중요하다는 것은 정치·행정학 분야에서 비중 있게 다루어야 하는 부분이다(Shen, 2004; 조동성 외 1, 2009). 특히 우리나라에서는 도시경쟁력과 지방정부의 경쟁력 간의 관계를 명확하게 분석한 연구는 거의 없지만, 양자 간 인과관계가 있음은 기존 연구에서 일정부분 드러났다(Adsera et al., 2003; 김원배 외, 1998; Jusoh and Rashid, 2008; Rothstein, 2011).

법적으로 지방정부는 일정 수의 주민과 행정구역 내에서 헌법 및 법률에서 지정한 기능 및 역할을 수행하는 주체라고 할 수 있다. 이러한 지방정부는 사회인프라의 제공 및 관리, 교통통신의 관리, 유통시스템의 관리, 경제특구 지정, 도시계획, 재난관리, 도시 전체의 구조개혁 등의 다양한 방식을 활용하여 직·간접적으로 도시경쟁력에 영향을 미친다(Shen, 2004; Zhang, 2008 등의 연구 참조). 이러한 논의에도 불구하고 지방정부의 경쟁력과 도시경쟁력 간 관계를 양적으로 측정하고 실증적으로 분석하여 이를 입증하는 것은 무척 어려운 작업이라

으며, 특화부문에는 "활력도시, 문화도시, 푸른도시, 녹색교통도시, 안전건강도시, 교육과학도시" 등이 있다. 다음으로 선도사례부문은 "도시재생, 도시경관, 공공디자인, 해양도시" 등으로 나누어 평가하고 있다(자세한 내용은 국토해양부(2007) 참조).

할 수 있다(Shen, 2004; Harris, 2007). 이는 공공서비스라는 것이 해당 지역 및 도시에 어떠한 영향을 미치는지 정확하게 측정하기가 어렵기 때문이다. 따라서 지방정부의 경쟁력을 포괄적으로 살펴보기 보다는 지방정부경쟁력을 구성하는 다양한 개념 요소 중에서 정치적 요인 등과 같이 측정 가능한 부분을 중심으로 연구하는 경향이 있다. 예를 들어 2006년 미국 뉴욕시의 블룸버그 시장이 뉴욕의 재창조를 주창하며 보여준 정치적 리더십이 있다.

국내에서도 도시경쟁력을 평가하면서 주요 측정지표로서 지방정부의 경쟁력을 포함하여 보는 연구들이 다수 있다(윤태범, 1995; 유재윤 외 1, 1996; 김현주 외 4, 1997; 김원배 외 4, 1998; 김철홍, 1999; 이기헌, 1998; 대전발전연구원, 2007; 경기개발연구원, 2008; 대구경북연구원, 2009: 조동성 외 1, 2009). 예를 들면, 윤태범(1995)은 지방정부가 One-stop service와 Non-stop service를 제고시키는 것이 도시경쟁력을 높이는 방안이라고 하였으며, 사회통합 관리 역량(김원배 외 4, 1998), 행·재정 변수(유재윤 외 1, 1996), 행정·재정운용효율(김철홍, 1999), 재정자립도(대전발전연구원, 2007), 거버넌스(경기개발연구원, 2008), 개별 도시의 행·재정(대구경북연구원, 2009) 등이 도시경쟁력에 영향을 미치는 지방정부경쟁력 요인이 된다고 밝히고 있다. 이외에도 비교적 상세하게 도시 내 주요 주체로서 주민(주민의 질서의식, 주민의 참여의식 등), 기업(기업의 경영정보화, 기업의 지역사회 공헌, 기업의 국제경쟁력 등), 지방의회(회의 활성화, 의회의 전문화, 정치가의 청렴도 등), 지방정부(주민의견수렴, 예산편성 및 집행의 효율성, 민원서비스 품질, 공무원의 역량, 공무원의 전문성, 공무원의 청렴도)를 설정하여 각각의 주체별로 다양한 요인들을 도시경쟁력에 영향을 미치는 지방정부의 경쟁력 요소로 제시하고 있다.

3. 지방정부경쟁력의 구성요소

지방정부는 지역주민을 위한 다양한 정책 및 공공서비스의 제공을 통해 도시경쟁력에 기여할 수 있다. 지방정부의 가장 중요한 역할은 다양한 사회간접자본을 건설하거나 지식을 공유하고 지역 내 다양한 이익들을 조정시키는 방식을 통해 해당 지역 혹은 도시의 정(+)의 외부경제성을 제고시키거나, 환경오염 및 교통 혼잡 문제 등과 같은 부(−)의 외부경제성을 축소하는 것이다. 이를 좀 더 구체적으로 살펴보면, 지방정부는 다음과 같은 3가지 측면에서 도시경쟁력에 영향을 미친다.

첫째, 지방정부는 주택, 상·하수도 등과 같은 사회간접자본을 구축하여 도시 경쟁력을 제고하고자 노력한다. 이러한 사회간접자본은 지역발전에 빠질 수 없는 핵심 요소이다. 둘째, 지방정부는 공공서비스를 제공하고, 이를 바탕으로 도시경쟁력에 영향을 미친다. 즉, 안전, 건강, 주택, 복지 등의 공공서비스를 통해 도시경쟁력을 제고할 수 있다. 셋째, 도시 내에 위치한 기업의 생산비용을 감소시켜 준다. 경제특구를 신설한다거나 규제완화와 같은 정책수단을 통해 기업들이 원활하게 활동할 수 있도록 하고, 이를 바탕으로 지역경제발전에 기여할 수 있다.

이러한 개략적 논의를 바탕으로 지방정부의 경쟁력이란 지방정부가 수행하는 다양한 역할 및 기능과 관계를 맺는 다양한 요인들로 구성되어 있음을 알 수 있다. 그리고 지방정부의 경쟁력에 영향을 미치는 다양한 요인들은 거시적 관점과 미시적 관점으로 나누어 살펴볼 수 있다. 거시적 관점에서 보면 지방정부경쟁력의 영향요인은 지방정부의 정치 및 행정에 영향을 미칠 수 있는 외적 요인이라 할 수 있다. 즉, 지방정부의 구성과 운영에 영향을 미치는 요인들이 이에 해당한다. 예를 들어 민주주의 제도, 중앙정부와 지방정부 간 관계, 주민참여, 신뢰 및 네트워크 등으로 이루어진 사회자본 등이 있다(La Porta et al., 1999; Treisman, 2000; Knack, 2002; 박희봉, 2005; Rothstein, 2011; 김순은, 2009b, 2011). 미시적 관점에서는 행정부나 지방의회 등으로 이루어진 지방행정 그 자체에 영향을 미치는 요인이라 할 수 있다.

4. 거시적 관점의 지방정부경쟁력

1) 지역 민주주의와 지방정부의 경쟁력

지난 반세기가 흐르면서 지구상의 많은 국가들은 민주주의 체제로 성공리에 정착하였다(Teorell, 2010). 지역 민주주의(Local Democracy)는 지방정부의 경쟁력을

제고시키는 주요 요인 중 하나로 꼽힌다(De Tocqueville, 1835; Held, 1987; Rothstein, 2011). 그리고 이러한 논의는 민주주의 그 자체가 모든 국가들이 우선으로 추구하는 가치이자, 이러한 민주주의는 지방자치를 통해 발전할 수 있다는 주장에 따른다. 지역 민주주의가 지방정부의 경쟁력과 밀접한 관련을 맺게 된 것은 지역 민주주의가 전제나 독단, 그리고 부패로부터 지역의 행위자들을 지켜주는 안전망으로 작용하기 때문이다(Stoker, 1996).

민주주의라는 개념이 매우 다양한 의미를 지니고 있음에도 불구하고 대체로 현재까지 민주주의에 대한 논의는 절차적 측면의 대의 민주주의에 치중되어 왔다. 이러한 대의 민주주의는 정치적 평등(political equality)과 참여의 공평성(political impartiality)을 핵심 요소로 다루고 있다(Dahl, 1989). 그리고 이러한 정치적 평등과 참여의 공평성을 현실에서 가능하도록 하는 제도적 여건이 바로 선거제도이다. 따라서 지방정부경쟁력을 국가 간 비교의 관점에서 논의할 때, 가장 핵심적인 요소 중 하나로 다루게 되는 부분이 바로 지방선거의 유무이다(Rothstein, 2011).

지방정부경쟁력의 주요 요소로서 민주주의 체제를 볼 때, 대의 민주주의 관점의 지방선거 유무 이상의 것을 고려할 필요가 있다. 역사적으로 민주주의 체제가 여타 체제보다 인간의 삶과 기본권, 욕구 충족의 측면에서 항상 낫다고 보기는 어렵다. 일례로 인간의 기본 욕구 충족의 측면에서는 전체주의적인 중국이 민주주의적인 인도에 비해 비교적 낮다고 보는 것이 일반적인 평가이다. 이러한 점을 감안한다면 절차적 측면의 대의 민주주의 이외에 지적 민주주의(Epistemic Democracy)도 함께 고려할 필요가 있다(Rothstein, 2011).

그렇다면 지적 민주주의란 무엇인가? 지적 민주주의란 유권자가 선거에 나선 후보자에 관한 정보를 제대로 숙지하고 투표권을 행사하여 올바르게 선택한다는 것을 의미한다. 또한 선거를 통해 선출된 대표가 정책결정을 할 때 절차적 민주주의에 더해 올바른 결정을 하는 것을 의미한다. 절차적 민주주의 측면에서 단순히 선거에 참여하는 것뿐만 아니라 지적 민주주의 측면에서 좋은 후보자를 선택하고, 선출된 대표가 옳은 결정을 한다면 지방정부의 경쟁력을 제고하는데 도움이 될 수 있다는 것이다.

이러한 지적 민주주의는 결과(outcome)의 측면에서 결국 주민의 삶의 질, 웰빙(well-being)을 제고시키는 방안으로 이어져야 할 것이다. 이를 위해서 Rothstein(2011)은 지방정부의 책임성 및 효율성 제고, 법치주의, 실적주의에 바탕을 둔 공직임용, 부패방지, 지역민 의견을 경청하는 것 등을 제안하였다. 특히 실적주의에 기초를 둔 공직 임용 부분에서는 일반적으로 공채 등과 같은 채용과정을 거치는 직업공무원뿐만 아니라 선거 등을 통해 선출되는 정무직 공무원에게도 똑같이 적용되어야 한다고 강조하였다. 이는 선출된 대표가 충분히 입증된 우수한 실적을 가져야만 한다는 것을 의미한다.

2) 정부 간 관계와 지방정부의 경쟁력

지방정부와 중앙정부 간 관계는 특히 지방정부에게 중요하게 작용한다. 1980년대부터 본격화 된 영국, 일본 및 우리나라의 지방분권 과정을 살펴보면, 지방분권 개혁의 핵심 내용은 중앙정부가 가지고 있던 제도적 권한 및 재원을 지방정부에 넘김으로써 중앙정부 뿐만 아니라 지방정부의 경쟁력까지 함께 높이려고 한 것이었음을 알 수 있다(Department of Environment, Transport and the Regions, 1998; 西尾, 1999; 김순은, 2001, 2010).

지방정부의 경쟁력을 정부 간 관계에 초점을 맞춰서 살펴보면, 중앙정부의 제도적 권한의 이양, 재원의 이양, 지방정부의 적정 규모 및 계층제에 대한 논의 등 일반적으로 행정 시스템의 개혁과 관련이 있다. 구체적으로 중앙정부의 제도적 권한을 이양하는 문제에 대해서는 행정권을 비롯하여 입법권의 이양이 논의되어 왔으며, 특별지방행정기관의 기능을 어떻게 이양해야하는지에 대해서도 논의되어 왔다. 특히 재정분권에 대한 논의는 실질적인 지방분권에 대한 논의와 동일하게 볼 수 있다는 점에서 지방정부가 높은 관심을 갖는 부분 중 하나이다. 아울러 지방정부의 적정 규모 및 계층제 논의에 대해서는 "지역주의 정부의 수립 여부, 단층제 논의, 광역시의 자치구 존립여부"등이 중요한 이슈로 다루어지고 있다(김순은, 2010a, 2011b).

3) 사회자본과 지방정부의 경쟁력

Putnam et al(1993)이 사회자본(social capital)이라는 개념을 처음 사용한 이후, 사회자본은 정치, 경제, 사회, 행정 등 수많은 분야에서 성과에 영향을 미치는 주요 요인 중 하나로 다루어지고 있다(Knack, 2002; 박희봉, 2005; 송경재, 2008a, 2008b; 최기조, 2011). 사회자본은 폭넓은 분야에서 다루어지고 있는 개념인 만큼 매우 다양한 의미를 포함하고 있다. 일반적으로 사회자본은 우리 사회 내에 존재하는 특정 네트워크의 내부 간 혹은 다수의 사회 네트워크 간 연결을 지칭한다. 특히 사회문제를 해결하기 위해 필요한 여러 형태의 물적, 심적, 제도적, 관행적 요소를 통칭하는 것이 특징이다. Putnam(2000)에 따르면, 사회자본이란 사회적 성과를 높이는 네트워크를 비롯하여 사회 공통의 목표, 신뢰관계 등 도덕적 규범을 내포하는 복합적 개념이다.

이러한 사회자본과 지방정부의 경쟁력 간 관계는 특히 주민참여의 측면에서 살펴볼 수 있다. 지방정부 및 지방의회와 같은 행정주체와 지역민 간 신뢰관계를 비롯하여 지역민들의 통합성, 신뢰성 및 연대성 등이 주요 요인이 될 수 있다. 구체적으로 사회자본은 주민참여와 민주주의, 나아가 지방정부의 경쟁력에 영향을 미치는 요인으로 작용한다는 연구가 상당수 존재한다(박희봉, 2006; 송경재, 2008a, 2008b).

일반적으로 사회자본을 형성하는 요인으로는 사회적 네트워크를 비롯하여 사회 내 협동 규범, 상호 신뢰 등을 들 수 있다(Knack, 2002). 지방정부 수준에서는 이와 유사하게 주민 간 상호 신뢰, 주민들이 합의한 협동규범 등이 특정 지역의 사회자본을 형성하는 주요 요인이 된다(안성호, 2004; 정기환 외 1, 2004).

실제 지방정부와 지역민 간 신뢰관계를 바탕으로 이루어진 행정 사례로는 광주광역시 북구에서 2003년부터 도입한 주민참여예산제도를 들 수 있다(안성민 외 1, 2010). 광주광역시 북구에서 다른 지방자치단체에 비해 선제적으로 도입할 수 있었던 것은 지역민으로 구성된 시민단체의 활발한 활동으로 인해 이러한 주민참여에 대한 사회자본이 형성되어 있었기 때문으로 볼 수 있다. 향후 상술한 바 있는 지적 민주주의적 요소가 지역 별로 차별성이 나타나기 시작한다면 사회자본이 어느 정도 형성되었는지에 따라 지방정부의 경쟁력도 차이를 나타낼 수 있고, 이는 지방정부경쟁력을 측정할 수 있는 중요한 지표가 될 수 있을 것이다. 우리나라의 경우, 주민 간 상호 신뢰 및 주민들의 협동 규범 등과 같은 사회자본이 잘 형성된 지역과 그렇지 않은 지역의 주민자치의 활성화 수준은 다소간 차이를 보이는 것으로 나타났다(소진광 외 3, 2011). 주민자치의 활성화 수준이 지방정부의 경쟁력과 이어진다는 점에서 사회자본은 선행요인으로서 중요하다고 할 수 있다.

이 외에도 사회자본과 지방정부의 경쟁력에 관한 선행연구로는 정부 신뢰에 대해 사회자본이 미치는 영향에 대한 연구(Brehm and Rahn, 1997), 사회자본이 선거 및 투표에 참여하는 행위에 영향을 미치는지에 대한 연구(Knack, 1992)를 비롯하여 사회자본이 보건서비스를 증진시키고(Kawachi et al., 1997), 행복을 추구하며(Helliwell, 2001), 투자 및 성장에 영향을 미치고(Knack and Keefer, 1997), 경제성과에도 영향을 미치는 요인(Dasgupta, 2002) 등으로 분석한 연구가 있다.

4) 주민참여와 지방정부의 경쟁력

주민참여의 필요성은 사회과학 전 분야에서 다양하게 논의되어 왔다. 대의민주주의를 보완 및 대체하는 차원에서의 주민참여, 정부의 정책결정을 보조하는 차원의 주민참여에서 최근에는 시민들에게 권한을 재배분하는 측면의 주민참여인 권한배분론 등에 기초를 두고 있다(김순은, 2011c).

이러한 주민참여는 크게 3가지 차원에서 지방정부경쟁력의 구축에 기여할 수 있다. 첫째, 상술한 바 있는 사회자본의 형성기능이다. 둘째, 공공서비스 공급기능이다. 공공서비스를 공급하는 기능은 최근 정부와 시장이 제공하는 공공서비스가 제3섹터라고 할 수 있는 주민이나 주민단체 단위로 일부 이양된 바에 따른다. 특히 신공공관리론(New Public Management) 처방이 정부의 재정적자 해소를 위한 행정개혁의 하나로 활용되면서 공공서비스 제공의 제3섹터로의 이양은 가속화되고 있다. 셋째, 정책과정 상의 참여기능이다. 이전에는 특정이익을 대변하는 이익집단이 정책과정상 주요 행위자였으나(Barbour and Wright, 2009), 최근에는 보다 공공이익을 대변할 수 있는 주민 및 주민단체 등이 주요 행위자

가 되었다.

　실질적 차원의 주민참여는 이른바 굿 거버넌스의 구축에 중요한 요인이 된다. 그리고 여기서 주민참여를 활성화시키는 것은 결과적으로 지방정부의 경쟁력 제고와 밀접하게 관련된다. 이러한 굿 거버넌스가 로컬 거버넌스의 차원에서도 지방정부의 대응성, 책임성, 형평성 등의 가치 위에 구축된다는 점을 감안한다면(김순은, 2011c; Ivanyna and Shah, 2010), 앞으로 지방정부 역할의 방향성이 보다 더 명확해질 것이다. 즉 지방정부는 특정이익을 옹호하는 이익집단보다 주민의 목소리를 낮은 자세로 경청해야 하며, 이를 위해 지방정부는 주민참여를 적극적으로 활용해야만 할 것이다. 또한 이러한 주민의 집단적 목소리는 주민단체, NPO의 형태로 대변되는 경우가 많다는 점을 고려한다면, 이들 단체의 전문성을 제고하는 것은 주민참여가 지방정부의 경쟁력을 높이는데 보다 효과적인 방안이 될 것이다.

5. 미시적 관점의 논의

　이하에서는 지방정부의 경쟁력을 미시적 관점에서 논의하고자 한다. 미시적 관점에서 지방정부의 경쟁력은 지방정부를 구성하고 있는 지방행정과 지방의회의 경쟁력으로 살펴볼 수 있다.

1) 지방의회의 경쟁력

　지방의회의 경쟁력은 제도적 차원과 행태적 차원으로 크게 나누어 볼 수 있다. 제도적 차원에서는 지방의회의 모형을 비롯하여 선거제도 및 운영제도 등이 중요하게 다루어질 필요가 있다. 지방의회 모형에 관한 이슈는 명예직과 상근 유급직 중 어떤 것이 지방의회 의원에게 적절한가에 관한 부분이다. 무엇이 적절한가에 대해서는 각 국가 혹은 시대적 배경에 따라 다양한 의견이 제시되어 왔지만 현재는 대도시를 중심으로 해서 상근 유급직으로 전환하는 추세에 있는데 반해, 유럽에서는 아직도 명예직이 다수를 이루고 있다. 우리나라의 경우에는 현재 상근 유급직과 유사한 제도로 보인다. 이뿐만 아니라 지방의회 모형이 중요한 이슈인 것은 지방의원의 정수 문제가 있기 때문이다. 대체로 지방의원의 정수는 지방의회의 모형이 무엇인지에 따라 결정된다(김순은, 2011d; 박영강, 2011).

다음으로 지방의회의 선거제도에 관한 이슈는 정당공천 여부 및 선거구제, 선출방식 등이 있다. 지방의회 의원을 뽑는 지방선거에서 정당공천이 과연 민주주의 발전에 도움을 주느냐는 논란 속에 있다. 우리나라의 경우에는 정당공천 배제 여부가 지방의회 활성화 문제와 연결되어 더욱 이슈가 되고 있고(김순은, 2011d; 박영강, 2011; 김재왕, 2009), 영국의 경우에는 정당공천이 일반적이며, 미국은 정당을 표시하는 것을 금지하는 것이 주류이다.

지방의회의 선거제도와 관련해서 선거구제도 및 선출방식도 중요한 문제이다. 선거구제도 및 선출은 지방의회의 의석 배분에 영향을 미치는 중요한 요인이다(Taagepera and Shugart, 1989; 황아란, 2007). 따라서 비례대표제라든지, 소선거구제, 중선거구제, 대선거구제 등과 같은 다양한 선거제도가 존재한다. 선출방식도 마찬가지로 단기 이양식, 단기 비이양식 투표 등 다양하다(황아란, 2007). 또한 지방정부 선출직 공무원의 재임회수에 관한 논의도 있다. 미국의 경우에는 지방정부 선출직 공무원을 대상으로 재임회수를 제한하는 경우가 늘어나고 있다(김순은, 2012). 이는 지방의원들이 본연의 업무인 의정활동보다 의회 내에서 향후 재선 등에 유리한 간부직에 관심을 갖는 경우가 늘어나기 때문에 나타난 현상으로 보인다. 지방의회 의원들이 재선을 거듭할수록 본래의 의정활동보다 의회 내 간부직, 각종 이권 등에 관심을 갖는다는 것은 다수의 연구에서도 지적된 바 있다(송광태, 2003; 김순은, 2010c).

마지막으로 지방정부경쟁력의 제도적 차원에는 지방의회의 운영제도를 꼽을 수 있다. 지방의회의 운영제도는 지방의회 성과와 관련이 매우 높은 것으로 나타난다. 그리고 이러한 지방의회의 운영제도로는 "회기제도, 회기일수, 의회의 운영방식, 상임위원회 제도, 회의의 공개, 회의의 시간 등"이 있다(김순은, 2011d).

한편, 지방의회 경쟁력의 행태적 요인 중 대표적인 것으로 꼽을 수 있는 것은 지방의원의 전문성이다. 지방의회가 제대로 된 역할을 수행하고 있는지에 대해서는 지방의원의 전문성 문제와 맞물린다. 의회가 행정부에 대한 견제기능을

제대로 수행하지 못하는 원인도 같은 이유다.

2) 지방행정의 경쟁력

지방정부의 경쟁력과 직결되는 지방행정의 경쟁력도 또한 상술한 바와 같이 제도적 측면와 행태적 측면으로 나누어 볼 수 있다. 대체로 지방행정의 경쟁력은 지방자치단체의 장을 중심으로 지방공무원과 관련된 인사, 조직, 재정 등과 관련하여 세부적인 논의가 가능하다(한부영 외 3, 2010; 박해육 외 1, 2008; 김순은, 2010b).

우선 지방행정의 경쟁력은 지방자치단체장의 경쟁력과 직결된다(박해육 외 1, 2008). 그렇기 때문에 지방자치단체장을 선출하는 방식과 운영시스템은 무엇보다도 중요하다. 지방자치단체의 장은 지방자치제도가 확립된 지역에서는 지역주민의 선거로 선출되며, 지방자치제도가 확립되지 못한 지역에서는 대체로 중앙정부가 직접 임명하게 된다. 우리나라의 경우에는 1961년 처음 후자의 제도를 채택하였고, 중간에 잠시 공백기를 제외하고는 1995년부터는 전자의 제도, 즉 주민의 선거로 지방자치단체의 장을 선출하고 있다.

현재의 우리나라처럼 지방자치제도를 수립하여 지방자치단체의 장을 선거로 선출하는 경우 추가적으로 다루어야 하는 제도적 이슈는 정당공천 여부 및 재임회수를 제한하는 문제로서, 상술한 지방의회의 경쟁력 문제와 동일하다. 정당공천을 하게 되면 능력 있는 정치 신인을 제대로 수용하지 못하는 문제점이 있다는 주장과 함께 선출직 공무원이 보다 본인의 업무에 집중하기 위해서는 재임회수를 제한할 필요가 있다는 주장 등이 논의되어 왔다(김재왕, 2009; 박해육 외 1, 2008).

지방행정을 구성하는 인사제도는 실적주의에 기초한 공정한 인사가 이루어질 것을 요구받는다. 균등한 기회를 제공하는 인사, 경쟁력을 강조한 인사채용, 전문성 중심의 교육훈련, 공정하고 성과와 연계된 인사관리 등이 강조된다.

행태적 측면에서는 지방자치단체 장의 리더십과 혁신에 대한 추구, 도덕성 등이 지방행정의 경쟁력을 제고시키는 주요 요인으로 논의된다. 지방자치단체 장의 리더십은 공무원의 업무에 대한 의욕을 높이고 역량을 강화시키며, 나아가 조직 성과와 지방행정의 경쟁력을 향상시키는데 필수불가결한 요소이다. 리더십에 대한 논의는 오래전부터 이어져 오고 있으며, 대부분의 학자들은 지도자의 리더십을 강조한다. 리더십에 대한 논의는 크게 자질론과 상황론으로 구분할 수 있다(Michels, 1963; Tead, 1935; Lasswell and Kaplan, 1950). 그 중에서도 우리나라에서는 최근 도덕성과 혁신성이 강조되고 있다(윤용희, 2005). 특히 도덕성 문제는 우리나라에서 반드시 고려해야만 하는 부분이다. 우리나라의 경우 제4대 임기를 수행하는 기초단체장의 1/3이 인사비리, 인·허가 관련한 부정행위 및 공금횡령 등과 같은 부정부패와 관련이 있는 것으로 조사되었다(고경훈, 2009).

지방자치단체의 장 뿐만 아니라 지방행정조직과 공무원의 역량 역시 지방정부의 역량을 평가함에 있어 중요한 요소이다(김성훈, 2008). 지방행정조직의 역량은 조직문화와 조직의 전문성에 의해 영향을 받는다. 조직문화가 혁신적인지, 상향식 의사결정 체계를 존중하는지에 따라 상이한 결과가 나타나며, 조직 내 레드테이프 수준을 조정하는 것도 경쟁력을 확보하는 데 있어 중요하다. 특히 급격한 변화가 지속적으로 나타나는 현대사회에서는 혁신을 지속시키는 문화를 만들고 유지하는 것은 매우 중요한 문제이다. 조직의 전문성 역시 업무를 수월하게 진행시키기 위해 중요하며, 따라서 지방행정조직의 구성원인 공무원의 역량은 현재보다 더 강조되어야 한다. 결국 실질적으로 지방행정 업무를 수행하는 것은 공무원이며(조석주 외 1, 2008), 공무원의 역량이라 함은 전문성 및 열의와 같은 태도로 표현할 수 있기 때문이다(하미승 외 2, 2007).

6. 대도시 행정체제의 개편과 도시정부의 경쟁력

1) 대도시화 추세

도시화는 20세기 전 지구상에 나타난 두드러진 사회현상이다. 20세기 초 전세계 인구의 13%가 도시에 살았지만, 1950년대에는 약 30%, 2000년에 이르러서는 50%가 되었으며, 2030년경에는 전체 인구의 60%가 도시에 살 것으로 예측된다. 이러한 급속한 도시화 현상은 우리나라도 마찬가지이다. 1960년 당시 39%였던 도사화율은 2010년에는 90.9%까지 급속히 치솟았다.

도시화 현상 중에서도 주목해야 할 대표적인 현상은 메가시티(megacity)라고도 불리는 대도시가 출현하였다는 점이다. 경제성장기에 접어든 개발도상국가들에서는 수도나 경제기능 중심지를 중심으로 주변도시의 인구와 기능 등을 흡수하였으며, 선진국에서도 메가시티가 우후죽순처럼 등장하였다(Gottman, 1995). 전 세계를 통틀어 2009년 기준 인구 1,000만 명이 넘는 대도시는 우리나라의 서울을 비롯하여 러시아의 모스크바, 브라질의 상파울루, 중국의 상해, 인도의 뭄바이 등으로 나타났으며, 선진국 중에서는 뉴욕, 런던, 도쿄 등이 인구 800만 내외로 나타났다. 대도시를 어떻게 정의하는가는 국가에 따라 상이하다. 예를 들어 우리나라는 인구 50만 명 이상을 대도시로 정의하고 있지만, 미국은 중심도시 인구 5만 이상 주변 지역을 포함해서도 10만 이상을 대도시로 정의하며, 일본은 중심도시 인구 30만 이상에 주변지역 40만 이상을 대도시로 정의한다(牧田, 1996; 김순은, 2002).

도시화가 진행되면 대부분의 도시는 가장 먼저 실업, 빈곤, 주택, 교육, 교통 인프라, 쓰레기, 환경오염 등과 같은 도시문제에 직면하게 된다. 급속한 도시화는 이러한 도시문제의 심각성 수준을 심화시킨다. 이러한 상황에서 지방정부의 경쟁력은 도시문제를 제대로 대응할 수 있느냐에 따라 달리 평가될 수 있다. 하지만 대도시의 행정체제는 이러한 도시문제에 적절히 대응해내지 못한다는 것이 문제점으로 지적되었다(Gottman, 1995; 김순은, 2002). 대도시 행정체제가 도시문제를 제대로 해결하지 못하게 되면 해당 도시의 쇠퇴는 불가피하다는 것은 실제 사례를 통해서도 알 수 있다(Sharpe, 1995). 상술한 바와 같이 굿(로컬) 거버넌스가 도시경쟁력의 주요 요인이라는 주장도 이러한 논의와 연결된다(Jusoh and Rashid, 2008; 김순은, 2011a).

따라서 변화하는 환경에 걸맞도록 대도시 행정체제를 개혁하고 선택하는 문제는 모든 국가에서 중요한 개혁과제로 다루어졌다. 미국, 일본, 영국 등 주요 선진국에서는 일찌감치 대도시의 행정체제를 구축하기 위해 다양한 노력을 기울여 왔다. 예를 들어, 영국은 20세기 초부터 카운티-버러라는 단층제 개혁을 실시하였으며, 일본은 동경도-자치구 관계의 개혁, 미국의 경우에는 시-카운티 통합이라는 다양한 형태의 개혁을 시도한 바 있다.

2) 대도시 개편의 이론적 논의

(1) 지방자치의 이념과 자치행정체제의 개편

우리나라는 헌법을 제정하는 과정에서 외국제도를 참고하고, 이를 바탕으로 하여 지방자치제도를 도입하였기 때문에 자생적이라기보다 외국제도를 수입하여 도입한 것에 가까웠다. 게다가 1949년 지방자치법이 제정되고, 1952년 지방자치가 실시되었지만, 1961년 5·16사태가 발생하면서 30년간 중단되었다 다시 시작된 경험이 있다. 따라서 짧은 지방자치의 역사와 제도 시행 중 중단한 경험 등이 있어서 지방자치의 본질을 제대로 이해하는데 어려움이 있었던 것이 사실이다(김순은, 2006a).

지방자치는 크게 목적으로서의 지방자치와 수단으로서의 지방자치로 나누어 볼 수 있다. 전자는 자기결정의 원리에 기초한 주민투표 등과 같은 직접 민주주의라고 할 수 있으며, 후자는 권력분립의 원리에 기초한 자유 민주주의이다.

수단으로서의 지방자치는 민주성과 효율성을 지향한다. "지방자치는 민주주의의 학교"라는 명제는 지방자치에 관한 상식 중 하나가 되었으며, 이는 미국 헌법을 창시한 제임스 메디슨, 토마스 제퍼슨도 강조한 바이다. 효율성 역시 지방정부가 제공하는 차별적인 공공 서비스가 일률적으로 중앙정부가 제공하는 공공 서비스보다 효과적이라는 연구(Oates, 1972) 등을 통해 입증된 바 있다. 한정된 자원을 중앙정부에서 통제하는 것보다 지방정부와 나누어 배분하는 것이 지역 주민의 선호를 중시하는 측면과 자원의 효율성을 위해서도 긍정적이라는 것이다(Tiebout, 1956; Oates, 1972, 2006).

이러한 민주성과 효율성은 지방행정체제를 결정하는 이론과 밀접한 관련을 맺고 있다. 우선 지방행정의 규모를 결정하는 전통적 이론으로는 분권론, 집권론, 분절론 및 통합론 등이 있다. 분권론에 따르면 지역 고유의 정체성, 문화성, 역사성을 보전하기 위해서는 지방정부의 규모가 작은 것이 주민 참여 극대화와 지역주민과의 긴밀한 관계를 유지하는 데 더 바람직하다고 본다. 이에 반해 집권론은 총괄적인 행정구역 관리 및 전략적 기획, 규모의 경제, 재정 형평성 등을 위해서는 광역의 행정구역을 갖는 것이 바람직하다고 주장한다(김순은, 2010). 또한 분절론은 작은 규모의 정부가 경쟁하여 공공서비스의 효율성을 제

고해야 한다고 보는 입장으로 공공선택이론으로 대표된다(Tiebout, 1956). 마지막으로 통합론에 따르면 공공서비스가 제대로 공급되려면 공공서비스의 특성상 일정 규모 이상의 행정구역을 유지하는 것이 공공서비스의 담보할 수 있다고 보는 입장으로서 규모의 경제론에 입각해 있다(김순은, 2010).

정치학의 관점에서 보면 지방정부가 관할하는 행정구역은 민주적 통치가 가능하여야 한다(上野, 2008). 이는 행정구역의 크기는 효율성뿐만 아니라 해당 지역이 직접 자기결정권을 행사할 수 있는 범위 내에서 결정되어야 한다는 것을 의미한다. 이러한 주장은 지방정부가 기능배분을 고려할 때 보완성의 원리를 중시해야 한다는 것과 유사하다.

상술한 다양한 이론들은 지방자치의 이념인 민주성과 효율성에 맞춰서 논의하면 집권론, 공공선택이론, 규모의 경제, 지역주의 등은 효율성에 초점을 맞추고 있으며, 분권론, 민주적 통치구역론 관점은 민주성에 비중을 두고 있다. 이러한 내용을 표로 정리하면 다음의 〈표 67〉과 같다

표 67 지방자치의 이념과 지방행정체제론

		통합 및 분절론			정치적 이론	고전적 집권·분권론	
		공공선택론	규모경제론	지역주의론	민주통치구역론	집권론	분권론
효율성	기초	O					
	광역		O	O		O	
민주성	기초				O		O
	광역						

출처: 김순은(2012)

(2) 대도시 행정체제개편의 논거

지방행정체제는 일반적으로 다층제를 채택하고 있는데, 이는 지방자치의 이념인 민주성과 효율성의 조합에 따른 것이다. 우리나라, 일본, 독일 등은 2층제이며, 영국은 2층제와 단층제를 혼합하여 채택하고 있으며, 프랑스는 2-3층제이다. 미국의 경우에는 다중심 거버넌스 체제라고 불리는데(안성호, 2011), 단층

제, 2층제, 3층제 등을 모두 혼합한 경우이다(Boyd, 2008). 미국을 좀 더 자세히 들여다보면 미국 50개 주에서 하와이, 로드아일랜드, 뉴욕주의 뉴욕시는 단층 제를,[39] 일리노이, 캔자스, 미시간, 인디애나, 미네소타, 노스다코다, 오하이오, 미주리, 뉴욕, 버몬트 등 10개 주에서는 3층제를, 이 외의 대부분의 주에서는 2 층제를 채택하고 있다.

이에 반해 대도시는 상기의 사례들보다는 다양하다. 우선 런던,[40] 동경,[41] 몬 트리올,[42] 코펜하겐,[43] 바르셀로나,[44] 우리나라의 특별시와 광역시 등은 2층제를 채택하고 있다. 다음으로 파리,[45] 베를린,[46] 스톡홀름,[47] 뉴욕[48] 등은 준자치구 형태로 1.5층제이며, 로스앤젤레스, 시카고, 샌프란시스코, 토론토,[49] 멜본,[50] 마드리드,[51] 일본의 지정도시 등은 단층제이다.

대체로 2층제나 준자치구 형태를 채택하는 도시들은 특정 국가의 수도나 주 정부의 수도이며, 그 외의 도시들은 단층제를 채택하는 경향이 높다. 미국의 경 우에는 대도시 대부분이 단층제를 채택하고 있고, 스페인 마드리드는 수도임에 도 불구하고 예외의 경우에 해당한다. 이러한 실제 예시에서도 알 수 있듯이 지

---

39) 미국의 문헌에는 뉴욕시를 단층제로 분류하는 한편 우리나라에서는 1.5층제로 분류함.
40) 런던은 런던광역시와 32개의 버러, 1개의 런던시로 구성됨.
41) 동경은 동경도와 23개의 구 및 26개의 시, 3개의 정, 1개의 촌 등으로 구성됨.
42) 케벡주의 수도로서 캐나다 제2의 도시로서 시정부와 19개의 버러정부로 구성된 2층제임. 몬트 리올시의 인구는 160만 명이며 메트로 몬트리올의 인구는 380만 명임. 메트로 몬트리얼정부 (Metropolitan Montreal Community)의 장은 몬트리올 시장이 겸임하며 광역적 업무를 담 당하고 있음.
43) 덴마크의 수도로서 10개의 구역정부를 설치함. 인구는 120만 명임.
44) 바르셀로나는 칼타로니아주의 주도이며 스페인의 제2도시로서 역사적, 문화적으로 독자성이 높은 지역이고 인구는 160만 명임. 이런 이유로 도시특별법에 의하여 정치, 행정적인 특례가 인정됨. 바르셀로나 시정부 하에서는 10개의 구역정부가 설치되어 있는데 이들은 역사적 정 체성이 상이한 지역임.
45) 파리시는 20개의 구를 설치하여 구의회만을 구성함.
46) 베를린시는 산하에 23개의 구를 설치하여 구의회만을 선출함.
47) 스톡홀름은 스웨덴의 수도로서 메트로 스톡홀름(스톡홀름 카운티)의 구성원임. 산하에 14개 의 구역정부가 설치되어 있으며 구역정부는 시의회에서 선출된 구역의원으로 구성된 구역의 회가 통치함. 준자치구에 속함.
48) 뉴욕시는 5개의 구를 설치하여 구청장은 직선하며 구의회는 구성하지 않음.
49) 캐나다 제1의 도시이며 온타리오주의 수도. 시장-시의회 형의 단층제 정부임.
50) 호주의 멜본은 빅토리아주의 수도이며 호주의 제2의 도시임. 단층제의 정부이며 멜본 광역권 은 30여 개의 시정부로 구성됨.
51) 스페인의 수도로서 330만 명의 도시임. 단층제의 지도자-캐비넷형에 해당함.

방행정체제의 채택은 한 국가의 역사, 문화 등에 따라 각기 다르게 이루어지고 있다.

한편, 대도시가 지방행정체제로서 다층제를 채택하여야 하는지에 대해서는 분절정부옹호론과 광역정보옹호론, 다른 표현으로 대도시 행정의 일체론이라는 상반된 2개의 주장이 논의되고 있다(김순은 외 1, 2003; 안영훈, 2010; 안성호, 2011; Barlow, 1994; Sharpe, 1995). 그리고 이는 일반도시와는 다른 대도시의 특성에 따라 학자들마다 중점적으로 생각하는 바가 다소 다르기 때문에 나타나는 부분이라 할 수 있다.

우선 대도시는 다수 인구의 유입으로 도시화가 빠르게 이루어졌고, 인구의 활동 공간이 확대되는 특징을 갖고 있다. 대도시 내 기업 활동도 대규모로 확대되고 있으며, 따라서 사회 복잡성의 수준도 상당히 높다. 지속적으로 확대되는 활동공간에도 불구하고 도시의 주요 행위자인 주민이나 기업의 활동은 효율적으로 이루어져야 한다. 그렇기 때문에 대도시 정부는 이를 제대로 관리하고 지원하기 위해서 교육, 전력, 통신, 도로 등의 사회 인프라를 효과적으로 수립하고 체계적으로 관리할 수 있어야 한다. 이뿐만 아니다. 대도시는 주거지역, 근무지역, 상기지역, 엔터테인먼트 지역 등 지리적으로 구역이 특성화되는 경향을 갖는다. 따라서 이렇게 각기 다르게 특화된 지역들을 유기적으로 연계하여 하나의 도시로 꾸려나가는 기능은 현대의 대도시 정부에 요구되는 주요 역할 중 하나라고 할 수 있다.

하지만 대도시는 인구의 유입이 급격하게 이루어지고 도시공간의 지리적 특성화와 같은 사회변화를 맞이하면서, 실업, 빈곤, 쓰레기 처리, 교육, 환경오염, 교통, 재정적자 등 수많은 부작용에 직면하게 되었다. 특히 도시공간의 지리적 특화는 환경오염, 도시 내 부의 불균형한 배분 등과 같은 외부불경제를 초래하였다. 결국 대도시가 사회 환경의 변화로 직면하게 된 경제적, 사회적 요구에 제대로 대응하기 위해서는 행정의 효율성이 무엇보다 중요해지게 되었다. 역사적 경험에 비추어 정부가 적절히 대응하여야만 해결할 수 있는 도시문제들이기 때문이다.

그리고 이러한 도시문제를 시의적절하게 해결하기 위해서 광역지방정부가 반

드시 필요하다고 주장하는 측이 바로 광역정부옹호론자들이다. 광역정부옹호론
자들은 도시공간이 계속해서 확대되고 있음에도 불구하고 이를 제대로 해결할
수 있는 정치·행정체제가 부재하다는 점이 대도시의 문제점이라고 주장한다.
결국 이들의 논의는 행정학적 관점에서 광역행정이 필요하다는 것으로 모아진
다(김순은 외 1, 2003: 348). 이러한 광역정부옹호론은 미국에서는 행정구역 통합론
으로, 일본에서는 지방자치의 효율성 제고를 지향하는 대도시 행정 일체론으로
나타나고 있다(안성호, 2011; 김순은, 2012).

한편, 분절정부옹호론은 상기에서 논의한 바 있는 공공선택이론에 따른다.
규모가 작은 정부야말로 공공서비스를 제공함에 있어서 광역 정부보다 효율적
이라고 주장한다. 이러한 주장의 근거로는 "경쟁을 통한 효율성 제고, 발언권의
확대, 공공기업가 정신의 고양, 민관 공동 생산에 의한 효율성 제고, 가외성
(redundancy)에 의한 정책실패의 치유" 등을 든다(안성호, 2011). 아울러 분절정보옹
호론은 규모가 작은 정부를 지지한다는 점에서 분권론과 유사하지만, 분절정보
옹호론이 효율성을 보다 더 강조하는 반면에 분권론은 민주성의 측면을 부각시
킨다는 점에서 다소 차이가 있다. 이러한 차이에 대해 전자인 분절정보옹호론
이 "민주적 효율성"을 이야기한다고 보는 주장도 있다(안성호, 2011).

제 V 장 　정부경쟁력 지표모델 수립[52]

제1절 　정부경쟁력 지표개발

1. 연구 설계

이론적 논쟁거리가 많이 있음에도 불구하고, 각 국가별 경쟁력을 평가하고 순위를 산출하여 비교하는 것 자체는 충분한 의미가 있다. 순위의 상승 혹은 하락에만 관심을 갖는 것이 아니라, 다른 국가들과의 비교를 통해 각 국가의 현재 상황을 진단하고 나아가 정부가 보완해야 할 부분을 제안하여 더 나은(better) 정부로의 방향을 설정할 수 있기 때문이다. 그리고 이러한 정부의 방향 설정을 정부를 중심에 둔 정부경쟁력 개념을 바탕으로 측정하여 살펴보는 것이 정부경쟁력 지수 산출의 가장 핵심적인 의의가 될 것이다. 또한 상대적 개념인 경쟁력을

---

52) 이 절의 내용은 정부경쟁력연구센터의 연구진이 수행한 다음 논문들의 내용의 일부 내용을 포함하고 있음.

    – 조원혁·임도빈·정지수·이민아·차세영(2013). "정부경쟁력의 국제비교: 구성지표와 평가". 「한국비교정부학보」, 17(2): 95-124.

    – 임도빈 외(2014). 「정부경쟁력」. 서울: 조명문화사.

258

측정함에 있어서 다양한 관점에서 살펴보는 것은 충분한 의의가 있다. 그리고 정부경쟁력 연구는 이러한 관점에서도 긍정적 차원의 의의를 가지고 있다고 할 수 있다.

앞 장에서는 정부경쟁력의 개념 및 동 개념을 구성하는 이론에 대한 설명 등이 이루어졌다. 이번 장에서는 상술한 정부경쟁력 개념의 관점에서 각 국가들의 경쟁력을 평가해보고자 한다. 이를 위해 기존 경쟁력 순위 산출의 문제점을 보완하고자 하였다. 구체적으로 현재까지 진행된 정부경쟁력 연구는 새로운 개념을 개발한 뒤, 지표 개발 및 국가별 순위 산출로 이어지는 과정을 거친다. 이러한 연구의 분석틀은 다음의 〈그림 32〉와 같다.

그림 32 연구절차도

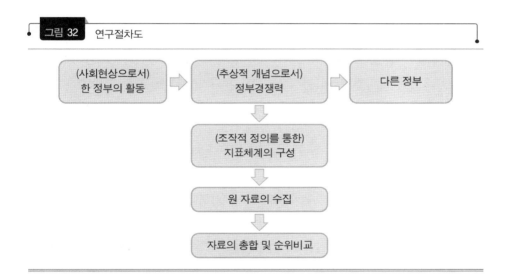

한편, 정부경쟁력을 측정하기 위해서 주요 정책 분야 별로 총 317개의 원자료(raw data)를 수집하여 지수 산출에 사용하였다. 이러한 측정지표들은 OECD, UN, WEF, IMF, Economist 등 국제기구 및 NGO, 주요 정부기관을 포함한 23개 기관을 통해 수집하였다.

2. 분야별 분석틀

여러 기관에서 제공하는 데이터를 수집하여 정부경쟁력 지표를 구성할 때, 기존의 수많은 측정지표들 중에서 어떤 것을 선택하고, 어떤 것을 제외할 것인지 등에 대해서는 정부경쟁력 연구센터 소속 연구원들이 각 분야 별로 다양한 이론적 요소 및 실제 정책 환경에서의 실용적 부분까지 포괄하고자 노력하였다.

또한 각 분야별 지표를 개발함에 있어서 어떤 부분까지 정부의 역할로 보아야 하는지에 대해서는 논란의 여지가 있을 것이고, 이러한 부분 역시 측정지표의 선정과정에서 고려하고자 하였다. 정부 정책의 산출 및 결과가 정부 역할에 의한 결과라고 단정 짓기 어렵다고 보는 입장(Fukuyama, 2013)도 존재하기는 하지만, 현대 국가에서 정부의 역할을 완전히 걸러내고 산출 및 결과를 보는 것은 실로 불가능에 가깝다. 현대 국가의 정부에서 천문학적인 예산을 투입하고 정책을 집행하는 현실에서 우리 사회 속 각 분야에 정부의 역할이 포함되어 있다는 것이 오히려 합리적이라고 할 수 있다. 게다가 정부에 의한 산출 및 결과에 대한 평가의 어려움은 기존 행정학계에서 충분히 논의되어 온 과정이기도 하다. 하지만 이러한 논의의 전제에는 현대 국가의 정부가 상당한 역할을 수행하고 있다는 점으로서, 정부경쟁력을 측정하는데 반드시 고려해야 할 부분이기도 하다.

이러한 논의 하에 정부경쟁력을 측정하기 위해 첫째, 정부활동과 직접적 관련성이 비교적 높다고 판단되는 측정지표들을 고려하였다. 둘째, 첫 번째 기준을 충족시키는 측정지표가 없는 경우에는 유사하게 측정가능한 간접지표 및 대리지표를 선정하였다. 측정지표의 선정과정에는 연구자들 간 반복적인 토론과 비판적 피드백 과정을 거쳤으며, 다수의 연구자가 충분히 합리적으로 인정할만한 수준에서 각 분야별 지표를 선정하였다. 이러한 분야별 지표의 예시를 나열하면 다음의 〈표 68〉과 같다.

표 68 분야별 지표 예시

분야		지표 예시
공통 분야	경제	1인당 GDP, 경제성장률, 실업률, 소비자물가상승률, ODA 액수(GNI 대비), 경상수지(GDP 대비), 재정수지(GDP 대비), 정부부채(GDP 대비), 외환보유액, 노동생산성 등
	교육	의무교육 종료 연령, 중등교육 이수 인구 비율(25~64세), 고등교육 이수 인구 비율(25~64세), 문해율, 초·중·고 교사 수, 학급당 평균 학생 수, 자녀교육 기대년수, 교육 분야 정부지출 비중(GDP 대비), 정부부담 공교육비와 민간부담 공교육비의 비율 등
	보건 복지	보건 분야 정부지출 비중(GDP 대비), 기대수명, 인구 천 명당 의사·간호사 수, 병원 수, 영아사망률, 평균 임금 대비 연금총액대체율, 직업안정성, 삶의 만족도 등
	농업 식품	농업 생산량 증감, 소비자 지원(가격정책에 의한 암묵적 조세), 생산자 지원(보조금), 농사가능면적, 관개면적, 트랙터 및 농기계 사용량 등
	정부 총괄	부패지수, 정부신뢰(국가제도에 대한 신뢰), 정부효과성, 규제의 질, 정부의 서비스 제공 및 규제시간, 선거절차 및 민주주의, 정치참여, 정치문화, 투표율, 사회자본(관용성, 친사회적행동, 타인에 대한 신뢰 등), GDP 대비 일반정부지출 등
선택 분야	R&D	창업활동지수, 기술 수출액, 연간 미국·삼극 특허 건 수, 연구원 1인당 SCI 논문 수, GDP 대비 정부연구개발예산, 지적재산권 보호정도, 인구 만 명당 연구원수, 세계 R&D 투자 상위 1000대 기업수 등
	ICT	모바일·인터넷 가입자 수, 기업·사회문화 환경, 법적 환경, 정부의 정책과 비전, ICT 사용과 정부 효율성, 접근성, 온라인 참여 지수 등
	환경	1인당 에너지 소비량, 1인당 CO_2배출량, 신재생에너지비율, 종이와 상자지류 재활용률, 에너지수입률, 환경보호 분야 정부지출 비중, 환경세 수입비중(GDP대비, 조세수입 대비) 등
	문화 관광	창조산업 수출·수입액, 문화예술분야 취업자 비율, 박물관·극장 수, 문화산업 소비자 가격지수, 공공예술서비스 가격지수, 외래·국외 관광객 수, 외래·국외 관광지출액 등

출처: 조원혁 등(2013).

〈표 68〉에서 제시하는 분야별 정부경쟁력 지표에서는 대분류로 공통분야와 선택분야를 분류하였다. 우선 공통분야는 Ho · 임도빈(2012)이 정부경쟁력을 개념화시키는 과정에서 구분한 국가의 발전단계(준비기, 도약기, 성숙기)에 상관없이 대부분의 국가가 모든 발전단계에서 반드시 고려해야 하는 필수 정책 분야를 의미한다. 특히 준비기 국가군에서 향후 다음 발전단계로 나아가기 위해 보다 더 관심을 기울여야 하는 분야이기도 하다. 이어서 선택분야는 OECD 회원국 대상으로 진행되는 정부경쟁력 순위 산출에 활용되는 분야이다. 즉 상대적으로 선진국으로 평가할 수 있는 OECD 회원국의 특성을 고려한 분야라고 할 수 있

으며, 성숙기 국가군에 해당되는 분야이다.

우선 공통 분야에 속하는 경제 분야의 지표를 살펴보면, 1인당 GDP를 비롯하여 경제성장률, 실업률, 소비자물가상승률, 외환보유액 등이 포함되었다. 교육 분야는 문해율, 고등교육 이수 인구 비율, 초·중·고 교사 수, 교육 분야 정부지출 및 정부부담 공교육비와 민간부담 공교육비의 비율 등을 사용하였다. 보건복지 분야는 보건 분야 정부지출 비중, 기대수명, 평균 임금 대비 연금총액 대체율, 직업안정성, 삶의 만족도 등을 포함하고 있다. 농업식품 분야에서는 농업 생산량 증감, 농사가능면적 등이 사용되었으며, 정부총괄 분야에서는 부패지수, 정부신뢰, 선거절차 및 민주주의, 투표율, 사회자본 등이 사용되었다.

다음으로 선택 분야에 속하는 R&D 분야의 경우, 창업활동지수, 기술 수출액, 특허 건 수, GDP 대비 정부연구개발예산 등의 지표가 사용되었다. ICT 분야에서는 모바일·인터넷 가입자 수, ICT 사용과 정부 효율성, 접근성, 온라인 참여지수 등을 포함하였으며, 환경 분야는 1인당 CO_2배출량, 1인당 에너지 소비량, 신재생에너지비율, 환경보호 분야 정부지출 비중 등이 사용되었다. 마지막으로 문화관광 분야에서는 창조산업 수출·수입액, 박물관·극장 수, 공공예술서비스 가격지수, 외래·국외 관광객 수와 관광 지출액 등을 포함하고 있다.

3. 정부경쟁력 지수의 산출

앞에서 설명한 다양한 측정지표들은 서로 다른 척도(scale)로 측정되었기 때문에 각 정책 분야별 지표들을 종합하기 위해서는 리스케일링(rescaling) 과정이 요구된다. 여기에서는 UN의 전자정부지수 등과 같이 전 세계적으로 가장 많이 사용하고 있는 방법인 표준화 과정을 사용하였다. 평균과 표준편차를 이용하여 Z점수를 구한 뒤, Z점수의 최대값과 최소값을 통해 지수를 환산하는 방식이다. 이를 수식으로 표현하면 다음과 같다.

$$정부경쟁력 = \frac{해당국가\ 지표의\ Zscore - 전체국가\ 지표\ Zscore의\ 최소값}{전체국가\ 지표\ Zscore\ 최대값 - 전체국가\ 지표\ Zscore의\ 최소값}$$

그러나 이 방법이 가장 이상적인 것은 아니다. 수집된 정보를 가지고 각 국을 비교하는 방법은 여러 가지가 있을 수 있다. 서로 유사한 단위로 비교단위를 만든 후 이들간의 상대적 위치를 비교하면 될 것이다. 이를 위해서 조직론에서 발달한 효율성이나 성과 측정 방법을 여기에 적용할 수 있을 것이다. Stroobant & Bouckaert(2011)는 성과를 측정하기 위한 대리 변수의 하나로 측정되는 하위 개념으로서의 효율성(efficiency)을 측정하는 방법론들에 대해서도 정리하여 소개한 바 있다. 이들은 효율성 측정의 방법론(methodologies for efficiency measurement)으로 크게 부분적 지표(partial indicators)의 측정과 국가별 효율성 측정(global efficiency measurement)의 방법으로 나뉜다고 본다.

이 중 국가별 효율성 측정을 구체적으로 Frontier methods와 Price Index Number methods로, 그리고 이 중 Frontier methods를 다시 모수 기법(parametric techniques)과 비모수 기법(non-parametric techniques)로 나누었다. 이 각각의 기법들을 사용하는 구체적인 방법론들로는 모수 기법의 Neterministic Frontier Analysis와 Stochastics Frontier Analysis, 비모수 기법의 Free Disposal Hull과 Data Envelopment Analysis가 있다. 〈그림 33〉은 이들간의 관계를 정리한 것이다.

그림 33 효율성 측정의 방법론

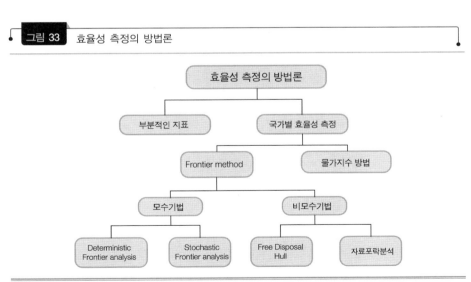

출처: Stroobant & Bouckaert(2011)

OECD 국가의 정부경쟁력 비교

1. 정부경쟁력 지수와 종합순위

'정부경쟁력(government competitiveness)'이라는 새로운 개념을 개발하고, 기존에 발행되고 있는 원자료(raw data)를 통해 정부경쟁력 순위를 산출하는 작업은 이론 구성 및 지표 개발 작업과 함께 동시에 이루어졌다. 그리고 실제 전 세계 각 국가별 정부의 경쟁력을 측정해 봄으로써 동 연구의 적실성을 높일 수 있는 작업이 바로 순위 비교이다.

그림 34   OECD 국가별 정부경쟁력지수 순위

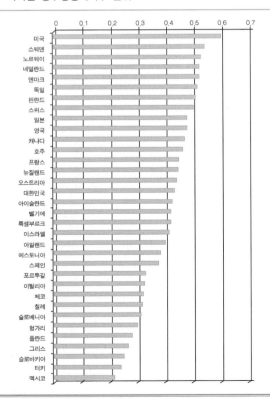

V

이번에 처음으로 이루어진 각 국가별 정부경쟁력 지수의 순위 비교는 자료 획득의 용이성을 이유로 OECD 회원국인 34개국으로 한정하였다. 비록 전 국가를 대상으로 하지는 못했지만, 오히려 국가 수를 제한한 것은 결과적으로 현재 진행하고 있는 평가모델의 의도에 더 적합하다. 무엇보다 본 연구는 각기 다른 발전단계에 놓인 각 국가들의 상황에 따라 정부경쟁력을 평가하고자 하기 때문에 OECD로 대변되는 선진국 그룹, 개발도상국 그룹, 저개발 국가 그룹 등으로 나누어 분석하는 것이 더 의미 있는 작업이 될 것이다.

한편, 본 연구에서는 경제, 교육, 보건복지, 농업식품, R&D, ICT, 환경, 문화관광, 정부총괄 등 9개 분야별로 순위를 매기고, 나아가 전체 분야를 표준화 점수로 합친 종합순위를 제시하고자 한다.

〈그림 34〉의 정부경쟁력 지수 종합순위 결과에 따르면, OECD 국가들 중에서도 오랜 기간 선진국으로 평가받고 있는 북미, 북유럽권 국가들인 미국(1위), 스웨덴(2위), 노르웨이(3위), 덴마크(5위), 핀란드(7위) 등이 상위권(10위 이하)을 차지하였다. 중위권(11~20위)에는 대표적인 유럽 국가들인 영국(10위), 프랑스(13위), 오스트리아(15위), 벨기에(18위)를 비롯하여 오세아니아 지역의 호주(12위), 뉴질랜드(14위) 등이 있다. 대한민국의 경우 16위를 차지한 것으로 나타났다. 마지막으로 하위권(21~34위)에 위치한 국가들은 현재 신흥 경제국으로 각광받고 있는 동유럽권 국가들인 체코(26위), 헝가리(29위), 폴란드(30위) 등과 함께 남유럽의 이탈리아(25위), 그리스(31위)를 비롯하여 남미권 국가들인 칠레(27위), 멕시코(34위) 등이 꼽혔다. 특히 같은 유럽권 국가이면서 하위권에 위치하고 있지만 유망한 신흥 경제국으로 평가받는 동유럽권과 2008년 글로벌 금융위기 이후 어려움을 겪고 있는 남유럽권이 하위권에 혼재되어 있다. 종합순위 비교 결과에 따라 국가별로 이견이 발생할 수 있을 것이다.

또한 본 연구에서는 종합순위 결과뿐만 아니라 주요 정책별 순위도 함께 도출하였다. 그리고 이번에 조사한 9개 분야에 따라 정부경쟁력 순위는 다소 차이를 나타냈다. 바로 이러한 점이 본 연구가 수행한 정부경쟁력 측정의 핵심적인 부분 중 하나가 된다. 특정 국가의 정부가 주요 정책 분야에서 모두 만점을 받거나, 비교대상 국가들 중에서 최고 순위를 기록하게 된다면, 해당 국가의 입

장에서는 가장 이상적인 결과가 될 수 있을 것이다. 하지만 이번 연구에서 종합 순위 1위를 차지한 미국의 경우에도 9개 각 분야별 순위는 제각기 다르다. 그만큼 정부가 모든 분야에서 그 역할을 잘 수행하기란 쉽지 않다.

예를 들어 교육, 농업식품, R&D 분야에서 1위를 차지하고 문화관광 분야(2위), 경제 분야(6위), ICT 분야(7위)에서 상위권을 차지하였지만, 그에 반해 보건복지 분야(22위)와 환경 분야(30위)는 하위권을 기록하였다. 미국의 경우, 현재 미국 내 '뜨거운 감자' 중 하나인 의료제도를 포함한 보건복지 분야와 함께 국제사회 로부터 환경 관련 협정에서 보이는 미지근한 태도를 비판받고 있다는 점에서 환경 분야의 낮은 순위는 주목할 만하다.

대한민국도 마찬가지이다. 34개국 중 16위라는 평균에 가까운 중간 순위를 기록하였지만, 문화관광(3위), 경제(9위), ICT(10위) 분야 등에서 상위권을 기록하 였다. 이에 반해 환경(25위) 보건복지(27위), 농업식품(28위) 분야 등이 전체 순위 를 끌어내린 결과 중위권에 위치하게 된 것이다. 향후 대한민국 정부가 경쟁력 을 높이기 위해서 어떠한 분야에 좀 더 관심을 두어야 할지 방향을 제시해주는 결과가 아닐 수 없다.

2. 분야별 정부경쟁력 지수 순위 비교

1) 경제 분야

경제 분야의 정부경쟁력 지수 순위 결과는 다음의 〈그림 35〉와 같다. 경제 분야에서 1위를 기록한 국가는 일반적인 예상과는 달리 노르웨이이다. 노르웨 이의 경우, 재정건전성, 환율안정성, 낮은 실업률과 물가 등에서 높은 점수를 얻었는데, 노르웨이의 거시경제 지표가 그만큼 안정적이라는 것을 보여주는 결 과라고 할 수 있다. 노르웨이는 높은 1인당 GDP와 더불어 세계 7대 석유수출 국이자 어업강국이다. 수산업의 경우, 노르웨이 내 3대 핵심산업 중 하나이며, 세계 2위 수준의 어획량을 자랑한다. 또한 노르웨이는 원유 및 천연가스와 같 은 에너지산업이 국가의 핵심 산업이며, 전체 GDP의 25%를 차지하고 있다. 노 르웨이의 안정적인 경제구조의 강점은 에너지산업에만 의존하지 않고, 여타 분

Ⅴ

야에도 적극적인 정부투자를 감행하였다는 점이다. 특히 노르웨이 정부가 직접 관리 및 운영하는 국부펀드는 전 세계적으로 우수한 투자역량을 과시하고 있으며, 노르웨이의 경제성장에 상당한 영향을 미치고 있다.

그림 35 OECD 국가별 경제지수 순위

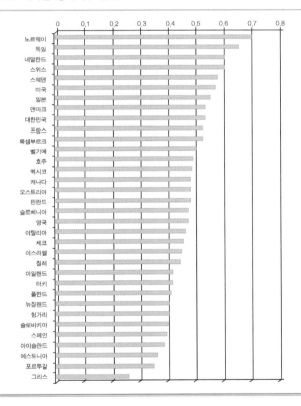

노르웨이에 이어서 독일(2위), 네덜란드(3위) 역시 유럽대륙의 주요 국가로서 높은 GDP 수준과 함께 안정적인 경제 지표를 바탕으로 경제 분야 정부경쟁력에서 높은 순위를 차지하였다. 스위스(4위), 스웨덴(5위) 역시 유럽의 대표 국가로서 경제 분야의 정부경쟁력 순위 1위부터 5위까지 최상위권 국가가 모두 유럽국가라는 점이 인상적이다.

한편, 태평양 연안 국가로서 세계 경제를 이끄는 대표적 국가인 미국이 6위, 일본이 7위를 차지하였다. 이러한 결과는 2008년 글로벌 금융위기 이후, 미국과 일본 양국 모두 정부부채의 급격한 증가, 실업률의 상승 등이 발생하면서 경제지표의 안정성에 문제가 발생했기 때문인 것으로 보인다. 이후 미국은 자동차 제조업 분야 등에 공적 자금을 투입하는 등 정부 차원에서 적극적인 정책을 펼치고 있다. 현재까지 미국 정부의 적극적 정책 추진은 미국 경제에 긍정적인 효력을 발휘하고 있는 것으로 보이며, 특히 미국이 수행하는 금융정책은 여전히 전 세계를 대상으로 막대한 영향력을 발휘하고 있다. 결과적으로 이러한 점이 반영되어 여전히 미국의 경제 분야 정부경쟁력이 상위권에 위치한 것으로 보인다.

경제 분야의 정부경쟁력 지수 순위 결과에서 주목할 만한 점 중 하나는 대한민국(9위)과 멕시코(14위)이다. 종합 순위에서는 대한민국(16위), 멕시코(34위)에 불과하지만 두 국가 모두 경제 분야의 순위가 종합 순위보다 더 높다는 특징을 가지고 있다. 경제 분야에서 상당한 수준의 경쟁력을 갖추었지만, 한편으로는 그동안 정부의 역할이 경제 분야에 치중되어 있었다는 것을 보여주는 결과일 수 있다. 향후 정부의 역할이 균형을 맞추고, 전반적인 정부경쟁력을 높이기 위해서는 경제 분야 이외의 정책 분야에도 관심을 기울여야 함을 시사한다.

마지막으로 경제 분야에서 하위권을 차지한 국가군은 일부 동유럽의 체제전환국 그룹과 남부 유럽국가 그룹이다. 스페인(30위), 아이슬란드(31위), 그리스(34위) 등의 국가들은 유럽발 경제위기를 초래한 주요 국가들이며, 신흥경제국으로 각광받고 있긴 하지만 성장단계에서 글로벌 경제위기로 성장 속도가 다소 주춤한 폴란드(26위), 헝가리(28위) 등이 하위권을 형성하였다.

2) 교육 분야

교육 분야의 정부경쟁력 지수 순위 결과는 다음의 〈그림 36〉과 같다. 미국(1위), 호주(2위), 뉴질랜드(3위), 독일(4위), 네덜란드(5위) 등의 순서로 가장 높은 순위를 기록하고 있다. 공교육에 대한 언론을 접할 때마다 문제점을 자주 지적받고 있는 미국이 1위를 기록하였는데, 교육 분야의 지표 중 교원 수, 성인들의 평균 교육기간, 의무 교육기간 등이 여타 국가들보다 높은 것으로 나타났기 때문이다. 하지만 높은 순위에 기여한 지표들이 단순히 수치로 표현되는 데이터로서 교육의 질까지 담보하고 있는 것은 아니기 때문에 해석에 주의할 필요가 있다.

호주와 뉴질랜드의 높은 순위는 전 세계에서 모여드는 유학생들을 통해서도 간접적으로 알 수 있을 것이다. 특히 호주는 호주 학생 중 유학생 비율 측면에서는 세계 3위를 기록할 정도로 잘 알려진 유학국가이기도 하다. 특히 다양한 교육 프로그램과 함께 무상의무교육, 장학금 정책 등 제도가 잘 갖추어져 있기 때문에 '이민가고 싶은 나라'에도 늘 꼽히며, 다국적기업 직원들 사이에서도 자녀를 데리고 근무하고 싶은 나라로도 꼽힌다.

그림 36 OECD 국가별 교육지수 순위

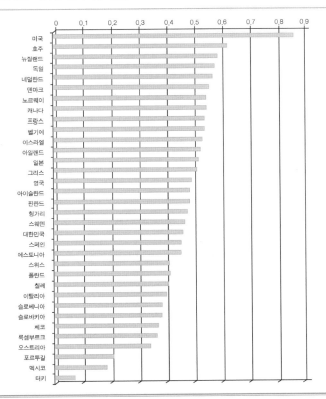

한편, 4위를 기록한 독일은 유럽 내에서도 손꼽히는 교육 강국이다. 정해진 시간 안에 최대한 많은 문제의 정답을 맞히는 형태의 국제학업성취도 평가(PISA)에서 늘 하위권을 차지함에도 불구하고, 상위권의 교육 분야 정부경쟁력을 기록한 데에는 독일 정부의 일관된 교육정책에 있다. 독일은 "창의력, 인성, 자기주도"라는 세 가지 키워드를 바탕으로 교육제도를 구성 및 운영하고 있다(주독한국교육원, 2010). 대학 이외의 직업 교육이 체계적으로 잘 갖추어져 있으며, 잘 설계된 직업학교는 독일 제조업 및 중소기업 경쟁력의 바탕을 이루고 있다. 현재 유럽 경제를 이끄는 독일의 힘은 이러한 교육제도에 근거하였다고 평가내릴 수 있을 것이다.

아울러 11위를 기록한 이스라엘도 주목할 만하다. 이스라엘은 자연자원이 부족한 국가인 만큼 정부 차원에서 교육에 상당한 투자를 하였는데, 자연자원 대신 지식자원, 인적자원을 국가의 핵심자원으로 선정한 경우라고 할 수 있을 것이다. OECD 통계에 따르면 이스라엘 국민의 45%가 대학교육을 받았으며, 창의력 위주의 교육 시스템은 한 국가 인구 대비 가장 많은 수의 노벨상 수상자를 배출하였다. 특히 고급인재를 육성하고 나아가 고급인재의 이민을 권장하는 형태의 다양한 정책을 통해 국가 차원의 인적 자원 개발에 적극적인 국가가 바로 이스라엘이며, 이러한 이스라엘 정부의 노력이 교육 분야의 정부경쟁력 지수 순위에 나타난 것으로 보인다.

3) 보건복지 분야

보건복지 분야의 정부경쟁력 지수 순위 결과는 다음의 〈그림 37〉과 같다. 보건복지 분야의 지표에는 정부지출 중 보건복지 분야 비중, 기대수명, 병원수, 의사 및 간호사 수 등이 포함되어 있다. 상위권을 기록한 국가들은 아이슬란드(1위), 덴마크(2위), 네덜란드(3위), 룩셈부르크(4위), 오스트리아(5위) 등 유럽을 대표하는 강소국 그룹이다. 이와는 반대로 복지 분야보다 경제 분야에 더 집중하고 있는 신흥경제국들인 슬로바키아(26위), 터키(30위), 에스토니아(32위), 칠레(33위), 멕시코(34위) 등이 하위권에 랭크되었다.

그림 37 OECD 국가별 보건복지지수 순위

상위권에 위치한 국가군 보다 눈길을 끄는 것은 22위를 기록한 미국이다. 최근 '오바마 케어'라고 불리는 의료보험제도가 미국 내에서 이슈가 되었는데, 미국이란 나라가 기본적으로 산업화가 이루어진 국가들 중 유일하게 전 국민 대상의 의료보험제도가 없는 국가라는 점을 주목할 필요가 있다. 국가 차원의 의료보험제도가 없는 대신에 민간부문의 의료보험시장이 활성화 되어 있는데, 이는 역으로 보면 돈이 많으면 많을수록 병원에서 좋은 서비스를 받고, 돈이 없다면 치료받는 것 자체가 힘들 수도 있다는 것을 의미한다. 이러한 미국 의료 서비스의 문제점은 미국 내 영화, 드라마 등에서도 묘사하고 있다.[53]

---

53) 예를 들어 영화 '식코', 드라마 'ER' 등의 에피소드 중에서 의료보험제도에 대한 이야기들을

이에 반해 2위를 차지한 덴마크는 복지국가로 유명한 북유럽권 국가 중 하나로서 몇몇 특수 치료를 제외하고는 대부분의 의료서비스를 무상으로 받을 수 있도록 정부가 제도적으로 보장하고 있다. 이러한 정부의 투자는 높은 수준의 GDP 대비 보건 분야 공공지출을 통해서도 알 수 있다. 이처럼 정부경쟁력 지수 종합순위에서 높은 순위를 기록한 두 국가인 미국(1위)과 덴마크(5위)가 보건복지 분야에서는 상반된 정책 방향과 함께 상반된 순위를 보이고 있다.

한편, 또 하나 주목할 만한 점은 대한민국(27위)과 일본(29위)의 순위가 상당히 낮다는 점이다. 이러한 결과가 나타난 데에는 '삶의 만족도' 지표가 가장 큰 영향을 미쳤는데, 양국 모두 최하위권을 기록하였다. 향후 양국 정부에서 보건복지 분야의 정책 수립 때 고려해야 할 중요한 요인임을 나타내는 결과라고 할 수 있다.

4) 농업식품 분야

농업식품 분야의 정부경쟁력 지수 순위 결과는 다음의 〈그림 38〉과 같다. 1위를 기록한 미국에 이어서 이스라엘, 슬로베니아, 에스토니아, 룩셈부르크 순이었다. 농업식품 분야는 다른 분야에 비해 표준화점수 자체가 상위 5개국을 제외하고 상당히 낮게 나타났는데, 향후 농업식품 분야의 지표들을 더욱 확대하고 세분화할 필요가 있다.

한편으로는 몇몇 국가에 편중되어 나타난 농업식품 분야의 경쟁력의 위험성도 지적할 필요가 있다. 식(食)문화가 인간 사회의 근간을 이루는 주요한 분야인 만큼 각 국가의 식량 안보 차원에서도 농업식품 분야의 편중된 표준화 점수 결과는 우려할 만하다.

언급하고 있다.

OECD 국가별 농업식품지수 순위

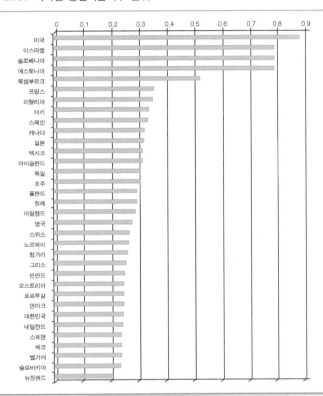

5) 정부총괄 분야

정부총괄 분야의 정부경쟁력 지수 순위 결과는 다음의 〈그림 39〉와 같다. 정부총괄 분야에서는 정부신뢰, 민주주의, 부패지수, 투표 등의 정치 및 사회제도적 요소가 지표로 반영되었다. 즉, 정부를 구성하는 기본 제도가 잘 이루어졌는지를 살펴보는 것이라 할 수 있다. 정부총괄 분야에서 최상위권을 차지한 5개 국가는 덴마크(1위), 노르웨이(2위), 핀란드(3위) 등과 같은 북유럽권의 대표 국가들과 뉴질랜드(4위), 호주(5위)이다. 이어서 10위권에 이름을 올린 국가들은 스웨덴(6위), 네덜란드(7위), 룩셈부르크(8위), 스위스(9위), 캐나다(10위)로서 유럽대륙의 강소국이 주를 이루고 있다. 전체 10위권 내에서 유럽의 강소국 국가군이

70%를 차지함으로써 안정된 정치·사회 제도를 과시하였다. 나아가 대상국가의 절반에 가까운 15위까지를 살펴보면, 오랜 역사와 전통을 자랑하는 유럽대륙의 국가들이 다수를 차지하고 있는 것을 알 수 있다. 이에 반해 하위권은 체제전환국인 동유럽과 비유럽권 국가들이 차지하였다.

그림 39 OECD 국가별 정부총괄지수 순위

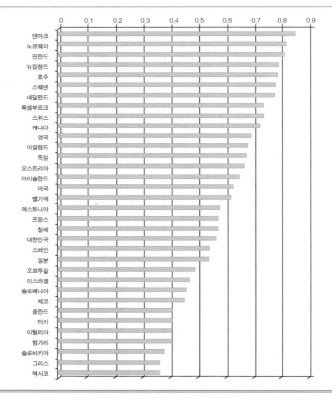

'민주주의'와 '안정된 정치, 사회역량', '사회자본' 등이 주로 정부총괄 지수를 구성하고 있는 만큼 대의민주주의 체제가 오랜 기간 자리 잡아 온 유럽 국가들이 높은 순위를 기록한 것으로 보인다. 이와는 달리 신흥경제국은 경제 분야에 치중한 만큼 다른 정책 분야가 저조한 것도 있고, 동유럽 국가들의 경우 민주주

의 체제로의 전환 중인만큼 하위권에 위치한 것은 어쩔 수 없는 결과라고 볼 수 있을 것이다.

6) R&D 분야

선택분야인 R&D 분야의 정부경쟁력 지수 순위 결과는 다음의 〈그림 40〉과 같다. R&D 분야의 정부경쟁력 지수에서는 기술수출액, 특허 수, 창업활동지수, GDP 대비 정부연구개발예산 등이 지표로 활용되었다. 최상위권 국가로는 미국(1위), 일본(2위), 스위스(3위), 독일(4위), 스웨덴(5위)이 꼽혔다. 상위 10개국 중에서 미국이 압도적인 표준화 점수를 기록하였으며, 비유럽권 국가로 이스라엘(8위)이 속해있는 것이 인상적이다. 기술력을 바탕으로 한 다양한 제조업 분야에 강세를 보이는 스위스와 독일 역시 상위권에 위치함으로써 R&D 분야에서 강자의 면모를 드러냈다.

R&D 분야는 미래를 내다보고 준비하는 성격의 정책 분야이다. 따라서 결과물의 성패에 얽매이지 않고 장기간 이루어지는 대규모 투자 정책이라고 할 수 있다. 미국은 미래에도 국가 역량 전반에서 우위를 차지하기 위해 과학기술 분야를 비롯해서 인문사회과학을 아우르는 광범위한 영역에 연구자금을 투입하고 있다. 결과적으로 이러한 미국 정부의 막대한 투자가 미국이 R&D 분야에서 1위를 기록하게 한 가장 큰 원동력인 것으로 보인다.

일본 역시 마찬가지이다. 일본은 아시아에서 최다 노벨상 수상자를 배출한 국가라는 타이틀을 가지고 있으며, 특히 기초과학 분야에서 무려 13명의 수상자를 배출하였다. 이러한 일본의 과학 경쟁력은 IMD의 2012년 조사결과에서 2위를 기록하기도 하였으며, 무엇보다도 다른 국가에 기술을 수출하는 비중을 나타내는 OECD 기술무역수지비에서 미국, 독일 등의 선진국과 비교하여 3배가 넘는 수치를 자랑한다.[54]

한편, 이스라엘은 교육 분야에서도 설명하였듯이, 지식자원 및 인적자원에 막대한 정부투자가 이루어지고 있는 국가 중 하나이다. 투자한 만큼 밀도 높은

---

54) 2011년 잠정치 기준으로, 2012년 1월에 발표된 OECD의 "Main Science and Technology Indicators" 결과를 참조하였다.

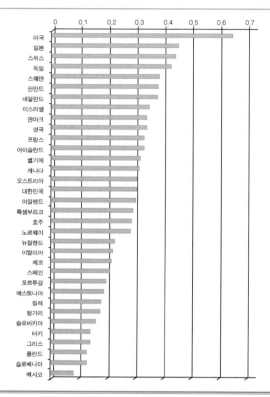

그림 40   OECD 국가별 R&D지수 순위

노벨상 수상자를 배출하고 있다는 것은 모두가 다 아는 사실이다. 게다가 미국
경제를 지배하는 주요 자리에 수많은 유대인이 자리하고 있다는 점은 이스라엘
을 넘어서 유대인의 지적 역량을 과시하는 결과라고 볼 수 있을 것이다. 또한
이스라엘은 민간영역의 R&D 부문에 대해 정부지원을 법률적으로 제도화함으로
써 대규모 연구개발지원 정책을 정부 차원에서 적극적으로 추진하고 있다.

7) ICT 분야

선택분야인 ICT 분야의 정부경쟁력 지수 순위 결과는 다음의 〈그림 41〉과 같
다. ICT 분야를 평가하는 세부지표로는 정부의 정책과 비전, 법적·기업·사회

문화 환경, 접근성, 모바일·인터넷 가입자 수 등이 있다. 결과에 따르면 스웨덴(1위), 핀란드(2위)를 비롯하여 덴마크(4위), 노르웨이(5위) 등 북유럽권 국가들이 높은 순위를 차지한 것으로 나타났다. ICT 분야에 대해서 북유럽권 국가들이 OECD 내에서 최상위권의 정부경쟁력을 가지고 있는 것을 알 수 있다. 이와는 달리 칠레(26위), 멕시코(34위) 등 중남미 국가를 비롯하여 체코(27위), 헝가리(29위), 폴란드(30위), 슬로바키아(32위) 등 동유럽권 국가 및 스페인(23위), 포르투갈(24위), 이탈리아(28위), 그리스(31위) 등 남유럽권 국가들이 하위권을 차지하였다.

그림 41 OECD 국가별 ICT지수 순위

특히 상위권에 위치한 북유럽권 국가들의 경우, 대체로 ICT 관련 법·제도에 높은 평가를 받고 있다는 것을 주목할 필요가 있다. 예를 들어, 노르웨이의 경우 'e-Norway'라는 전 국가 차원의 ICT 정책을 추진하고 있으며, 동 분야에 대한 R&D 투자 역시 높은 수준을 기록하고 있다. 무엇보다도 세계 최고 수준의 인프라 지원뿐만 아니라, ICT를 활용하는 측면에서도 민주적 방식을 택하는 등, 다양한 방식으로 ICT 분야의 경쟁력을 높이고 있다.

8) 환경 분야

선택분야인 환경 분야의 정부경쟁력 지수 순위 결과는 다음의 〈그림 42〉와 같다. 환경 분야 정부경쟁력 지수에는 인구 1인당 에너지 소비량, 이산화탄소배출량을 비롯해서 해당 국가의 신재생에너지비율 등이 지표로 사용되었다. 상위 5개국으로는 1위를 기록한 노르웨이를 비롯하여, 포르투갈(2위), 스위스(3위), 스웨덴(4위), 뉴질랜드(5위)가 꼽혔다. 이에 반해 하위권에 꼽힌 국가들 중에서는 호주(28위), 이스라엘(29위), 미국(30위) 등이 눈에 띈다. 특히 미국의 경우, 전 세계적으로 리더의 역할을 자청하는 국가임에도 불구하고 환경 분야의 정부경쟁력 지수가 낮다는 것은 많은 시사점을 제공한다.

상위권 국가들의 높은 순위에는 특히 높은 쓰레기 재활용률과 낮은 에너지 사용률이 기여하였는데, 이러한 지표들은 국민들의 관심과 행동이 뒷받침되어야만 하는 지표들이라는 점에서 그 의의가 더 높다고 할 수 있을 것이다. 이에 반해 경제 분야를 비롯하여 정부경쟁력 종합순위에서 높은 순위를 차지한 미국, 일본, 네덜란드, 독일 등이 반대로 환경 부문에서 상대적으로 낮은 순위를 기록하였는데, 이는 개발이 성숙단계에 이른 국가들에서 기본적인 에너지 사용량이 많기 때문에 나타난 결과인 듯하다.

특히 미국의 경우, 전 세계적으로 1인당 최대 탄소 배출 국가임에도 불구하고, 그동안 국제사회에서 소극적으로 대응하였다는 점에서 종종 비판을 받고 있다. 미국은 경제발전 단계에서 지구의 환경 문제에 부정적 영향을 미친 대표 국가이면서 환경 문제에서 만큼은 매우 소극적인 모습을 보여 왔다. 예를 들어 2001년에는 결국 일정량의 온실가스 감축을 의무로 하는 국제협약인 교토의정서를 탈퇴한다고 발표하기도 하였다. 하지만 최근 2013년에 오바마 대통령이 기후변화 대응을 위하여 이산화탄소배출량을 2005년 기준량의 17% 가량을 줄 이는 것을 목표로 세우는 등 정부 차원에서 변화의 태도를 보이고 있다. 향후 미국 정부의 입장을 주목할 필요가 있겠다.

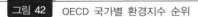 그림 42 OECD 국가별 환경지수 순위

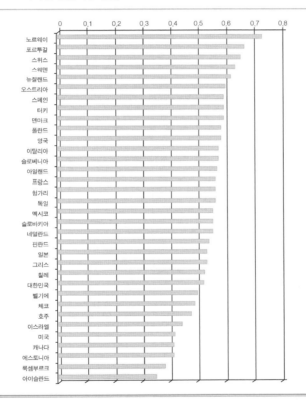

9) 문화관광 분야

선택분야인 문화관광 분야의 정부경쟁력 지수 순위 결과는 다음의 〈그림 43〉 과 같다. 활용된 세부지표는 창조산업 수출·수입액, 박물관·극장 수, 공공예 술서비스 가격지수, 외래·국외 관광객 수 및 관광 지출액 등이다. 상위 5개국

은 1위를 차지한 독일을 중심으로 미국(2위), 대한민국(3위), 일본(4위), 이탈리아(5위) 등이 꼽혔다. 이어서 프랑스(6위), 영국(7위), 체코(8위), 스페인(10위) 등 전통적으로 문화유산 및 관광 분야에 높은 영향력을 가지고 있는 유럽 국가들이 상위 10개국을 차지하였다. 특히 9위를 차지한 멕시코의 경우, 칸쿤을 비롯한 유명 휴양지에서 한 해 2천만 명이 넘는 관광객들을 끌어들이고 있다. 이러한 관광 분야는 멕시코의 3대 산업 중 하나로 꼽히고 있으며, 최근 멕시코의 경제성장을 끌어올리는 역할을 톡톡히 수행하고 있다.

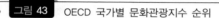

그림 43 OECD 국가별 문화관광지수 순위

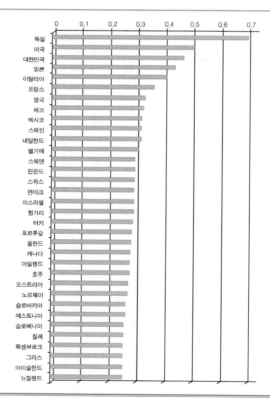

정부경쟁력에 따라 문화관광 분야를 평가하면서 나타난 점 중 하나는 독일이

전체 OCED 국가들 중 1위를 차지하였다는 것이다. 전 세계 문화산업 시장에서 막대한 시장점유율을 자랑하는 미국과 일본을 제치고 독일이 1위를 차지하였는데, 이는 예술부문에 대한 정부의 지원 및 풍부한 인프라 구축, 문화예술 향유층 전반을 늘리고자 하는 정부정책 등이 조화를 이루어 만들어낸 결과라고 평가할 수 있다.

10) 경쟁력 우위분야 비교

지금까지 분야별로 살펴본 각 국의 정부경쟁력 순위 결과를 통해 각 국의 우위분야와 취약분야를 정리해보면, 다음의 〈표 69〉와 같다. 비교우위표의 내용은 OECD 34개국 중 각 분야별로 상위 30%에 드는 경우에는 우위분야로, 하위 30%에 드는 경우를 취약분야로 일괄 분류한 결과이다.

대체로 종합순위가 하위권인 국가들의 경우, 선택분야로 분류한 R&D, ICT 등의 분야가 취약한 것으로 나타났다. 또한 한 국가의 제도적 측면을 반영하는 정부총괄 분야를 비롯하여 교육, 보건복지 분야가 상대적으로 경쟁력이 떨어지는 것으로 나타났다. 이에 반해 상위권 국가들의 경우에는 경제, 교육, 보건복지 등의 분야에서 우위를 나타내는 것으로 도출되었다. 하지만 종합순위가 높은 선진국 국가군에서 좀 더 관심을 가져야 한다고 분류한 선택분야인 환경 분야에 있어서는 오히려 중위권의 경쟁력을 갖거나 취약한 것으로 나타났다. 일정 수준의 발전을 이룬 국가들이 환경 분야에서 롤모델을 보이지 못하는 것은 아쉬운 부분이라고 생각된다.

표 69　각 국의 정부경쟁력 비교우위표[55]

국가	우위분야	취약분야
미국	경제, 교육, 농업식품, R&D, 문화관광	보건복지, 환경
스웨덴	경제, R&D, ICT, 환경	농업식품
노르웨이	경제, 정부총괄, ICT, 환경	농업식품, 문화관광
네덜란드	경제, 보건복지, ICT	농업식품

55) 표의 각 국가별 순서는 종합순위 결과에 따라 구성하였음

국가	우위분야	취약분야
덴마크	교육, 보건복지, 정부총괄, ICT	농업식품
독일	경제, 교육, R&D, 문화관광	보건복지, 환경
핀란드	정부총괄, R&D, ICT,	농업식품
스위스	경제, R&D, 환경	교육
일본	경제, R&D, 문화관광	정부총괄, ICT
영국	ICT, 문화관광	경제, 농업식품
캐나다	교육, 보건복지, 농업식품, 정부총괄	환경, 문화관광
호주	교육, 정부총괄	환경, 문화관광
프랑스	교육, 농업식품, 문화관광	–
뉴질랜드	교육, 정부총괄, 환경	경제, 농업식품, 문화관광
오스트리아	보건복지, 환경	교육, 농업식품
대한민국	경제, ICT, 문화관광	보건복지, 농업식품, 환경
아이슬란드	보건복지	경제, 환경, 문화관광
벨기에	교육, 문화관광	농업식품, 환경
룩셈부르크	경제, 보건복지, 농업식품, 정부총괄	교육, 환경, 문화관광
이스라엘	교육, 농업식품, R&D	환경, 총괄
아일랜드	교육, 정부총괄	보건복지, 문화관광
에스토니아	농업식품	경제, 보건복지, R&D, 환경, 문화관광
스페인	보건복지, 농업식품, 환경, 문화관광	경제, R&D, ICT
포르투갈	환경	경제, 교육, 농업식품, 정부총괄, R&D, ICT
이탈리아	농업식품, 문화관광	교육, 보건복지, 정부총괄, ICT
체코	문화관광	교육, 농업식품, 정부총괄, ICT, 환경
칠레	–	교육, 보건복지, R&D, ICT, 환경, 문화관광
슬로베니아	농업식품	교육, 정부총괄, R&D, ICT, 문화관광
헝가리	–	경제, 정부총괄, R&D, ICT,
폴란드	폴란드	경제, 교육, 보건복지, 정부총괄, R&D, ICT
그리스	보건복지	경제, 정부총괄, R&D, ICT, 문화관광
슬로바키아		경제, 교육, 보건복지, 농업식품, 정부총괄, R&D, ICT, 문화관광
터키	농업식품, 환경	교육, 보건복지, 정부총괄, R&D, ICT
멕시코	농업식품, 문화관광	교육, 보건복지, 정부총괄, R&D, ICT

3. 대한민국의 정부경쟁력

그렇다면 대한민국의 정부경쟁력은 어떠할까? 대한민국의 정부경쟁력을 각 분야별로 그림으로 표현하면 다음의 〈그림 44〉와 같다. 결과에 따르면, 경제, 문화관광, ICT 분야 등에서 상대적 우위를 나타냈으나, 보건복지, 농업식품, 환경 분야 등은 취약한 것으로 나타났다. 교육 및 R&D와 같은 미래를 지향하는 정책 분야의 경우, 중위권에 위치하여 향후 보다 적극적인 정책적 노력이 필요함을 시사한다. 특히 중위권에 위치한 분야가 대한민국 사회에서 늘 중요한 이슈로 다루어지는 분야라는 점을 감안한다면, 중위권의 성적은 다소 아쉽다고 평가할 수 있겠다. 또한 대한민국의 우위분야와 취약분야는 그동안 대한민국 정부가 '경제성장' 모토 하에 그동안 중점적으로 지원한 분야와 그렇지 못했던 분야로 나누어진다는 점도 주의 깊게 살펴볼 필요가 있다.

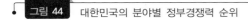

그림 44 대한민국의 분야별 정부경쟁력 순위

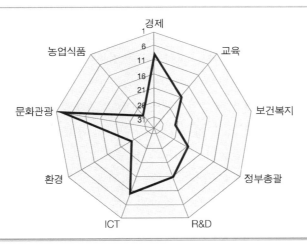

우위분야로 선정된 문화관광 분야와 ICT 분야는 대한민국 정부가 미래 산업으로 보고 관심을 기울이는 중점 분야 중 하나이다. 특히 ICT 분야는 1994년 정보통신부라는 부처 신설과 함께 정부의 적극적인 지원이 이루어진 분야이다.

이를 계기로 인프라 및 ICT 사용자 측면에서는 괄목한 만한 성장을 이루었지만 향후 전망은 낙관적이라고 보기는 힘들다. 이번 측정 지표 중에서도 ICT 기술/산업 분야 관련 지표가 매우 낮게 나타났다는 점이 이를 증명한다. 지속적인 부가가치를 생산해 낼 수 있는 기술역량이 부족하다는 것이며, 향후 대한민국 정부에서는 R&D 분야와 맞물려 보다 적극적으로 연구개발지원에 나서야 할 것으로 보인다.

문화관광 분야 역시 최근 한류 열풍 속에서 순위를 급속도록 끌어올린 경향이 있다. 하지만 결국 문화관광 분야 역시 원천적인 아이디어 및 예술적 역량이 기본적으로 요구되는 분야인 만큼 안정적인 인프라 구축과 콘텐츠 개발이 요구된다. 그동안 하드웨어 측면의 인프라(예: 문예회관, 미술관, 박물관 등)는 일정 수준 갖춰진 것으로 볼 수 있으나, 소프트웨어 측면에서는 지원의 수준이 미흡한 것이 사실이다. 특히 현재 문화관광 분야의 성과는 민간 부문이 선도적으로 이끌어나간 경향이 크다. 정부에서 당장의 산업적 성공에 현혹되어 정부의 뜻대로 좌지우지하려는 경직된 시스템을 스스로 혁신해 나갈 필요가 있을 것이다.

한편, 대한민국은 교육 분야 정부경쟁력 순위에서 20위로 중하위권을 기록하였으며, 이는 같은 아시아 국가인 일본(13위)보다도 상당히 낮은 순위이다. 구체적으로 살펴보면, 의무교육기간, 교원 수 등 정부에서 주도하는 제도와 관련되어 있는 지표들이 순위를 낮추는데 기여하였다. 전 세계적으로 손꼽히는 높은 교육열의 사회적 분위기가 조성된 국가임에도 불구하고, 중하위권을 기록한 것은 정부의 역할이 상대적으로 미흡한 것은 아닌가 추론할 수 있다. 일례로, 대한민국에서는 다수의 사람들이 남녀노소 불문하고 교육에 대해 수요가 생겨났을 때, 공교육보다 사교육을 활용하려는 경향이 높은 편이라는 점을 인지할 필요가 있다. 비상식적으로 비대해진 한국의 사교육 시장이 이러한 사회적 경향을 보여주고 있다.

하위권을 기록한 보건복지, 농업식품, 환경 분야는 일반 국민들의 삶과 직결되는 정책분야로서 '삶의 안정성'을 의미한다고 할 수 있다. 높은 경제성장을 주요 정책목표로 설정하고 추진하는 과정에서 상대적으로 소홀히 여겨졌던 분야가 이번 정부경쟁력 지수 순위 결과에서 하위권을 형성하였다. 게다가 보건복지, 농업식품, 환경 분야는 계량화가 어려운 정책 분야로서 민간 부문에서 시장이 형성되기 어려우며, 정책적으로도 객관적인 평가가 이루어지기 어려운 분야이다. 하지만 선진국의 문을 이제 막 열고 들어선 대한민국이 일반 국민들에게 최소한의 안정적인 삶을 제공하기 위해 반드시 고려해야 하는 분야로서, 그 특성상 정부가 직접적으로 나설 필요가 있다. 최근 불안정성이 키워드가 된 대한민국 사회에 과연 무엇이 결핍되어 있는 것인지 정부가 깊이 생각해 보아야 할 것이다.

제Ⅵ장 맺는말

제1절 활용가능성

　본서는 정부의 경쟁력이 전세계에서 어느 위치에 있는지 알아보고자 하는 목적에서 시작되었다. 이에 따라 본서에서는 현재 널리 사용되고 있는 국가경쟁력 지수 등 국제비교 지수들에 대하여 먼저 그 특징과 한계를 분석하고 있다. 이러한 국제 지수들에 대한 정확한 평가가 부재한 상태에서 언론이나 정부기관에서 지나치게 국제순위를 과장했다면, 이제는 본서와 같은 체계적인 분석 결과를 통해 각 지수들이 성격과 목적에 맞게 사용되고 있는지 평가해볼 수 있다는 점에서 유용하게 활용할 수 있을 것이다.

　한편, 기존의 국가경쟁력은 그 개념과 측정 측면에서 정부의 경쟁력을 살펴보는데 한계가 있었기 때문에 이를 보완 대체할 수 있는 새로운 개념과 측정방법이 필요하였다. 이에 본서에서는 일련의 연구들을 통해 정부경쟁력을 개념화하여 제시하고 있다. 국가경쟁력의 개념과 지수들보다는 보다 구체적이고 타당도 있는 개념으로서 우리 정부 및 세계 각 국 정부의 경쟁력을 평가할 수 있는 기초개념으로 활용될 수 있을 것이라 기대된다. 또한 시간과 공간이라는 중요한 요소들을 개념에 내포시킴으로서 중범위 수준에서도 많은 이론들을 생성할 수 있는 가능성을 열어 둔 것으로 평가할 수 있다. 그리고 본서에서 제시하고 있는 정부경쟁력의 개념은 경영학적 관점에서 민간부문의 시각이 강조된 기존의 국가경쟁력 개념보다는 정책결정자들과 정부관료들에게 더 유용한 개념으로서 활용될 수 있을 것이다. 기존의 국가경쟁력이 그 이론적 기반이나 논리적 구성이 취약했던 것에 비해, 정부경쟁력 개념 논의에서는 그 이론적 기반을 검토하는 데 심도있는 노력을 기울였다. 따라서 학문적인 영역에서의 연구에도 많은 활용가능성과 확장 가능성이 있다.

본서에서는 정부경쟁력을 개념화할 뿐 아니라 각 단위별, 부문별의 하위 수준 경쟁력을 이론적으로 제시하고, 정부경쟁력의 영향요인과 함께 상황적, 환경적 맥락의 중요성을 탐색하였다. 따라서 한 국가의 정부경쟁력을 높이기 위한 실제적인 전략과 목표를 제시하는 것에 있어 기존의 유사 개념들에 비하여 유용성이 더 크다고 할 수 있다.

마지막으로 실제 정부경쟁력 개념에 근거하여 주요 요소에 대한 지표들을 수집하여 평가하였기 때문에 이 평가결과도 다양한 방식으로 활용이 가능하다. 각 부문별, 주체별로 정책과제 및 목표를 도출할 수 있으며, 평가과정에서도 활용할 수 있다. 나아가 이렇게 도출된 지수들은 다양한 연구들의 독립변수 및 종속변수 등으로 사용되어 기타 사회 영역과의 영향관계 및 인과관계 검정에 활용될 수 있을 것이다.

제2절 한계와 장래 발전방향

앞서 언급한 유용성에도 불구하고 본서에서 다루고 있는 정부경쟁력의 이론과 평가에는 한계가 존재하기 때문에 장래에 계속 보완 발전시켜나가야 할 필요성이 있다. 먼저, 이론적인 측면에 있어서 한국의 경험 및 선진국, 개발도상국 등 다양한 국가들의 경험을 질적·역사적으로 검토하여 이론화하기 위해 더 많은 노력이 요구된다. 특히, 한국의 경험은 세계에 있어 그 유래를 찾아보기

힘들만큼의 발전을 매우 단시간 내에 이루어낸 특이 사례라고 할 수 있다. 그리고 이러한 발전에 있어서 정부가 국가사회 및 경제 역영에 미친 영향이 지대하다는 것은 이미 수많은 학자들의 연구들과 경험적 증거들을 통해 뒷받침되고 있다. 이러한 한국의 특수한 경험을 정부경쟁력 개념의 이론화에 더 적극적으로 활용한다면, 발전도상에 있는 많은 국가들에게 훨씬 더 유용한 개념이 될 수 있을 것이다.

물론, 한국의 경험이라고 하는 것이 전체적으로 보면 일종의 극단적 사례라고 할 수 있으며, 그 처해진 맥락과 환경의 특수성이 존재한다. 그러므로 다양한 국가들의 사례들을 심도 있게 분석하여 다양한 중범위 이론들을 개발하고 이런한 이론들을 바탕으로 정부경쟁력의 개념과 이론을 더 정교화시킬 필요가 있을 것이다. 또 현재까지는 기존의 국가경쟁력 또는 정부성과 등의 개념과 무엇이 차별화되는 것인가 하는 부분에 대해 그 차별성이 많이 부각되고 있지 않다. 현재로서 본서의 위치는 기존의 문제점을 보완하려는 시도들의 첫 단계 정도라고 평가할 수 있을 것이다. 따라서 향후 다양한 이론적인 검토와 함께 질적, 양적 분석, 심층적인 사례 연구 등을 통하여 더 차별성 있는 개념을 형성하고자 한다.

한편, 정부경쟁력의 측정과 평가에도 많은 노력이 필요하다. 기존 국제지수들의 단점을 보완하려고 노력을 기울이기는 하였지만, 아직도 많은 한계점들이 존재한다. 평가의 타당도 측면, 일관성, 자료수집, 그리고 설계 측면에서 아직 한계가 크다. 기존의 지수들에 비해서는 진일보한 것이 사실이나 앞으로 타당도, 일관성, 설계 측면에서 임의적이거나 주관적인 부분들을 보완할 필요성이 있다.

그리고 정부경쟁력 개념을 통해 이론화한 내용들이 실제의 지표 체계에 더 적극적으로 반영될 필요성이 있다. 현재는 OECD 국가들을 중심으로 평가가 이루어졌는데, 정부경쟁력 개념과 이론의 특성 상 개발도상국들까지 확장될 필요가 있다. 물론, 개발도상국의 경우 자료 수집과 신뢰성 측면에서 많은 과제가 있기 때문에 현재로서는 한계가 있는데, 앞으로 신뢰할 수 있는 자료를 확보하기 위해 많은 노력을 기울여야 할 필요가 있다.

마지막으로 정부경쟁력 개념과 측정을 바탕으로 각 국가군 및 개별 국가에 발전전략 또는 경쟁력 향상 과제 등을 구체적으로 도출할 수 있도록 하는 것이 필요하다. 경쟁력을 평가하는 궁극적인 목표는 경쟁력의 향상일 것이다. 적실성 있고 신뢰할 수 있는 정부경쟁력 지표를 산출한다면, 각 개별 국가의 정부들이 목표점으로 삼을 수 있는 구체적인 부문들의 전략과 달성 지점이 도출될 수 있을 것이다. 본서의 다양한 연구결과를 바탕으로 향후 정부경쟁력 연구가 지속적으로 이루어지길 기대하는 바이다.

정부경쟁력

참 고 문 헌

본 **QR코드**를 스캔하시면,
'정부경쟁력: 이론과 평가지표'의 **참고문헌**을
참고하실 수 있습니다.

국 문 색 인

정부경쟁력

영문색인

공저자 약력

임 도 빈(Im, Tobin)
프랑스의 명문 파리정치대학(I.E.P. de Paris)에서 사회학 박사학위를 취득하였다. 충남대학교 교수를 거쳐, 현재 서울대학교 행정대학원의 교수로 재직 중이며, 정부경쟁력센터 소장을 맡고 있다.

김 순 은(Kim, Soon Eun)
서울대학교 행정대학원 석사, Kent State University에서 정치행정학 박사학위를 취득하였다. 현재 서울대학교 행정대학원 행정학과 교수로 재직 중이며, 고령사회와 사회자본 연구센터 소장, GMPA과정 주임교수 및 국회최고위과정 주임교수를 맡고 있다.

고 길 곤(Ko, Kilkon)
서울대학교 행정대학원 석사, University of Pittsburgh에서 박사를 마친 후, 싱가포르 국립대학교 조교수를 역임하였다. 현재 서울대학교 행정대학원 부교수로 재직 중이며, Asian Journal of Political Science 편집장을 맡고 있다.

조 원 혁(Cho, Wonhyuk)
서울대학교 행정대학원에서 2012년 행정학 박사학위를 취득하였다. 현재 서울대학교 행정대학원 한국행정연구소 박사후(Post-Doc) 특별연구원 및 정부경쟁력센터 공동연구원을 맡고 있다.

정부경쟁력센터 소개

한국연구재단에서 시행하는 한국 사회과학연구지원사업(Social Science Korea)의 재정지원을 받아 2011년 설립한 연구센터로 서울대학교 행정대학원 한국행정연구소에 소속되어 있으며, 사무실은 서울대학교 행정대학원 57동에 있다. 미국 캔사스 대학의 재정분야 전문가인 Alfred Ho 교수, 미국 플로리다 국제대학 Gregory Porumbescu 교수 등 외국 교수와 2명의 행정학 박사인 전임연구원이 있다. 또한 우수한 박사과정 및 석사과정 연구보조원이 재능을 발휘하여 일을 하고 있다. 내부 조직으로는 데이터 수집팀, 데이터 통계분석팀, 이론 모델 수립팀, 홍보팀 등이 있다. 주요 국가에 현지 자문위원도 적극적으로 활용하고 있으며, 현재 미국, 캐나다, 중국, 몽골, 프랑스, 독일, 호주, 벨기에, 콜롬비아, 페루 등의 전문가들로부터 자문을 받고 있다.

정부경쟁력: 이론과 평가지표

초판인쇄	2014년 6월 20일
초판발행	2014년 6월 25일
지은이	임도빈·김순은·고길곤·조원혁
펴낸이	안종만
편 집	김선민·이승현
기획/마케팅	조성호
표지디자인	최은정
제 작	우인도·고철민
펴낸곳	(주) 박영사
	서울특별시 종로구 평동 13-31번지
	등록 1959. 3. 11. 제300-1959-1호(倫)
전 화	02)733-6771
f a x	02)736-4818
e-mail	pys@pybook.co.kr
homepage	www.pybook.co.kr
ISBN	979-11-303-0120-4 93350

copyright©임도빈·김순은·고길곤·조원혁, 2014, Printed in Korea

정 가   23,000원